宿白集

宿白讲稿

下

中国古建筑考古
汉唐宋元考古：中国考古学（下）
张彦远和《历代名画记》

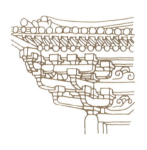

生活·讀書·新知 三联书店

Copyright © 2021 by SDX Joint Publishing Company.
All Rights Reserved.
本作品版权由生活・读书・新知三联书店所有。
未经许可，不得翻印。

图书在版编目（CIP）数据

宿白讲稿．下，中国古建筑考古 汉唐宋元考古：中国考古学．下 张彦远和《历代名画记》/宿白著．—北京：
生活・读书・新知三联书店，2021.3
（宿白集）
ISBN 978–7–108–06828–6

Ⅰ．①宿… Ⅱ．①宿… Ⅲ．①佛教考古–中国–文集
Ⅳ．①K870.4-53

中国版本图书馆CIP数据核字（2020）第060936号

特邀编辑	孙晓林
责任编辑	杨　乐
装帧设计	蔡立国
责任校对	安进平
责任印制	宋　家
出版发行	生活・讀書・新知 三联书店
	（北京市东城区美术馆东街22号 100010）
网　　址	www.sdxjpc.com
经　　销	新华书店
印　　刷	天津图文方嘉印刷有限公司
版　　次	2021年3月北京第1版
	2021年3月北京第1次印刷
开　　本	720毫米×1020毫米 1/16 印张 24
字　　数	200千字 图307幅
印　　数	0,001–7,000册
定　　价	148.00元

（印装查询：01064002715；邮购查询：01084010542）

《中国古代建筑》讲义手稿第1页

图版二

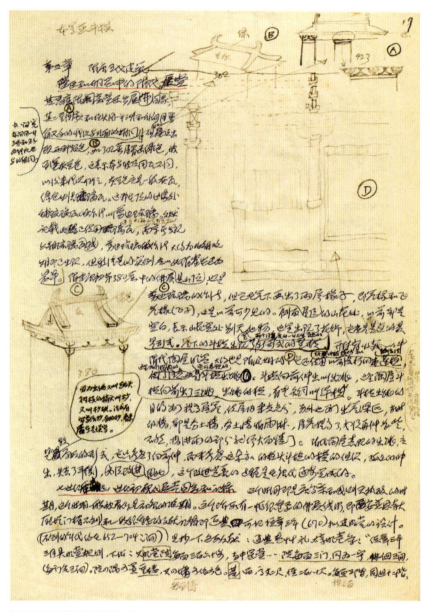

《中国古代建筑》讲义手稿第17页

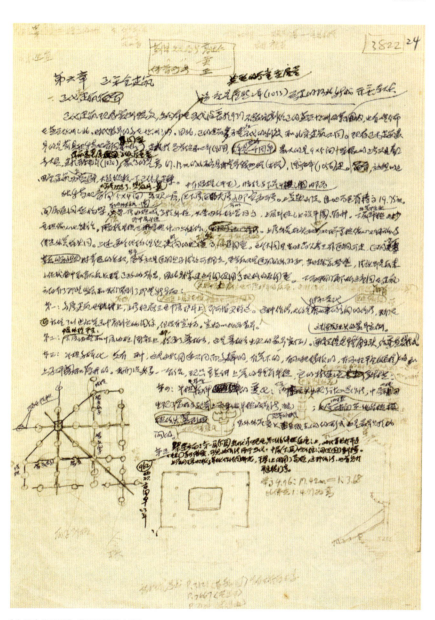

《中国古代建筑》讲义手稿第24页

图版四

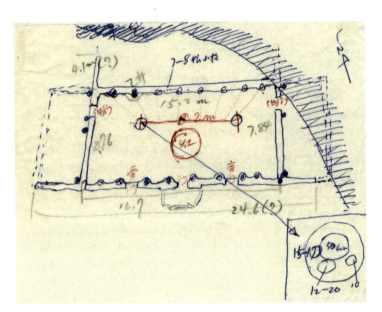

1. 甘肃秦安大地湾 F901 平面

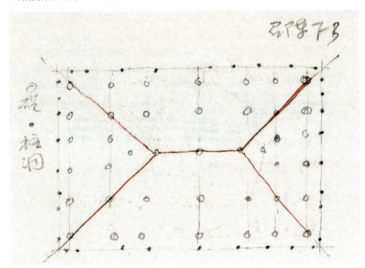

2. 陕西扶风召陈西周晚期 F3 平面

图版五

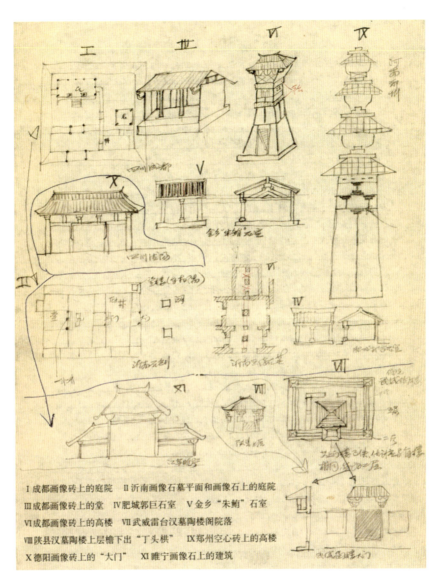

I 成都画像砖上的庭院   II 沂南画像石墓平面和画像石上的庭院
III 成都画像砖上的堂   IV 肥城郭巨石室   V 金乡"朱鲔"石室
VI 成都画像砖上的高楼   VII 武威雷台汉墓陶楼阁院落
VIII 陕县汉墓陶楼上层檐下出"丁头栱"   IX 郑州空心砖上的高楼
X 德阳画像砖上的"大门"   XI 睢宁画像石上的建筑

东汉庭院布局和个体建筑的发展

图版六

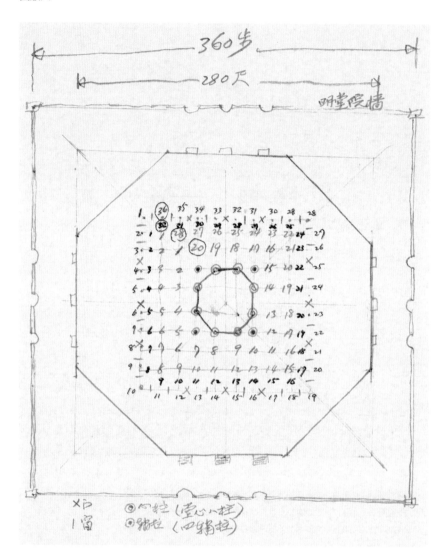

《通典》所记唐总章三年（670年）所拟明堂平面

图版七

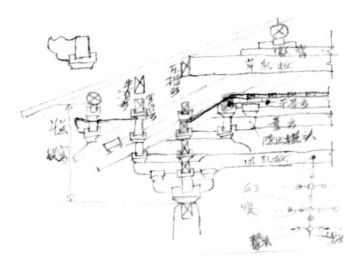

1.山西五台唐佛光寺大殿柱头铺作

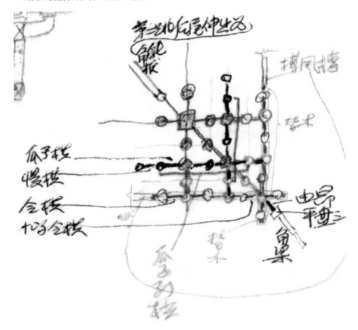

2.山西五台唐佛光寺大殿转角铺作仰视平面

图版八

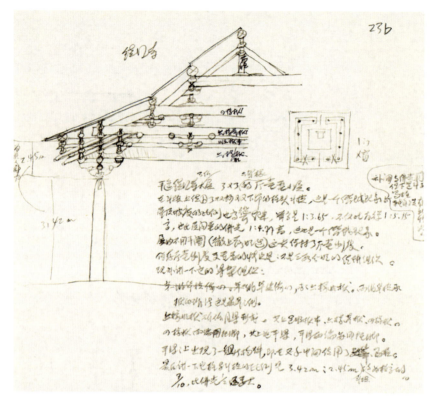

山西平遥五代镇国寺万佛殿平面和梁架

总目次

中国古建筑考古 ………… 1

目次 ………… 3

图版目次 ………… 5

插图目次 ………… 7

第一章　序论 ………… 11

第二章　商以前和商周建筑 ………… 23

第三章　战国两汉建筑 ………… 36

第四章　魏晋南北朝建筑 ………… 48

第五章　隋唐五代建筑 ………… 57

第六章　辽宋金元建筑 ………… 80

第七章　明清建筑 ………… 98

第八章　小结 ………… 105

汉唐宋元考古 ………… 109
　　中国考古学（下）

目次 ………… 111

插图目次 ………… 115

第一章　绪论 ………… 121

第二章　秦汉考古 ………… 130

第三章　魏晋南北朝隋唐考古 ………… 203
第四章　五代宋辽金元考古 ………… 260
第五章　总结 ………… 292

张彦远和《历代名画记》 ………… 297

目次 ………… 299
插图目次 ………… 301
一　张彦远的家世及其时代 ………… 305
二　《历代名画记》的流传与整理 ………… 319
三　《历代名画记》体例与内容 ………… 326
四　《历代名画记》的续作及其他 ………… 336
五　《历代名画记》与考古发现和传世文物 ………… 343

中国古建筑考古

目　次

第一章　序论 ………… 11
　　　　基本内涵与特征 ………… 11
　　　　研究史 ………… 14
　　　　参考文献简介 ………… 20
　　　〔作业画斗栱〕

第二章　商以前和商周建筑 ………… 23
　　　　商以前建筑的一般情况 ………… 23
　　　　河南偃师二里头遗迹 ………… 25
　　　　商代单向列柱的木结构 ………… 28
　　　　陕西岐山扶风发现的西周遗迹 ………… 30
　　　　令簋的足饰 ………… 32
　　　　陕西凤翔发现的春秋秦的遗迹 ………… 32

第三章　战国两汉建筑 ………… 36
　　　　台榭建筑 ………… 36
　　　　东汉庭院布局和个体建筑物的发展 ………… 42

第四章　魏晋南北朝建筑 ………… 48
　　　　邺城三台和函谷关线雕石刻 ………… 48
　　　　坞堡壁画和宅院明器 ………… 48
　　　　北朝晚期的殿堂 ………… 50
　　　　北朝佛塔 ………… 53

第五章　隋唐五代建筑 ………… 57

　　壁画和明器中的隋代殿堂 ………… 57

　　7世纪后半迄8世纪初唐代殿堂图像和文献记录 ………… 58

　　麟德殿与含元殿遗迹 ………… 65

　　南禅寺大殿和佛光寺大殿 ………… 69

　　〔作业画转角斗栱〕

　　平遥镇国寺万佛殿 ………… 77

　　唐五代佛塔 ………… 78

第六章　辽宋金元建筑 ………… 80

　　辽代木建筑 ………… 80

　　《营造法式》简介 ………… 90

　　〔独乐寺参观作业〕

第七章　明清建筑 ………… 98

　　明清木建筑 ………… 98

　　〔参观故宫先师门作业〕

第八章　小结 ………… 105

图版目次

图版一 《中国古代建筑》讲义手稿第 1 页
图版二 《中国古代建筑》讲义手稿第 17 页
图版三 《中国古代建筑》讲义手稿第 24 页
图版四 1. 甘肃秦安大地湾 F901 平面
　　　　2. 陕西扶风召陈西周晚期 F3 平面
图版五 东汉庭院布局和个体建筑的发展
图版六 《通典》所记唐总章三年（670 年）所拟明堂平面
图版七 1. 山西五台唐佛光寺大殿柱头铺作
　　　　2. 山西五台唐佛光寺大殿转角铺作仰视平面
图版八 山西平遥五代镇国寺万佛殿平面和梁架

插图目次

图1　个体建筑物台基和木架的组织结构与名称 ………… 13
图2　个体建筑物常见的几种屋顶 ………… 13
图3　浙江余姚河姆渡遗址出土的几种榫卯 ………… 25
图4　河南偃师二里头二号殿堂院和二号殿堂平面 ………… 27
图5　偃师二里头一号殿堂院平面 ………… 28
图6　湖北黄陂盘龙城遗址东北隅的堂址F1平面 ………… 28
图7　河南安阳小屯乙8堂址平面 ………… 29
图8　陕西岐山凤雏西周建筑遗址平面 ………… 31
图9　令簋的足饰 ………… 32
图10　陕西凤翔马家庄春秋秦一号建筑群遗址平面 ………… 33
图11　陕西咸阳秦一号宫殿遗址平面和剖面 ………… 37
图12　河北平山中山王墓发现的"兆域图" ………… 38
图13　平山中山王墓M1享堂（王堂）遗迹平面 ………… 39
图14　平山中山王墓发现四角铸出抹角斗栱的铜方案 ………… 40
图15　平山战国中晚期中山国灵寿城遗址发现的陶斗四种俯视平面 ………… 40
图16　河南辉县赵固魏国大墓铜鉴上的台榭建筑 ………… 41
图17　上海博物馆藏战国燕乐纹椭桮上的台榭建筑 ………… 41
图18　山东临淄郎家庄一号东周墓漆盘上的建筑 ………… 45
图19　战国两汉斗栱的发展变化 ………… 46
图20　东汉转角铺作的两种设置 ………… 47
图21　函谷关东门石刻线雕 ………… 49
图22　甘肃嘉峪关魏甘露二年（257年）墓壁画中的坞 ………… 49
图23　湖北鄂城吴墓孙将军瓷楼院俯视 ………… 49
图24　北朝晚期殿堂图像上的建筑构件 ………… 51
图25　东汉晚期迄北朝晚期殿堂柱枋的三种结构 ………… 52
图26　甘肃敦煌莫高窟北朝晚期壁画中的两段式屋顶 ………… 52

图 27　原藏山西朔州北魏天安元年（466 年）平城雕凿的方形石塔 ………… 53

图 28　河南洛阳北魏永宁寺塔遗址平面、剖面 ………… 54

图 29　河南登封北魏嵩岳寺塔 ………… 55

图 30　河南安阳宝山北齐河清二年（563 年）道凭法师塔 ………… 55

图 31　山西五台佛光寺祖师塔 ………… 56

图 32　山西五台佛光寺祖师塔上层外壁影作 ………… 56

图 33　隋代壁画和明器中的殿堂 ………… 58

图 34　A. 陕西西安大雁塔唐门楣石刻中的佛殿 ………… 62
　　　　B. 陕西西安大雁塔唐门楣石刻佛殿立面 ………… 62

图 35　西安大雁塔唐门楣石刻佛殿柱头铺作正面、侧面和补间铺作 ………… 63

图 36　西安大雁塔唐门楣石刻佛殿柱头铺作剖面 ………… 63

图 37　西安大雁塔唐门楣石刻佛殿转角铺作和仰视平面 ………… 64

图 38　陕西乾县唐懿德太子墓楼阙壁画中的转角铺作和仰视平面 ………… 64

图 39　西安唐大明宫含元殿台基以上遗址平面 ………… 66

图 40　北京明清故宫午门至太和殿间的布局 ………… 67

图 41　西安唐大明宫麟德殿遗址平面 ………… 68

图 42　山西五台唐南禅寺大殿平面、立面、梁架、
　　　　柱头斗栱、转角斗栱 ………… 71

图 43　五台唐南禅寺大殿斗栱栱头卷杀做法 ………… 72

图 44　五台唐佛光寺大殿平面 ………… 73

图 45　五台唐佛光寺大殿梁架结构剖面 ………… 73

图 46　五台唐佛光寺大殿补间铺作立面、侧面 ………… 75

图 47　五台唐佛光寺大殿内槽柱头铺作及其上梁架 ………… 76

图 48　敦煌莫高窟 146 窟（五代）壁画殿堂补间出现的斜栱 ………… 78

图 49　唐五代的佛塔举例 ………… 79

图 50　天津蓟县辽独乐寺观音阁平面 ………… 80

图 51　蓟县辽独乐寺观音阁上、下层立柱结构 ………… 81

图 52　蓟县辽独乐寺观音阁二层转角铺作仰视平面 ………… 82

图 53　蓟县辽独乐寺观音阁驼峰曲线 ………… 83

图 54　蓟县辽独乐寺观音阁翼形栱 ………… 83

图 55　辽宁义县辽奉国寺大殿平面 ………… 83

图 56　义县辽奉国寺大殿梁架 ………… 84

图 57　义县辽奉国寺大殿补间铺作栌斗坐于驼峰上 ………… 85

图 58　义县辽奉国寺大殿转角铺作仰视平面 ………… 85

图 59　义县辽奉国寺大殿平梁之上的丁华抹颏栱 ………… 86

图 60　义县辽奉国寺大殿梁枋彩画举例 ………… 86

图 61　河北新城辽开善寺大殿平面 ………… 87

图 62　新城辽开善寺大殿转角铺作仰视平面 ………… 87

图 63　新城辽开善寺大殿梁架和斗栱栱头卷杀 ………… 87

图 64　山西应县辽佛宫寺木塔平面（柱网布局）………… 88

图 65　应县辽佛宫寺木塔副阶次间补间铺作（斗口跳）………… 88

图 66　应县辽佛宫寺木塔上的斜栱 ………… 89

图 67　应县辽佛宫寺木塔顶部梁架 ………… 90

图 68　《营造法式》材、栔、栱、栱头卷杀、栌斗、平盘斗图样 ………… 93

图 69　《营造法式》昂、耍头、鹊台的位置 ………… 94

图 70　《营造法式》柱与柱础 ………… 95

图 71　《营造法式》阑额与由额 ………… 95

图 72　《营造法式》脊槫、平梁间的组织 ………… 96

图 73　《营造法式》把头绞项造与单斗只替 ………… 97

图 74　明清柱头斗栱——柱头科 ………… 100

图 75　清代《工程做法》斗口模数 ………… 100

图 76　假昂、假华头子细部变化 ………… 101

图 77　阑额（额枋）、普拍枋（平板枋）出头处装饰曲线的变化 ………… 102

图 78　阑额（额枋）构件的繁杂化 ………… 102

图 79　明长陵和清太和门的雀替 ………… 102

图 80　穿插枋、隔架科的位置 ………… 102

图 81　梁架脊槫（檩）以下结构的变化 ………… 102

图 82　旋子彩画 ………… 103

图 83　和玺彩画 ………… 104

图 84　苏式彩画 ………… 104

图 85　汉唐以来殿式建筑开间的变化 ………… 105

图 86　唐以来殿式建筑屋顶举高的变化 ………… 106

图 87　唐以来殿式建筑外檐柱头斗栱与檐柱高度的比例变化 ………… 106

第一章　序　论*

基本内涵与特征

"中国古代建筑"课是专为学考古的同学开设的，它不同于一般的中国古代建筑史。一般建筑史是为建筑创作（设计）服务的，是为今天的建筑实践作借鉴的，是古为今用的。我们的古代建筑课也是古为今用，但是为今天的考古工作服务的，因此，这个课的内容是从考古工作的需要考虑的。考古工作需要古代建筑方面的知识很多，有很多已是中国考古学各段的主要内容，如城址、墓葬。这些我们当然不会去重复它；但有些大型居住址的布局、主要殿堂平面，各段考古学中可能分析得少些，我们要涉及。我们这课的另一个主要内容，是针对现存地面上的古代建筑。现存地面上的古代建筑，明清以前主要是个体建筑物。因此，我们要着重个体建筑物。考古工作的第一步是断年分期，所以我们要着重个体建筑物的年代特征。在断年分期的基础上进行分区、分类型的探索，是考古工作的第二步，因此我们要在各时代的个体建筑中，注意地区和类型的差异。现存地面上的古代建筑主

---

*　《中国古建筑考古》讲稿，是李志荣同志根据1986年修订后的《中国古代建筑》讲义手稿整理后改订的。讲稿内容除唐含元殿龙尾道部分略有修订外，全稿其他文、图均无改动。又稿内手绘插图皆属示意性质的插图，原绘于讲稿内或背面，是为了讲课时随手在黑板上绘图作参考准备的——同时也要求同学随堂摹画在自己的笔记本上。李同志整理讲稿时，几乎全部保留了这些手绘示意图样，主要是想较完整地反映20世纪90年代以前北大历史系考古教研室和后来的考古系（1983年考古独立成系）开设这类类似科技性课程的上课方式。至于这些手绘图样，大部分在讲稿中都标注了出处，可据以查阅它们的来源。

要是统治阶级上层的建筑物，这些统治阶级上层的建筑物大都是高级建筑，其中更多的是官式建筑，所以我们讲述分析的古代建筑很少讨论到古代的民间建筑，事实上古代的民间建筑也很少能保存下来；即使是间接的图画资料也很少。不论分析官式建筑的年代，或是探索它的地区性和类型问题，都要从具体建筑物的细部入手，着眼于细部难免琐碎，这一点大家要有思想准备。

我们这个课的主要重点既是个体建筑物，首先我们就要了解我国个体建筑物基本的组织结构。我国个体建筑物基本的组织结构可分三大部分：一、台基；二、木架；三、屋顶。我们古代建筑主要是木结构，木结构需要有坚固的台基，这一点和西方的垒石建筑不同。我们的古代建筑非常重视基础，即所谓奠基工程。一座建筑物的开始，首先要挖较深的基座，然后施夯版筑一直到接近地平面，然后建台座，台座之上布石础，础之下还要有更坚固的础基，这种础基唐以后多用碎砖、夯土相间捣实（磉）。石础之上才立木架。木架最下面是柱子，前后柱上置梁，柱梁之间设斗栱，梁有多层。上梁与下梁之间施驼峰、蜀柱、斗子，左右梁之间施枋、槫（方木曰枋，圆木曰槫，槫在明清时叫檩、桁），从柱子到各层梁的驼峰、蜀柱、斗子、枋、槫等，都是木架部分（图1）。上下槫之间顺架椽子，椽上铺望板，布瓦装脊，这个部分是屋顶。屋顶有各种样式（图2），常见的有四注（四面坡，也叫庑殿顶）、歇山（九脊顶）、悬山（两面坡）和硬山（两端不出头的两面坡）。硬山山墙高出屋脊的叫封火山墙，这种形式多见于长江流域。上述的是一般屋顶。也有一些特殊建筑物上使用各种攒尖顶（圆的、多角的）和盝顶（也叫覆斗顶）。四注和歇山两种顶，也有使用重檐或三檐的。个体建筑物基本组织结构这三大部分（台基、木架、屋顶）中最重要的是木架，木架中变化最清楚的是柱梁之间的斗栱，其次是梁，梁有多层，所以也叫梁架。斗栱和梁架是我们分析个体古代建筑的重点项目，也可以说是这个课的基本功。为了打好基本功，所以这两项都各有一次作业。通过两次作业，也就把个体古建筑的专用名词弄清楚了，因此这两次作业对学习是很关键的。

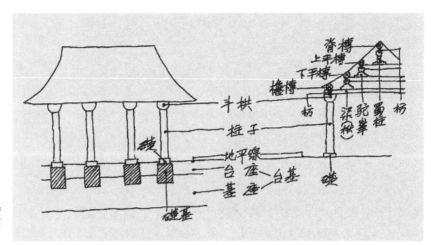

图1 个体建筑物台基和木架的组织结构与名称

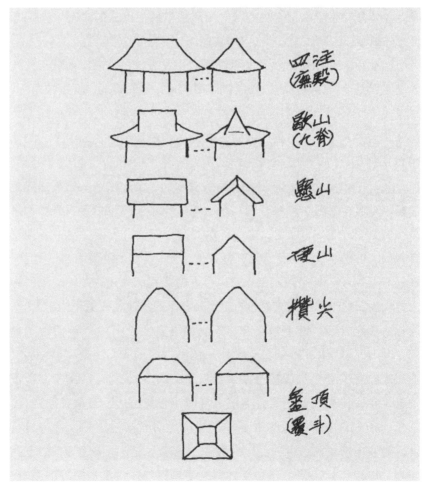

图2 个体建筑物常见的几种屋顶

研究史

关于建筑方面的知识，和其他技术学科的知识一样，古代都是掌握在工匠手中，这种情况外国也是如此。技术知识只掌握在工匠手中之时，一般工匠是不会注意探索技术发展的历史的，他们只注意实践的改进，因而过了时的技术就模糊了，甚至不了解了。就我国古代建筑而言，明清的建筑工匠是不大明白宋代的建筑的，同样宋代的匠师也看不太懂唐代建筑。社会发展进入资本主义社会以后，由于工业的发展才促使技术科学的大踏步前进，因而产生了技术史的研究。资本主义在我国没有得到充分的发展，因而技术史的研究在我国出现得很晚，大体开始于早期留学生归国一个时期以后，具体的时间大约在20世纪的20至30年代，技术史中的建筑部分开始于30年代。

日本资本主义从1868年明治维新后，发展较快，所以他们研究技术史比我们早。日本自古以来即向中国学习，他们整理自己的技术史，有许多方面都要追踪到中国，建筑史也是如此。因此，当我们还不太注意我们的古建筑的时期，就有日本人在调查我们的古建筑了。约从20世纪初起，日本一些研究中国的所谓学者就和他们的军国主义勾结在一起，1900年八国联军侵占北京的时候，一个东京帝大系统的建筑学家伊东忠太就随军测绘了北京紫禁城的一部分，1903年发表《北京皇城调查报告》。1902年，这个日本人又在河北、山西、河南各地调查我们的古代建筑和石窟寺院，后来他又调查了长江下游和浙北地区，1920年还跑了一趟山东。伊东可以作为注意我们古建筑的第一代日本人的代表，他以日本建筑史的知识比较我国的古建筑，最早指出大同、应县、正定、苏州许多宋辽金建筑物的重要性。从1920年代到1937年"七七"事变以前，有四个日本人的工作值得我们注意。东大系统的建筑学家关野贞和佛教史家常盘大定二人从1920至1928年，合作了近十年，他们以重要佛教寺院为目标，在我国作了五次长期调查。华北、华东和中南地区的重要佛教遗迹他们大都跑过了，就古建筑言，他们记录了登封少林寺、嵩岳寺、会善寺，济南神通寺，曲阜孔庙等；1932年，关野贞还去义县测绘了奉国寺。常盘、关野的调查，每次长则半年，短也有两个月，时间比较从容，每到一处他们都从注意寺院的历史开始，所以工作比伊东为细致。关野研究我们的古建筑，注意了我们古建筑本身的发展，也比伊东简单对比的方法为先进。这阶段的第三个人是京都帝国大学的滨田耕作，他是一个美术史家，他是从研究日本古代美术的来源这个角度注意我国古代建筑的，他注意的范围主要在汉代遗物如石阙、陶楼阁，还有北朝石窟中所雕造的建筑形象。滨田涉及的面不广，但他是京都美术考古的创始人，在他的门下出现了一批调查我国石窟的"学者"。第四个人是村田治郎，他是旅顺工大的建筑学教授，远在"九一八"事变以前，就对我国东北地区的古建筑进行了长期工作，1927年就出版了《奉天昭陵图谱》，当时他还是很年轻的少壮派。他最活跃的时候应是1937年"七七"事变日本全面侵略我国之后。

"七七"事变以后中日战争期间，日本人对我国古建筑的调查已经接近尾声了，上述的村田治郎实测了居庸关过街塔塔基，还在朔县调查了崇福寺大殿，这是一座较为别致的金代大殿。此外关野贞带着一个助手叫竹岛卓一，普查了东北和内蒙古地区的辽金建筑。还有两个东大系统的逸见梅荣、长尾雅人，普查了内蒙古、东北地区的喇嘛教寺院。以上这些日本人，除竹岛卓一和长尾雅人外都已故去了。竹岛在战后1960年代出版了《营造法式の研究》，这部书在一定意义上总结了以往对宋以前建筑的调查、研究成果。长尾后来在京都专门研究藏文书籍了。日本人研究中国建筑比西方人方便很多，但宋以后日本的建筑自己的风格技法日益发展，因而和中国的距离愈来愈远了，而他们的研究者并不掌握我们的明清建筑，因此，他们并不能从我们明清建筑向上追溯，所以就很难深入。这样，当我们自己的古建筑研究水平提高后，他们的调查资料一直到研究成果，值得我们重视的就不太多了。

我们自己对古建筑的研究，开始于20世纪30年代，到现在已有近六十年历史，初步小结一下，就工作重点的不同、工作机构的改变等方面看，可分为前后两期。前期从1930年代初到1949年以前；这以后属后期。前期主要是中国营造学社的工作。学社创办于1929年，是朱启钤私人集资创办的专门研究古建筑的学术机构。朱在民国初年曾任内务总长，对传统工艺有兴趣，1926年曾重刊湮没已久的《营造法式》，刊印精细，解放后几次重印还用这个本子。朱不懂建筑科学，他注意古代建筑只能翻文献，所以他在这方面的主要成绩只有《哲匠录》，发表在《营造学社汇刊》上。学社创立的第二年（1930年），聘梁思成、刘敦桢两先生主持业务工作，梁留美，刘留日，都是专攻建筑的专家，他们从1930年到1937年"七七"事变，仅仅六七年间，做出了很多成绩，给我国古代建筑这门学科奠定了基础。抗战开始，学社从北平迁到后方（昆明），在非常困难的条件下继续工作，1944年刘先生到中央大学主持建筑系，即今天的南京工学院。抗战胜利后，学社随梁先生附设在清华大学建筑系，一直到1949年解放后学社解散。营造学社的成绩实际上就是梁、刘两位的工作。现在总结一下，主要有以下四项：

1. 调查和实测了一大批重要古建筑。有蓟县独乐寺，大同、应县的辽金建筑，正定、太原的宋金建筑，苏杭的宋代建筑，豫北的宋元建筑，曲阜的金元以来的孔庙，北京的明长陵、智化寺和清代的文渊阁以及易县的清西陵等。

2. 发现和实测了一大批重要的古建筑。最主要的是五台佛光寺唐代大殿，宝坻广济寺、新城开善寺、易县开元寺的辽代建筑，榆次雨华宫的北宋建筑，五台佛光寺金代建筑文殊殿，赵城（今洪洞）等地的元代建筑，浙江武义延福寺元代大殿，还有四川成都的前蜀永陵（王建墓）和云南地区唐以来的宗教建筑物。

以上这两项给我国古建筑中最重要的官式建筑的研究，提供了成系统的宝贵资料。

3. 对照实物整理了宋代和清代的两部官式建筑的专书，即《营造法式》和清工部《工程做法》，这个工作给研究官式建筑的历史敞开了大门。

4. 对汉代建筑、辽金建筑和唐宋佛塔都做了初步的小结，为古建筑的分期断年做出了范例。

总结起来，前期主要是从无到有，积累了一大批珍贵的资料，初步探索出一套文献与实物相结合的研究方法，并做出了一些断代研究的可喜成果。

后期即是1949年以后的工作。这以后全国经济建设普遍展开，中央文物局和清华、南工等工科学校，培养了许多古建工作人员。古建的调查、实测和保护、修缮结合在一起，由中央到地方的文物机构负责；大学和一些有关研究所着重在整理研究和古建筑新项目的开辟工作。后期的工作因正式纳入了国家计划，工作和研究人员的条件大大改善了，经费充足了，三十多年来主要成绩有以下八项：

1. 1956、1981年全国文物普查，发现了大批实物。中原北方的重要发现有：五台南禅寺和芮城五龙庙各发现了一处唐代佛殿，前者有建中三年（782年）纪年，是现知我国最早的一座木结构；平遥镇国寺五代的大殿（963年，北汉天会七年）、涞源阁院寺辽代大殿，山东广饶的关帝庙和河南临汝白云寺宋代建筑，晋东南的一批宋元建筑，繁峙岩山寺的金元建筑，永济元初的永乐宫（已迁芮城），晋南元建舞台，陕西韩城元代建筑，北京东岳庙元建东配殿；长江流域过去只知苏州南宋的玄妙观大殿、武义延福寺元代大殿属古建筑，解放后发现了一系列的重要实物，五代福州华林寺大殿（964年，北宋乾德二年），广东肇庆梅庵大殿、祖师殿（996年，北宋至道二年），宁波余姚保国寺大殿（1013年，北宋大中祥符六年），莆田玄妙观、广州光孝寺南宋大殿，泰宁甘露岩南宋小殿，四川江油云岩寺南宋西配殿（飞天藏殿）和广东德庆学宫大成殿（1297年，元大德元年重建）及四川阆中永安寺和上海真如寺的元代大殿等，另外还在杭州凤凰寺发现了宋代砖砌的鸡笼式的伊斯兰大殿。

2. 为了保护维修，拆建了许多重要的古建筑，这对全面了解古建筑的结构、做法是很难得的学习研究机会。在拆建工程中发现了不少重要题记，这对一些不易断代的重要古建筑解决了疑难问题。如大同华严寺上寺大殿过去疑为辽建，经发现金天眷（1138—1140年）题记，知道它是金代建筑，因而给辽金断代提供了资料；又如正定龙兴寺摩尼殿过去怀疑是金建，经发现北宋皇祐四年（1052年）题记，知道是北宋中期建筑，因而也给"金承宋制"提供了证据，过去认为金建近《法式》制度（《营造法式》修于12世纪初），其实有的金代建筑还保存了更早的宋制。

3. 扩大了过去对古建筑重视的范围。过去调查古建筑着重在大型的官式木结构，解放后除了大型官式木结构外，注意了民居和铺面，在山西襄汾丁村和皖南徽州一带发现了大批明代民居，许多地点发现了明代一条街，如江西景德镇、吉州和辽宁盖州、兴城等地，发现了基本是明建的一条街，这是了解明代社会生活和工商业发展的最好资料，现都原样修整保存下来了。还注意了明清时期园林的调查实测，它的重点工作在苏州和杭州，也注意了北京北海后山的传为迁建汴梁艮岳花石纲遗迹的假山布局。扩大古建范围中最重要的一项是重视了少数民族地区古建筑的调查工作，初步肯定了拉萨大昭寺中心部分木构是吐蕃时期的遗物和许多地点相当于宋元阶段的建筑，这是西藏地区的情况。在新疆霍城等地发现了相当于元代的清真寺建筑。对云南一带、内蒙古地区较早的建筑做了调查和实测。

4. 公开刊布了大批图像资料。主要的有敦煌莫高窟自北魏迄唐宋时期的壁画，其中有大量建筑图像；还有有丰富建筑图像的宋元人绘画，北宋张择端《清明上河图》和王希孟《千里江山图》是其中最主要的两幅，前者描绘了北宋都城汴梁的街道、铺面等建筑，后者描绘了数十处北宋村镇聚落的形象。这部分资料对较全面认识古建筑，给人们打开了眼界。

5. 考古发现与古建筑的复原工作。解放后大量的考古发现给古建筑研究提供了既系统又新颖的实物和形象资料。系统指从石器时代原始社会一直到明清，新颖指地面古建筑不太容易保存的原来的构件和装饰。地面保存的古建筑很难找到唐以前的，可以从考古发现中去补充；地面古建筑屡经翻修，屋顶部分早已迁换，内外的装饰也早已变样，这些都可以从考古发现中去了解。此外汉唐墓葬壁画中的建筑，宋元仿木结构的墓室本身就是古建筑或是它的图像。重要建筑遗址发掘清理之后，还有一个图纸复原的问题，这个新的古建筑复原工作，解放后做出了卓著的成绩。唐长安重要宫殿和城门的图纸复原就是很突出的例子。

6. 对照各种实物研究《营造法式》有了较大的突破。我国古建筑的研究一开始就有和文献结合的好传统，研究明以前的建筑，一直就依赖《法式》。最初看《法式》看懂的部分不多，实物发现越来越多后，逐渐懂的也多了。积累了已懂的个别部分多了，就要产生有系统的或是有一定规律性的认识，这样对《法式》的研究就有突破性的成果。重要突破性的成果在大木作部分即大型建筑物的梁架斗栱方面，这方面代表性的著作有梁思成的《营造法式注释》和陈明达的《营造法式大木作制度研究》。后者虽然推测部分较多，但可给人启发，下面还要讲此书。

7. 对重要古建筑实物进行了设计分析并取得了成绩。建筑物本身反映的是工程技术，但也是造型艺术，是工程与艺术的结合。古建筑物当然也是古代工程与艺术结合的产物。在了解了它的工程技术的规律之后，进一步就要分析它的艺术造型了。分析艺术造型更可对工程技术的水平和规律有新的认识。这方面近年国家建委建筑科学研究院取得了较好成绩。应县木塔和蓟县独乐寺观音阁的立体造型分析是两个重要实例。

8. 中国古代建筑史的编写。中国古代建筑史的编写，从中国古建研究的开始阶段就有人着手了，20世纪二三十年代主要是外国人搞的，有日本人，有欧洲人，也有美国人，当然都是非常肤浅的，因为那时无论中外，对古建筑的了解都是很皮毛的。1940年代梁思成先生在美国讲学，他根据营造学社的资料写了一本新的中国建筑史，这本最初的建筑史，1984年由美国费正清夫人费慰梅整理出版。解放后，梁先生重新修改了讲学用的教材，1950年代初曾作为大学教材，印过一遍。此后在50年代末，由国家建委建筑科学研究院组织人力在梁思成、刘敦桢两先生的主持下开始编写中国古代建筑史。该书集中了全国专家前后修改了八次，1965年完成了由刘敦桢先生主编的第六次稿本，这个稿本1980年出版了（刘敦桢主编《中国古代建筑史》，中国建筑工业出版社）。今天看来，这个本子虽有很多不够完善处，但毕竟是目前最好的一部全面有系统的中国古代建筑史了。这本书应该说是从营造学社发起调查研究我国古代建筑以来的一次全面总结，它包括了老一辈（梁思成、刘敦桢）、中间一辈（刘致平、赵正之、莫宗江、陈明达等）和新一代古建研究者三代人的长年劳绩，在一定程度上也可以说是我国古建筑学界的代表作，当然它也是世界研究中国古代建筑史的权威著作。大家应当仔细阅读一遍，但这书的古代建筑史是为搞建筑的同志写的，不是给学考古的人写的，对学考古的同志来讲，许多方面不大适用，但适用之处还是很多，看一遍扩大知识面也是很有意义的。

参考文献简介

前面讲的几部建筑史应是参考文献的第一类。第二类是建筑史以外的专刊、论文和其他专著。

1.《营造学社汇刊》。一共印了7卷23期共22册。上述前期的工作，绝大部分的调查实测报告都发表在此。1—6卷在北平印的，7卷两册在后方印的。后方印的不好找，其中一篇重要报告——佛光寺的报告，解放后《文物参考资料》1953年5—6期合刊转载了主要部分，还有一篇莫宗江的榆次雨华宫也很重要，以后未再转载，是很遗憾的，只有找后方印的看（整理者按：此文在清华大学建筑系编辑的《建筑史论文集》第5辑已转载）。梁思成、刘敦桢两先生的文章，现在都出了文集，文集易找，就不必看《汇刊》了。但梁、刘之外，《汇刊》还有一些重要文章，如鲍鼎的《汉代建筑样式与装饰》《唐宋塔的初步分析》，龙非了（龙庆忠）的《开封之铁塔》等。现在想着重也尽可能简练地讲讲梁、刘这两位中国古建筑研究奠基人的重要报告。

梁的重要报告：蓟县独乐寺的报告，是梁最早一篇古建报告，上面讲的佛光寺报告是梁最后一篇报告。这两篇可作他的代表作看，前者是开创时期的作品，后者是成熟时期的作品，看这两篇不仅因为内容重要，更重要的是从中我们可以了解古建筑研究的发展过程，可以由浅入深，也可以看到梁先生如何一步一步把实际和《法式》结合起来的，这是研究我们古建筑唯一正确的方法。

刘先生的文章，先是从古籍中搜集汉六朝的宫室记录，然后兼搞古建调查的，前者有不少关于汉六朝宫室制度的研究论文，后者第一篇论文是北平智化寺调查，是调查明代建筑的一篇早期论文，接着与梁合著共同综合研究大同辽金建筑（《大同古建筑调查报告》，《汇刊》第4卷，3、4期），编写出最早的一篇不同时期古建筑的比较研究论文，为古建筑分期断代做出了贡献。刘先生从古籍中钩稽有关古建筑的资料，方法谨严，为后来做同类工作的人所取法。

梁、刘两先生的论文，从1982年起结集付印，现各出了四册《梁思成文集》和《刘敦桢文集》，其中也有一些未发表的遗稿。

2. "营造学社建筑图集"十集，把当时学社所收集的古建筑的图片分类编成的十册图录，主编是梁思成和刘致平。图集所收的实物，不少现已不存。

3.《文物参考资料》（1959年后更刊名为《文物》）和《文物》。解放后古建筑研究的文章和报告，大部分发表在这个刊物上，也有少数发表在《考古》《文物资料丛刊》和《建筑历史研究》《建筑学报》上。重要文章很多，但在方法上都没有超出梁、刘的范围，所以不想一一介绍了，大家可根据以后讲的实例，自己去查找。这里只提几篇综合性的文字，希望大家抽空看看：

《中国古代建筑年代的鉴定》（《文物》1965年第4、第5期）、《中国古代建筑的脊饰》（《文物》1978年第3期）、《中国早期木结构建筑的时代特征》（《文物》1983年第4期）这三篇是古建筑所祁英涛同志写的，后一篇只写到南北朝，插图多，容易看懂。

《中国封建社会木结构建筑技术的发展》（《建筑历史研究》第一辑，1982年），陈明达也写到南北朝时期。

《麦积山石窟中反映的北朝建筑》（《文物资料丛刊》4），傅熹年；《四川唐代摩崖中反映的建筑形式》（《文物》1961年第11期），辛其一。这是两篇根据图像资料（雕刻、绘画）综合论述北朝和唐代建筑的文章，可以作为从实物以外如何搜集古建形象资料的实例。

《麟德殿复原的初步研究》（《考古》1963年第7期）、《唐长安明德门原状的探讨》（《考古》1977年第6期），刘致平、傅熹年，这是两篇复原遗址的范文。

此外还有几篇概论性的文章：一篇是梁先生1952年给第一届考古

培训班上课的讲稿《古建绪论》(《文物参考资料》1953年第3期）；一篇是陈明达的《古代建筑史研究的基础和发展》(《文物》1981年第5期），这篇讲了一些古建工作的过去和存在的问题，也值得参考。

4. 重要专著。刘致平的《中国建筑类型及结构》(1957年），这是一部建筑方面较通俗也较全面的专著，不是以时代分段落，是以建筑形式的类型来分章节的。刘敦桢的《中国住宅概说》，这是古建的一类做专题研究的。陈明达的《应县木塔》（1965年），这是对一个建筑物做专门分析研究的。陈的另一本专著《营造法式大木作制度研究》，比较专门，可以稍晚些再看。

中国科学院自然科学史研究所组织编写的《中国古代建筑技术史》，这是由科学出版社在香港印刷出版的（1985年），这本书是着眼于建筑技术的发展，与上面的建筑史在体例上不同。但对我们来讲，比建筑史更有用些，特别是其中的木结构、砖结构、石结构技术三部分，几乎把我们要讲的重要实例都包括了进去，希望大家仔细看看。此书还有一个特点，它尽量包括新资料，对一些新资料的解释可能和我们不同，但对大家扩大知识面，启发大家多方面思考问题，是有好处的。此书的其他部分，如建筑材料的加工和建筑装饰的发展等也都有参考价值。还有图版多，文图并茂，阅读起来比较有兴趣。不过许多线图毛病不少，阅读时要注意。

5. 古建筑专书。有两部：一是《营造法式》，可参看梁先生的注释，《营造法式注释》只注释了《法式》的一部分，大部分梁先生未涉及，因而也还需要看原书。二是清代的工部《工程做法》，可先看梁先生的《清式营造则例》。

研究史和参考文献这两节，比原计划讲的多了。目的是为了方便大家以后自学。

第二章　商以前和商周建筑

商以前建筑的一般情况

我们要讲的建筑，是指建筑于地面上的建筑。石器时代半窖穴式的建筑，一般的我们就不涉及了。最早的地面建筑的遗迹，应当比我们现在知道的距今约五千年前仰韶文化晚期的遗迹还要早些，因为这时的遗迹有的已经很具规模了。我们知道最早的遗迹是1986年发表的甘肃秦安大地湾F901（《文物》1986年第2期），这是一处成组的建筑物，就现存遗迹看，它至少包括主室、后室、左右侧室（图版四：1）。粗略算了一下，主室的面积有130平方米，如把后、左右室的遗迹都算进去，至少超过300平方米。这样规模的建筑物，出现在约五千年前的原始社会晚期（测年：F901距今4740±100—4520±100年），是很值得注意的。现在我们就建筑的构造来分析墙和柱的情况。

墙的构造：墙基好像没有特别加工，其上就在黄土地面上一层草泥、一层用竹或树枝编好的篱笆叠摞起来成为墙，墙内竖植小柱以为木骨，墙内的小柱早已不存，只存柱洞，柱洞内径一般在5—15厘米，可知其中最粗的和今天的椽子差不多。小柱的间距在20—30厘米。这种墙内的小柱，从柱洞的遗迹看，知道它原来栽在居住面以下很深，深的可达116厘米。这种柱子既可作为墙内的木骨，也有帮助墙起承托上部的重量的作用。起承重作用的主要是附墙柱和明柱，前者一半砌在墙内，后者完全依在墙外。附墙柱外层包有泥层，柱洞内径22—32厘米，底距居住面23厘米，这种柱比上述的墙内小柱要粗，但埋入地下的深度较墙内小柱浅，这种柱值得注意的是使用了柱础石，如果减去柱础石的高度，恐怕只有10厘米左右了。使用柱础石是个不小的进步，柱础在结构上可加大柱脚承压面，减少压应力，在构造上还起到隔潮的作用。明柱情况与附墙柱相似。如果可以用附墙柱、明柱分间的话，每间的宽度不超过2米。

主室内近后墙处发现两个大明柱柱洞，从遗迹看，这两个大明柱柱洞径约90厘米，其中有一个大洞和三个小洞，以西侧柱洞为例，大洞内径50厘米，西小洞内径15—17厘米，南小洞12—20厘米，东小洞10厘米，洞外皆包泥层，小洞深10—20厘米，大洞深32厘米，大洞底置青石柱础。以上迹象，说明原在这两个大明柱洞内，各竖一直径约为50厘米的粗柱子，辅助这个粗柱的还有三个较细的柱子。这两个大明柱，柱距8.2米，如果它上承脊榑（栋）就太长了，它和屋顶的关系还不清楚。前后柱距离太远，柱洞也不在一条直线上，所以，不像有梁的构件，即四周柱子之间只能出现横的联系。尽管如此，能够使用这么多的大直径的附墙柱和明柱甚至大明柱就很不简单了。此外，室内地面的制造也很精致：在压平的黄土地基上敷厚10—15厘米的草泥烧土块一层，其上又敷厚15—20厘米的小石子和用料礓石烧制的小块一层，再上是压磨坚硬平整的表层，这样的地面，据检测它抗压的强度极似现在的水泥地面。这样精工的地面的出现，是人们所意想不到的。

总之，秦安大地湾F901遗迹的发现，使我们对我国原始社会晚期生产力的发展和达到的水平有了新的认识。此外，和秦安大地湾遗迹时间差不多的西安半坡T21a第三号柱洞柱础石下方还发现了夯实的遗迹。这种情况也发现在河南陕县庙底沟下层仰韶文化中，这应是夯土技术的开始。

南方地区值得重视的是浙江余姚河姆渡发现的干栏式上下二层的建筑遗迹。南方潮湿，发展了这种建筑。这种建筑，栽柱更要立在柱洞内，柱洞底有的夯实，有的置木板作础，柱径不超过20厘米。建筑构件最宽的尺寸多在25厘米左右。这里发展了榫卯做法，使木构架比捆扎更牢固。榫卯工艺可能是南方的发明，后来传到中原（图3）。

以上建筑遗迹，给我们提供了商以前原始社会晚期的建筑情况。

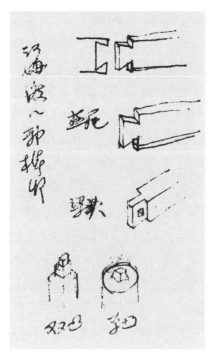

图3 浙江余姚河姆渡遗址出土的几种榫卯

现在总结一下：

1. 原始社会晚期我国不仅有了地面建筑，而且出现了规模较大的地面建筑。

2. 地面建筑用木柱承重，墙还没有使用夯筑，所以它有时只起些辅助作用。木柱有墙内小柱、附墙柱、明柱和室内大明柱。墙内小柱直径在15厘米以下，附墙柱、明柱在20厘米以上至30厘米左右，室内大明柱直径粗可达50厘米左右。南方干栏建筑的柱子直径，在上述墙内小柱和附墙柱、明柱两种柱子之间。

3. 柱下使用了础，这对柱子的稳定、耐用起了很大作用。

4. 南方木构件的连接使用了榫卯，使构架更加牢固了。

5. 出现了初期的夯土技术，这对整个建筑的安稳又多了一层保障。

上述这些情况给以后地面建筑的发展，创造了良好的条件。

河南偃师二里头遗迹

二里头遗迹的年代是公元前1900—前1600年（即公元前20—前17世纪），比上述的各遗迹晚很多，晚了1000年到2000年。它们之间，迄今还没有发现适宜的实例。在社会发展阶段上，上述诸遗迹是原始社会晚期的，二里头遗迹已是阶级社会王室的殿堂，这个殿堂遗迹是夏，抑或是先商，可置勿论，但它无疑地可作为阶级社会早期的建筑实例（《考古》1983年第3期）。

这处遗迹，现在在遗址中部偏北发现两座殿堂院。一号殿堂院位于西南，二号位于东北，两者相距约150米。二号院比一号院保存完整（图4），其基址东西约58米，南北约73米，普遍施夯。大面积施夯应是比原始社会晚期建筑前进的标志之一。东、西、南三面置庑（《说文》："庑，堂下周屋也。"），北面只有部分短庑。南庑中部存有墙基槽，内外各列柱洞，知有里外庑。南庑偏东有三开间门址。庑内庭院正中靠北有堂址。现重点讲堂址。长方形，下建夯土台基，台基东西长约32.7米，南北长约12.5米。台基之上四周有一匝径20余厘米的柱洞，柱洞的做法，先挖一直径较大的柱坑，在坑底置一石础，柱立础上，然后周施夯，把柱坑夯实，柱子朽坏了之后，遂留下柱洞，比原始社会晚期的柱四周不施夯的做法坚固多了。柱洞的间距在3.5—3.8米，也比原始社会晚期的间距只达2米宽得多了。根据柱洞的排列可知面阔9间，进深3间。一匝柱洞的内侧约2米处有一匝长方形的墙基槽，东西长约26.5米，南北约7.1米。墙基槽范围内有两道隔墙，分成三室。墙基槽内有较密的柱洞，径在18—20厘米，这是墙内小柱的遗迹。墙基槽内的柱洞几乎都不与外匝柱洞在一直线上，因此可以推测：1. 墙基槽内的柱子与外匝的柱子无联系；2. 原来的墙主要是承载上面屋顶的重量，这样承重的墙只能是夯筑，也较原始社会晚期大大进步了；3. 外匝柱洞横向成列，说明柱上只有横的联系，即有类乎后来的枋也叫楣的构件，而没有纵的较长的梁的结构。

外匝这圈柱子，是承托屋檐的，也可能是承托重檐的，一号殿堂院（图5）的堂址上面外匝这圈柱洞略前一点，还有一圈小柱洞，它的直径和二号殿堂院墙基槽内的小柱洞相同，也是在18—20厘米，柱洞间距3.8米，小柱洞间距1.5米。这样布局的大小两匝柱洞，有人推测这座殿堂有可能是重檐建筑，小柱洞中的柱子是承托下层檐的（也许是三重），有人称它作"擎檐柱"（《考古》1974年第4期）。

比二里头晚的郑州商城东北部发现多处和二里头类似的建筑遗址（《文物》1977年第1期），也是建筑在夯土台基址上，最长的一处长达60余米。郑州这处堂遗址的基址工程值得注意的有，最下面版筑（夯窝口径1—2厘米，深1厘米）层之上还垫了十多层硬土，硬土层中有的还掺有料礓石粉末，有的是白灰沙层。最上层地面多掺料礓石粉末。柱子还是立在柱洞中，洞底多有料礓石砸成的磉墩作为柱础，其径

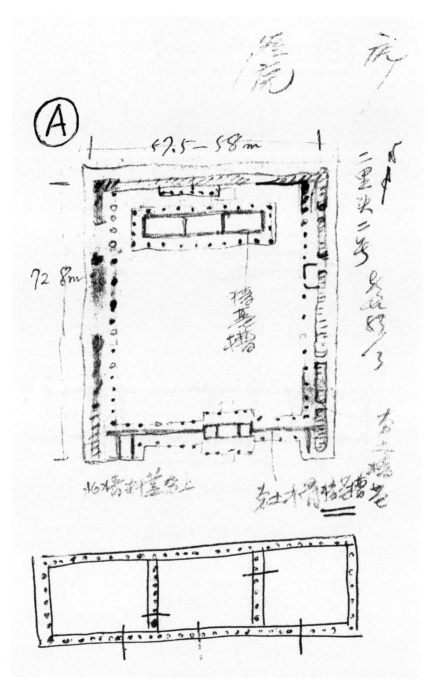

图4 河南偃师二里头二号殿堂院和二号殿堂平面

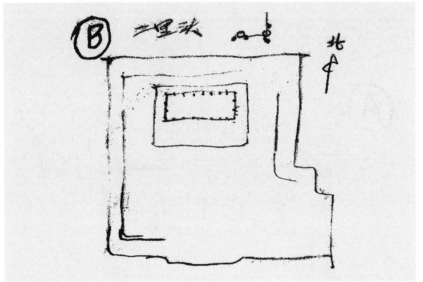

图5 偃师二里头一号殿堂院平面

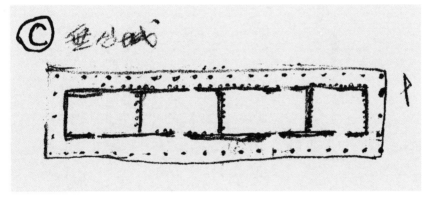

图6 湖北黄陂盘龙城遗址东北隅的堂址F1平面

30—40厘米，也出现了较小的石础。郑州商代堂遗址反映的情况比二里头又前进了。

商代单向列柱的木结构

上面讲过二里头遗址的堂址是单向列柱，其实它也是商代和商以前流行的做法。实例如湖北黄陂盘龙城东北隅的堂遗址（图6，《文物》1976年第2期、1981年第3期）。它的时间和郑州商城遗址接近。F1的情况是：也是建于台基之上，台基四周设有贴嵌陶片的斜坡散水，遗址

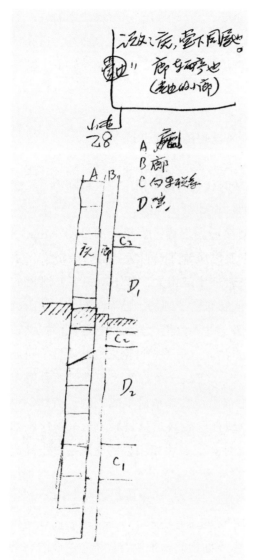

图7 河南安阳小屯乙8堂址平面

东西近40（39.8）米，南北12.3米。遗址外围有43个柱洞，东西各5，南面20，北面17（南北包括重复的4个）。柱洞底径25厘米左右，底置大石础。在这圈柱洞中央，用夯土墙围起来内隔成四间的长方形范围，夯土墙内每隔70—80厘米有一径约20厘米的小柱洞。看来，内部这匝夯土墙与二里头二号殿堂院相同，都是起承重作用的。这座堂原来是单向列柱的做法也是很清楚的。盘龙城的堂址保存较好的情况不仅是F1，在F1之前还保存两座类似的遗址，它们都在一条南北轴线上，这种成组的殿堂布局，要比二里头单单一座堂的布局复杂多了。

商代晚期，安阳小屯商代宫殿区的许多遗址，也是单向列柱的做法，只是外围一周的柱洞成行，内部柱洞无次序可循。安阳殷墟毕竟时间又晚了，它有许多情况不见于郑州商城和盘龙城遗址，如小屯乙11殿堂址有台阶（踏步）的设备，还有很多殿堂址边缘处有很密的小柱洞，石璋如怀疑它是原设有栏杆的遗迹等。更重要的是，殷墟还出现了一些废掉柱洞的做法，即柱础安置在地面，有的础石面上还饰有铜质的柱栀。柱础置于地面和铜栀的出现说明这类建筑用柱多了，用夯土墙承重的情况少了。这个现象很重要，是一个进步。值得注意的是，乙 8 堂址南北列 12 间庑，前有廊，并有东西延续的基址（图 7）。这座堂址很有些像岐山凤雏西周建筑群遗址的一部分，它的规模似乎比凤雏西周建筑群还大。

陕西岐山扶风发现的西周遗迹

岐山凤雏发现的建筑群遗址时代是西周早期。扶风召陈的下层遗址是西周早期，上层是西周中期。先讲岐山凤雏。

岐山凤雏建筑群的时间紧接殷墟之后，如果上面推测小屯乙 8 殿堂址与此类似不错的话，它要比凤雏建筑群大。当时经济文化水平，商高于西周初，因此安阳遗迹比岐山大，就不奇怪了。遗憾的是，安阳堂址只剩了西边，中间和东部的细情，已无法知道。岐山凤雏建筑群的出现，从安阳资料看，并不值得惊异，但它给我们提供较完整的平面布局，却是非常可贵的。这里不想讨论它的性质是宗庙还是贵族住宅。我们从平面布局看，它是一个封闭式的类似四合院布局，这种完整的类似四合院的布局，凤雏是最早的一例，当然，小屯乙 8 也许是相同的布局，但现在已残缺难以复原了。凤雏这座四合院的面积 45.2 米 × 32.5 米（图 8），其中最主要的建筑是正中高起 0.3—0.4 米的堂，堂的台基四周有面涂三合土的斜坡散水，根据直径 30—50 厘米的柱洞和残存的柱础，知道是一座前后有廊（19.5 米 × 6 米）的 6×3 间的建筑，柱的最大间距是 3 米，仔细观察它的柱网排列，纵向仍未成列，因此可知内外柱之间并不能有"梁"这样的联络构件，因而在结构上基本上还与以前的二里头、盘龙城的做法相同。尽管如此，从整个凤雏建筑群来讲，它比盘龙城复杂多了。傅熹年同志复原这组建筑群时，考虑四周屋顶勾连在一起（《文物》1981 年第 1 期），中央的堂与后面的室有穿廊，堂前檐三重，后面重檐和堂前设三阶等，这些在盘龙城都是没有的。遗址出土有少量瓦和瓦钉。瓦有大小。这是现知最早的瓦。量少，只能用于部分屋顶，屋顶主要还是草，所谓"茅茨"（《释名》："屋以草盖曰茨。"）。

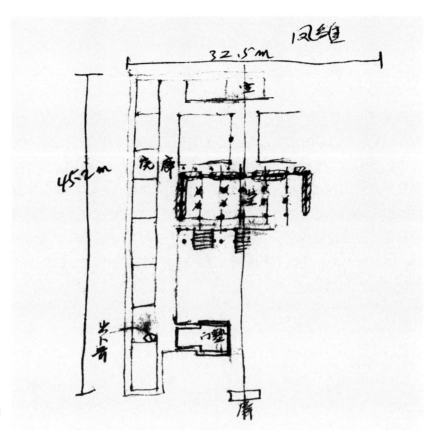

图8 陕西岐山凤雏
西周建筑遗址平面

  扶风召陈建筑遗址，已发掘的殿堂址十四处，虽然相互间距离不远，但有早有晚。早的二处，属西周早期，晚的十二处是西周中期以后。后者虽有十二处，但布局不清楚，所以只能都看作是个体建筑。其中最大的是西周晚期的F3（图版四：2）(《文物》1981年第3期）。夯土台基东西24米，南北15米，残高20厘米左右。其上的堂面阔六间，进深五间，柱的最大间距是5.6米。根据柱网分析，与凤雏的堂相同，也是内外柱网各一匝，内外柱纵向虽然有的成行，但并不完全成列，因此可以推知它还没有成熟的"梁"的构件。从柱网上我们可知正中三柱上承脊的重量，屋顶形式是四注式的。有的同志从中间有一匝可以连成圆形柱础布局，考虑中间可能有个圆顶（《文物》1981年第3期）。这座建筑有一匝擎檐柱洞，可知是重檐式的。这座建筑柱础是用卵石和土分层夯实的磉墩，磉墩直径很大，有1.1米，深2.4米左右，磉墩上还留存柱坑的痕迹，柱坑径在50—70厘米，出土的瓦已有明显的板瓦、筒瓦之分，瓦钉也比凤雏的为复杂，出现了半瓦当。内外柱纵向成列较多，大磉墩、柱径大、瓦的繁杂，此外在同时其他堂址还发现用卵石铺的散水，这种散水一直到使用砖才废，这些都说明召陈西周中期以后的建筑比西周早期又有了进步。最后我们还要考虑一个新问题，召陈堂F3，柱径50—70厘米，明间柱距宽达5.6米，柱间横的联络构件枋（楣）的径，估计也应在50厘米左右，这样粗的柱、楣不可能再用绑扎的方式结合在一起了，很早就在南方出现的榫卯技法，应当被使用了。像F3这样使用了较大尺寸的木料，使用榫卯，在榫卯的接合处就不易取平，因而就需要垫托来取平，这个垫托即是后来的斗的前身。

令簋的足饰

早在1929年，洛阳北邙发现了一件西周成王—昭王时期的铜器令簋（图9），簋下部有一个方座，座下承以四足，足作方形矮柱，柱头置栌斗〔《释名》："卢（栌）在柱端，都卢负屋之重也"〕，斗斛有颛的情况很清楚，两斗之间置联络构件——枋（楣），其上又铸出三个方形块，类似散斗。这虽然是铜器上的附件，但可以估计它是仿自木构建筑。因而推测召陈F3使用了斗，也并不是不可能的。大家注意这时的斗还没有斫出凹下的斗口，即斗的上方是平板一块。

陕西凤翔发现的春秋秦的遗迹

陕西凤翔马家庄发掘的春秋中期秦的建筑群（《文物》1985年第2期），它的位置处于秦都雍城遗址中部高起的台地上，遗址东西长160多米，南北宽90多米。遗址有两处建筑群，发表的是一

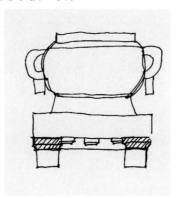

图9 令簋的足饰

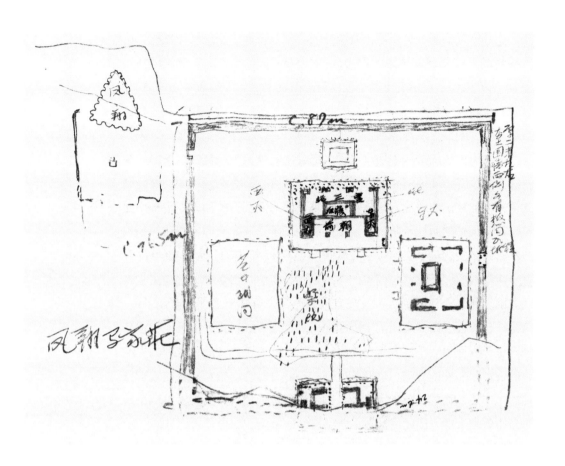

图10 陕西凤翔马家庄春秋秦一号建筑群遗址平面

号建筑群（图10）。建筑群范围普遍施夯，建筑群围绕东西约87米、南北约76.5米、厚2米左右的夯土围墙，没有庑廊，与安阳、岐山、凤雏不同；围墙内的个体建筑物先筑上小底大的夯土台基，南面正中有门塾，门塾只存北半，其布局也与岐山凤雏门塾不同，左右门塾之间的门道排列有柱洞，左右门塾的外围也有一匝柱洞，看来门塾和门道的做法也与岐山凤雏的不同，其内部的墙基，原是承重墙的残迹，其外匝的柱洞，应是支撑廊檐的柱子的遗迹，其外观应是重檐的建筑物；台基外还有一匝卵石斜铺的散水，与扶风召陈西周中期以后的一些建筑遗址相同。门塾之内在东、西、北三面各布置一座大小略似的堂，以北面的主堂为例，为东西宽的长方形平面（24.5米×20米），内用夯土墙基围起的部分20.5米×15米，南面正中有两个夯土台，复原宽度为1.2米见方，从其位置推测，是正面中心两柱的基础。正面中心二柱曰楹柱，这是现知最早的双楹的遗迹（突出中间两柱的双楹做法，最晚使用到六朝）。两夯土台之后用夯土墙分截成较复杂的平面，发掘者名之曰前朝、后寝与东西夹室和北三室。命名对不对，我们不必讨论，我们只注意这匝及其内部的夯土墙都应当是承重墙就可以了，这与岐山凤雏、扶风召陈遗址多用柱子的做法不同。这种大部分用墙承重却是自古以来的传统做法。这匝夯土墙围墙外面四周从北面遗迹看，绕有两匝柱洞，大约是支撑屋檐的柱子的遗迹，其外观可能是重檐乃至三檐的形式。台基南面有碎石片铺砌的两处台阶，与岐山凤雏的三阶不同，它叫左右阶，是现知左右阶制度的最早实例（左右阶制一直延续到唐宋）。堂台基的外围，有一匝斜铺的卵石散水与门塾的做法相同。东堂、西堂的情况与主堂略同。围墙和各个建筑附近都发现有板瓦筒瓦，可知道顶部都覆盖了瓦。值得注意的还有门堂之间的中庭（院子）发现有成行排列的埋人和牲畜的葬坑，内埋牛、羊、人等个体，也有牛羊、人羊共葬的；入葬的人牲有的发现了完整的骨骼，也有的发现的是部分骨骼。根据一号建筑群发现的个体建筑物的情况和大批埋人和牲畜葬坑的情况，发掘者推测是后来祭祀时埋人的，因此估计这是一处诸侯的宗庙。

这处建筑遗迹和上距它最近的岐山凤雏、扶风召陈两遗址可以比较处，上面已附带说过了，现在总括一下：

建筑群的范围：岐山凤雏45.2米×32.5米。凤翔76.5米×87米。凤翔的比岐山的大，但岐山的南北长，凤翔的东西长。扶风召陈的只有个体建筑。

在整体建筑方面：岐山的外围有庑廊，凤翔的只周绕围墙；内院主要建筑物岐山的只一堂，凤翔的院内有正、东、西三堂，还出现了双楹、左右阶之制。

在建筑技术方面：岐山的个体建筑物虽有夯土墙，但多用柱。凤翔的多建夯土墙，并主要以夯土墙承重，与岐山的大量用柱不同，这一点似乎反映凤翔的在建筑技术上多使用落后的旧传统；它用柱的情况，显然仍沿用单向列柱的做法，即没有梁的结构；据可靠的测量，柱的间距都在2米以内，少数超过2米，距离最宽的双楹，其中距也不过3.5米左右。因此可知，其柱间的横的联络构件（楣或枋）远小于扶风召陈F3的5.6米。因此可以估计，就建筑技术看，它比岐山凤雏和扶风召陈的落后；个体建筑物用绕廊也是较早的做法；使用了卵石散水与扶风召陈的情况相同；岐山的仅使用了少量的瓦，召陈的出现了板瓦、筒瓦和半瓦当，凤翔的瓦似乎更使用到围墙上。

凤翔的这个发现很重要，它弥补了西周—战国之间的缺环，有些比西周发展了，可以和后来的战国、汉相联系，如双楹、东西阶和围墙顶布瓦等。但还存在许多比西周落后的地方，主要是用柱少，这可能是地方因素（秦较关东为落后），不足以代表春秋建筑的缘故。希望大家再详细研究研究这处材料（《文物》1985年第2期）。

第三章 战国两汉建筑

台榭建筑

台上建屋曰榭。现一般叫作高台建筑。台榭建筑春秋时即已流行,但遗迹和图像资料现知最早的是战国。

战国遗址保存较好的是咸阳市东窑店大队发现的战国时秦的殿堂群遗址(《文物》1976年第11期)。遗址未发掘前,很像一座大冢,东西长60米、宽45米、高6米(图11)。清除表土和扰层,露出建筑地基。地基分上、中、下三层。上、中两层地基已残,中层外部实际是砌出下层建筑实体部分;下层主要是地基和散水,保存比较好一点,也不甚完整。上层主要保存了大约是堂的部分,堂的方向偏东(秦俑坑和始皇陵皆东向),面阔约12米,进深约13米(5×5间),据现存柱洞情况,知周绕立柱一匝,后壁夯土墙内的圆柱径约24厘米,柱距在1.7—2.6米;堂正中一柱,叫都柱,其径64厘米,柱洞底置形状不规则的石础,柱立础上;柱网布局说明仍是单向列柱,正中的都柱很粗,有可能负荷更上一层楼层的重量。中层地面比上层地面低4米,主要保存了左右两列庑址,庑内部分保存了铺地方砖,这是现知最早的铺地砖。下层周绕庑廊,庑廊地面比中层地面低1米,有的地方也保存了铺地砖,后庑廊还保存了用空心砖铺嵌的踏步,这是现知最早的空心砖。庑廊外有一匝卵石散水。这座台榭建筑的布局,与凤翔春秋遗址不同,但可以和岐山凤雏遗址平面比较,这里分层布局,比岐山的气势雄伟。台榭建筑尽管它高低错落,外观像楼阁,但它并不全是楼阁结构,上层有都柱,可能是两层建筑,中、下两层都是一

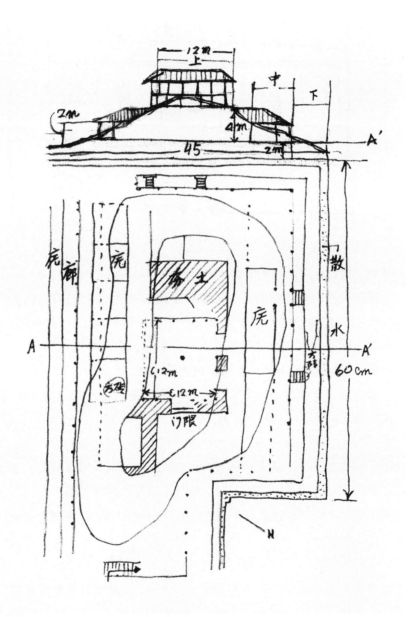

图11 陕西咸阳秦一号宫殿遗址平面和剖面

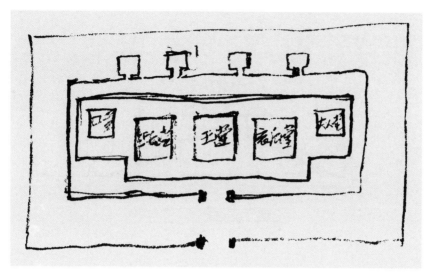

图12 河北平山中山王墓发现的"兆域图"

层建筑,因此台榭建筑和后来的楼阁不同。

战国另外两处台榭遗迹是辉县赵固魏国大墓(《辉县发掘报告》)和平山中山王墓上的享堂遗址(《文物》1979年第1期)。赵固魏墓中出土雕有台榭建筑图像的铜鉴。两处遗址和较完整的图像结合起来,使我们可以看到当时技术水平最高的建筑形象。

墓上建享堂,殷墟已发现了,妇好墓即是一例。战国仍沿此制。中山王墓上发现享堂遗址,墓内又出土了一件错金银"兆域图"铜板,该图实际是中山王墓园的平面示意图,它绘出了各建筑物的平面,并注明了名称和尺寸,还记录了王令(图12)。此图与遗址对照,既可以了解整个墓园的布局,又可以了解其中最主要的建筑——中山王享堂(王堂)的一些具体情况(《文物》1979年第1期)。墓园有二匝围墙,内匝围墙内建一大夯土台,台上并列五座享堂,一列享堂之后还有四组并列的庭院,分别标明是××宫。五座享堂正中的一座是中山王的享堂。中山王享堂有内外基台(图13),建筑遗址现只存内基台上的最下层廊遗迹,廊建在高出卵石散水地面1.3米的夯土内台基上,此基台每面长约52米多,廊每间面阔3.34—3.6米,进深皆3米,外距台基边1.3米,背靠上层台壁,前后柱相对,这个现象很重要,它与从前一直到差不多同时的咸阳遗址前后柱不相对不同。前后柱相对,

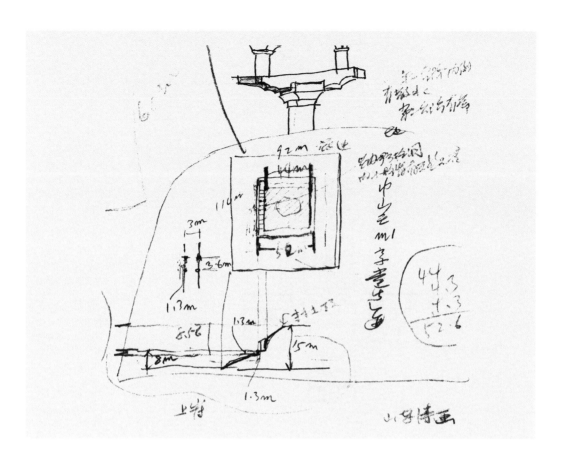

图13 平山中山王墓 M1享堂（王堂）遗迹平面

说明它已不仅是单向列柱在柱上置楣（枋）了，而且可以在前后柱上架"梁"了。这个遗迹明确地告诉我们单向列柱的古老建筑技术开始有了变化。廊台基和其外的散水上堆积瓦片，有的地方堆积成鱼鳞叠压状，证明廊为瓦顶。廊背靠上层台壁，亦即廊后壁是中心夯土台壁，此夯土台方形，每面宽44米，从回廊地面距现存的封土顶高7米。原高不详，其上的夯土台上建筑遗迹已被破坏。

讲点题外话。这座墓内出了一件四龙四凤铜方案（图14），案的四角用一斗二升式的抹角斗栱承托，这种构件应是仿自木建筑，因此可以估计享堂的某些转角部分可能使用了它。战国出现了这么复杂的斗栱，是以前所未料到的。还有未想到的是，河北平山战国中晚期中山国都城（灵寿城）遗址内发现了一批实用的陶斗。我们前面讲了两种斗，一是令簋的斗是平托式的，即俯视斗面是一个平面，二是上面讲的方案上的斗，

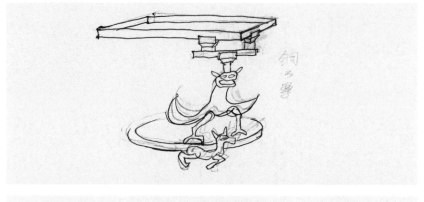

图14 平山中山王墓发现四角铸出抹角斗栱的铜方案

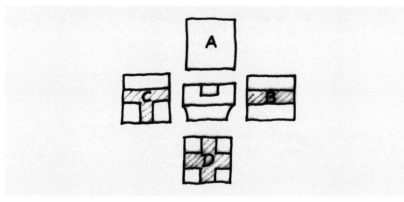

图15 平山战国中晚期中山国灵寿城遗址发现的陶斗四种俯视平面
A. 平托式
B. 横槽
C. T字槽
D. 十字槽

平面出现了一个横槽，说明斗上的横材是置于槽内。此处发现的陶斗多样化了，有平托式的，有丁字槽，还有十字槽。丁字槽的还不清楚其用途，十字槽则说明斗上有十字相交的构件了。十字相交向前向后的构件，应是"出跳"的做法。战国出现了出跳斗栱是以前所不清楚的。这一新资料发表在《文物》1989年第11期（图15）中。

前面说除秦遗迹外，还讲两处中原的战国台榭，中山王墓的讲过了，现在讲另一处，即辉县赵固魏国大墓。三墓并列于一个墓园之内，三墓顶上的享堂遗迹也是周围绕廊，廊以上也遭破坏，但墓中所出的铜鉴上的台榭建筑图像，却值得我们注意（图16）。下层中心是夯土台，夯土台四周绕以廊，中层正中立都柱，都柱两侧各有辅柱承托上层，中心部分四周亦绕以廊。上层中心应是堂，四周亦设廊，堂与廊檐形成重檐。脊上方设有叉形脊饰。上中层檐刻出筒瓦和板瓦的图像。三层柱上都置栌斗（大斗）。魏位于中原地区，是当时文化水平最高的

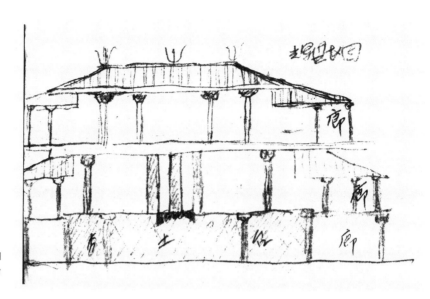

图16 河南辉县赵固魏国大墓铜鉴上的台榭建筑

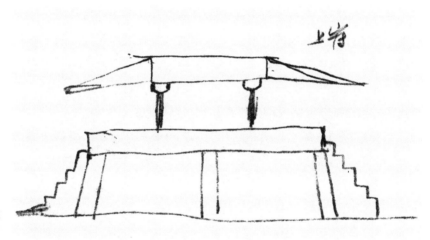

图17 上海博物馆藏战国燕乐纹椭桮上的台榭建筑

所在,这个台榭图像,比咸阳秦的殿堂进步多了,也可能比中山王墓享堂进步,可以看作战国建筑的代表作品的图像。原台榭中间的夯土台降低了,逐渐向楼阁建筑发展了,但还没有成为真正的楼阁,上下层柱没有联系,即上层柱没有立在下层柱上的方位,说明这样的楼阁在结构上尚待改进。上海博物馆藏一件战国铜杯(桮),杯面刻画一座高层建筑,比较清楚地表现了下层是台子,显然这种建筑还是像咸阳秦殿堂遗址所反映的那样是一层建筑(图17)。

台榭建筑的特点，是把夯土台组织到建筑之中，中下层建筑往往依靠夯土台的切断面而兴建。这种建筑西汉时还很流行，西安汉城内西汉宫殿区往往有高台，如汉初未央宫。西汉长安城南郊有十多个所谓礼制性建筑，中央都还保有一个方形夯土台，其中有的是王莽时期的建筑，可见西汉末年这类建筑还沿用台榭建筑的遗制。可是西汉的台榭建筑，利用夯土台的面积缩小了，兴建的建筑物依靠夯土台的情况减少了，这些都是台榭建筑末期的情况。长安南郊礼制性建筑，有的做出了初步的复原，我们不讲了，有兴趣的可参看《考古》1960年第7期和《考古》1963年第9期（前者是报告，后者是复原文字）。

东汉庭院布局和个体建筑物的发展

从现存东汉石室、仿地上建筑的墓葬以及各种图像资料看，东汉时期是我国建筑大发展的阶段之一。在这个大发展的阶段，我们看到二重庭院的宅第布局、逐步成熟的梁架结构、楼阁建筑的兴起和多种形式的斗栱的出现，这些新情况，不仅见于个别地点，而是西至四川、东迄山东江浙较普遍的发现。下面依次讲这四点：

二重庭院的布局 较清楚的有两例，一是四川成都画像砖（图版五：Ⅰ），宅第周绕围墙，分左右两院。左院是主要院落，前设大门，内为前院，后设二门，二门内为主要建筑物——堂，堂前设踏步。右院也分前后院，前院有井，当是厨之所在，古人说"东厨"，这院落如南向，厨正在东侧；后院有高楼。另一个是山东沂南画像石中的宅第（图版五：Ⅱ），也是封闭式的前后两院，大门之内为前院，院东侧有井，过二门为后院，后院主要建筑物也是堂，二门和堂前设踏步。堂后有小室，可能是厕。前院东南隅廊屋之上立望楼，它的作用和四川成都画像砖中右院的高楼相当，看来它们应是防御瞭望的所在。大门外有双阙。

个体建筑物的梁架结构 上述四川成都画像砖中的堂（图版五：Ⅲ），面阔三间，进深两间，悬山顶，正面突出当中两檐柱（楹柱），柱下置平的露明的柱础。山间可以看到连接前后柱的梁，还可以看到梁上置前后蜀柱，上承平梁，平梁以上应有叉手（梧），上撑脊槫，但砖上未画出来，大约是被前后檐挡住了。这个问题下面再讲。至于两楹柱与后檐柱之间有没有梁，不清楚。这问题留待下面讲。堂前两角檐柱上部出丁头栱承前檐，是新出现的做法。楹柱后面的结构，山东有两座石室可以参考。一是肥城郭巨祠石室（图版五：Ⅳ），础作覆斗状，正中檐柱上的栌斗上承檐枋，后架三角石，三角石的另一端架在负重的后墙上，这个三角石，实际是梁和叉手的联合体。这在较晚的一座石室中可以清楚地看到。这座较晚的石室位于山东金乡，相传是东汉初（建武二十六年，公元 50 年）朱鲔的石室（图版五：Ⅴ），不对。因为石室后面的墓葬是东汉晚期的，所以这个石室也是东汉晚期的，该室正中檐柱上架梁，梁上是粗大叉手（梧）上承脊槫。类似的结构，即柱上架梁的做法，多见于东汉晚期的画像石墓（如沂南画像石墓，前中室内正中的都柱上都架石梁）。看来建筑中的梁，从战国中山王墓下层回廊遗址使用之后，经过秦和西汉，到东汉已经流行开了。流行了梁，才真正结束了单向列柱的早期做法，因而使建筑牢固了，也才使承托较重的屋顶成为可能，汉代建筑用瓦普遍，其原因也在于此。

楼阁建筑兴起　四川成都画像砖右院的高楼，它的下层内部画出楼梯，说明已和以前的台榭建筑下部中心用夯土台的做法不同了，下层柱子和上面的柱子相连接的做法也与以前台榭建筑上下柱不相对应的做法不同。废掉了夯土台，全部空心；下层柱头承托上层柱脚，这样真正的楼阁才出现了（图版五：Ⅵ）。画像砖中的高楼三四层都有平台，第三层正面设门，门楣上有两门簪，侧面设窗，第四层角柱出丁头栱承上檐与左院的堂做法相同。值得注意的还有四注屋顶分上下两段布瓦，这种做法可能为了屋顶内部的通风，四川崖墓所出陶屋和有名的四川雅安高颐阙（建安十四年，209 年）的顶部都是两段布瓦，可见是当时流行的一种形式。屋脊两端出现了上翘的装饰，这也是当时各地较普遍出现的。楼阁建筑不仅出现在画像中，许多东汉墓中也出了不少陶楼阁，最重要的一座是甘肃武威雷台汉墓的发现。该墓发现的陶楼阁，不是一个单体，而是自成院落，甘肃的同志叫它作"楼院"（《考古学报》1974年第2期，图版五：Ⅶ）。楼院平面作横长方形，周绕院墙，正面开门。院墙内正中设五层高楼，高楼左、右、后三面设内围墙，各面正中有门或缺口与院墙内的空间相通。这个楼院有些与成都画像砖中的右院相似，但防守更为紧严，院墙四角置角楼，门上有门楼，门楼已佚。角楼间和角楼与门楼间架天桥相通，五层高楼每层和角楼皆封闭式，很清楚，它的设计者是从军事防御方面考虑的。正门上出屋檐，屋檐用丁头栱承托，丁头栱上置二层斗栱，很像重栱的做法。这种高楼，关东地区发现的，制作比甘肃的精细，如陕县所出，每层外绕回廊，廊和檐下做出丁头栱（图版五：Ⅷ），看来，好像是侧面横枋的出头，如果是这样，那就比从柱子里伸出的插栱式的丁头栱要牢固多了。关东地区的这种高楼，有的下面立于水池之内，这当然比建于地面在结构方面的要求要更复杂了。除了这类高楼之外，大门外面的阙也越建越高，郑州空心砖上的阙有的建有四层（图版五：Ⅸ），最下层很高，做出了柱、枋、斗，表示它是木结构，这套木结构虽然只表现出一个正面，但有两点值得注意：（1）出现了斗子蜀柱的组合，还出现了上下用斗中间用蜀柱的组合；（2）斗子蜀柱这个组合有点类似后来补间的做法。

柱头上的斗栱叫柱头斗栱，二朵柱头斗栱之间的斗栱叫补间斗栱，补间斗栱的出现应是一个较重要的新发展，因为它意味着开间可以更加宽了；还意味着两柱头间必须出现横材，这样补间斗栱才有地方安置，两柱头间的横材如果放在柱头斗栱之上（如郑州空心砖那样），那就意味着屋檐可以升高，室内采光有了改善；如果放在柱子的上部，那就使同列的柱子有了相互牵扯的构件，因而彼此都可更加稳定。总之，补间斗栱的出现是木结构的一次进步。后一种安排补间的办法，我们在成都东北约60里的德阳的画像砖中，看到了萌芽（图版五：Ⅹ）。这是一座大门的图像，两角柱之间出现一个横材，它不是置于斗上，而是置于柱子的上部，是用榫卯的结构法嵌入的，这样就可使两角柱更加稳定，这个横材，后来有一个专用名词——阑额，江苏睢宁画像石也有这种做法（图版五：Ⅺ）。德阳画像砖这个横材之上有两个蜀柱，正中还有两组斗子蜀柱，看来斗子蜀柱这个组

图18 山东临淄郎家庄一号东周墓漆盘上的建筑

合,东汉很流行,所以从郑州到德阳都有发现,这个蜀柱和这两组斗子蜀柱,就它们的位置来讲,都很像是补间的位置。郑州空心砖和德阳画像砖上的补间斗栱,这时即使还不成熟,但说它已有了萌芽,或是说它有了开始的起点,应当是可以的。

斗栱的发展　东汉实物和图像中的斗栱和上述战国的情况比,大大复杂化了。上面我们已经讲过了不少,现在再系统地重复一遍。也不完全是重复,也有一些补充。

在许多战国图像中我们看到了柱顶置斗的形象,如辉县线雕;山东临淄漆画上画出两端上翘似栱的构件(图18,《考古学报》1977年第1期);中山王墓的铜座上出现抹角的一斗二升斗栱,但斗之下有一个类似蜀柱的圆柱,其间又出现了类似栱的构件;成都出土的战国铜壶上的建筑图案出现了很像一斗三升和重栱的图像。西汉从公元前206年至公元25年,共二百三十年间具体的资料没有看到。东汉斗栱已很复杂。两个石室雕出的柱顶结构,有置一斗的,较大的建筑如沂南画像石墓则流行了一斗二升,其斗升之间使用了真正的栱。在这种一斗二升斗栱的基础上,逐渐流行了一斗三升斗栱,其间有两种从一斗二升向一斗三升过渡样式(见四川彭山崖墓),这两种过渡样式斗栱下部都出现了皿板(借用日本的名词),这也是值得注意的一个新构件。一斗二升斗栱的发展还有另外两种形式:一种仅扩大了承托面,如沂南汉画像石墓中置于都柱上的一斗二升。另一种不仅扩大承托面，还要起抬高屋顶的作用，如浙江海宁长安镇画像石中的两层一斗二升，上层是鸳鸯交手的做法；又如河北望都、甘肃武威等汉墓出土陶屋上的斗栱形式，这种很像重栱的做法。东汉还出现了一种曲形栱，上述彭山崖墓是一例，四川渠县沈府君阙又是一例，后者是使用了鸳鸯交手的做法。斗栱复杂还表现在"出跳"这种新技法上，出跳为了拔檐，成都画像砖和甘肃武威陶楼大门檐下斗栱的出跳很明显是使用插栱（丁头栱）的做法，而关东地区的陶屋如陕县陶屋则表现为侧面横枋向前后两面伸出的做法（正面横枋向两侧面伸出亦然）。上面所讲斗栱的复杂情况主要是柱头斗栱。两柱头斗栱之间的补间斗栱，东汉已有萌

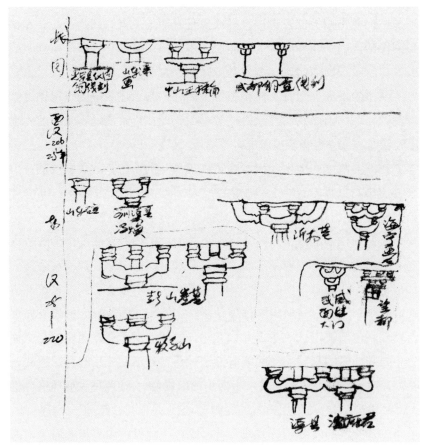

图19 战国两汉斗栱的发展变化

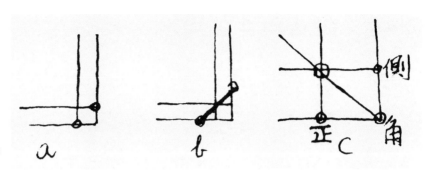

图20 东汉转角铺作的两种设置（a、b）

芽，最明显的一例是上述彭山豆芽沟崖墓176的墓门上部那一朵。它两侧虽然没有刻画出柱头斗栱来，但它的位置足以说明它是补间，并且它的下面还清楚地刻出了阑额，表明阑额这个构件，东汉也开始出现了（图19）。檐下斗栱有三种，柱头、补间之外，还有一种是转角斗栱，转角斗栱除了承托正侧两面屋檐之外，还要承托角梁。东汉的位于转角的斗栱，有两种方法（图20），一种如陕县之例是从两面挑出（a），另一种沿战国中山王墓方座的做法用抹角一斗二升，如关东地区的画像石在角柱上使用者（b）。这两种做法在结构上好像都没有角梁（c），所以也无须处理角梁的重量，因而还都不是真正的转角斗栱。所以说尽管东汉斗栱复杂化了，但还没有出现真正的转角斗栱（参看图20c）。

第四章　魏晋南北朝建筑

邺城三台和函谷关线雕石刻

　　文献记载汉献帝建安十五年（210年）以后曹操在邺城修建的铜雀台、建安十八年建的金虎台是汉末魏初有名的建筑物。台上建筑早已不存了，但台址尚在。从近年邺城的试掘工作，知道三台（铜雀、金虎、冰井）并不是平地而起，是建筑在邺城西城垣中。台全部夯筑，比城垣为宽，与城垣南北相连。它的位置说明其作用不仅为了宴游，更重要的是防御，因此台上的建筑有可能是多层的。20世纪20年代洛阳附近曾发现一块残石刻，上面线雕出有两座高楼的关门形象，两楼间有榜题，曰："函谷关东门。"知道这是一处城门楼。线雕的时代比常见的东汉晚期的画像石要晚，估计是魏晋的作品。因此我们可以这个图像来想象当时的楼阁建筑（图21）。两座高楼都是四层楼阁式，但共有第一层，二至四层则是并列的单独建筑。从这处楼阁建筑图像我们知道：这时期的楼阁建筑与过去的台榭建筑更是完全不同了，有些从东汉画像和陶明器中看不清的细部，如二、三两层周围廊和廊外侧设栏杆的做法就非常明确了；又如角柱上面的抹角式的转角斗栱的形象也比东汉晚期的画像石更为清晰，这种转角，实际即是用柱头斗栱承托正侧面的屋檐而已，仍和东汉相同，并不是真正的转角斗栱。

坞堡壁画和宅院明器

　　魏晋南北朝时期战乱相循，地方豪强多建坞堡，坞堡之中建有设

图21 函谷关东门石刻线雕（上左）

图22 甘肃嘉峪关魏甘露二年（257年）墓壁画中的坞（上右）

图23 湖北鄂城吴墓孙将军瓷楼院俯视（下）

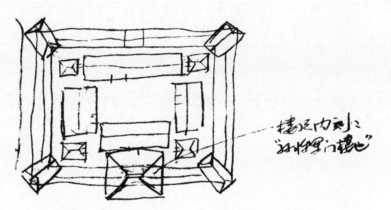

防的宅第。这些具有时代特色的建筑物，近年考古发现提供了不少较为明确的形象。甘肃嘉峪关市魏甘露二年（257年）墓壁画有榜题坞的图像（图22，《文物》1972年第12期），坞的平面略作方形，高墙厚壁，墙上设女垣，过梁式门开在夯土墙中，墙上建单层门楼，与函谷关东门上下皆为木建者不同。湖北鄂城一座吴墓出土一组反映当时宅院布局的青瓷院落（图23，《考古》1978年第3期），长方形院落，

前门墙上建门楼，楼顶内部刻"孙将军门楼也"六字，墙四角上有角楼，院落内分前后院，后墙有小门，高墙厚壁的做法与坞同。坞堡与宅第这时期均具封闭设防的特点，和以前多敞开的建筑形象大不相同。战乱的年代，影响了一般建筑的发展。就现有资料看，5世纪中期以后，我国个体建筑物才逐渐出现新的特点。

北朝晚期的殿堂

北朝晚期这里是指北魏孝文帝太和元年（477年）以后迄隋581年灭北周，共百余年。这个阶段遗留下不少石刻和小型的石建筑物，这些建筑物大部分是等级较高的殿堂，也有少量的略低级一些的个体建筑物的图像。在这类遗物中，有九项情况比较重要，我们看到了补间斗栱的普遍使用和阑额逐渐流行，也看到了三角梁架的普遍流行（图24）。

1. 公元494年北魏迁洛以前在大同云冈开凿的石窟中，有不少佛殿雕刻。这些佛殿都是在柱顶上置栌斗，之上置横枋，横枋上置一斗三升斗栱，转角正侧面各露一半与柱头无殊，两柱头间使用叉手（人字栱）这种补间斗栱（云冈第21窟）。间宽的佛殿栌斗口置替木，两柱头之间的补间不止用叉手，还用一斗三升，有的还使用皿板（云冈第9窟），还有使用卷云、卧兽柱头和束莲柱等西方的做法（图24：A）。

2. 北魏迁洛以后，在洛阳龙门开凿的古阳洞中，斗栱复杂了，柱头用一斗三升重栱，使用重栱目的是向高挑檐，这样两柱头之间的补间叉手也高起来了，中间还加了蜀柱（图24：B），这样是为了升高屋檐的补间斗栱。在敦煌莫高窟现存最早洞窟之一的275窟中，我们看到另外三种形式（图24：C）。仅仅用斗栱复杂来升高屋檐，这种做法并不稳固，因此可能很快就废除了，所以我们只在这两处洞窟中看到。

3. 古阳洞佛殿浮雕中出现了出跳的斗栱（图24：D），斗栱出跳是为了使檐深远，这是一个很重要的改进，但也仅见此一例，可能当时并未流行。

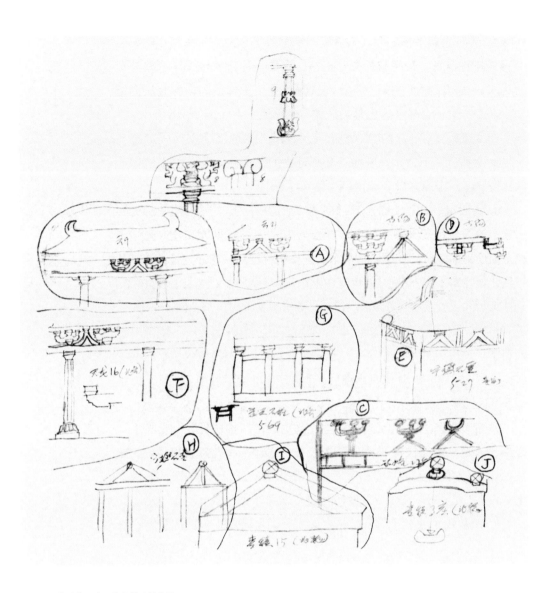

图 24　北朝晚期殿堂图像上的建筑构件
A. 云冈第 8、9、21 窟中的佛殿雕刻
B. 龙门古阳洞
C. 莫高窟第 275 窟
D. 龙门古阳洞
E. 洛阳宁懋墓石室
F. 天龙山第 16 窟
G. 定兴石柱
H. 宁懋墓石室
I. 麦积山第 15 窟
J. 麦积山第 3 窟

4. 洛阳北魏孝昌三年（527年）宁懋墓出土的石室（图24：E），上面刻画的补间，叉手与蜀柱并用，这也是一种新的样式。石室刻画的建筑，横枋不置于柱头栌斗上而插置于柱子上部，同样的做法也见于敦煌275窟，看来，这也是当时流行的做法。

5. 北齐北周时期（550—581年）补间斗栱的叉手在样式上有了变化，两脚弯了下来，北齐栱头还出现内凹的曲线，斗下使用皿板的做法废除了。莲瓣柱础开始流行（图24：F）。

6. 河北定兴北齐天统五年（569年）所建石柱上方立一座小石佛殿，这座小佛殿使用了阑额（图24：G）。初期为了安置补间和使一列柱子稳定而使用的横枋，在做法上从东汉画像中就看到有三种方式，一直并行到北朝晚期（指公元3—6世纪中期）。这三种方式（图25：A、B、C）是柱顶栌斗上置横枋（图25：A），或横枋插置于柱上部（图25：B）；还有一种使用了阑额（图25：C）。最后，后面一种结构——阑额——胜利了。大约从北齐到隋时期，阑额（图25：C）逐渐取代了上面两种结构（图25：A、B）。阑额出现后，莫高窟275窟壁画中还出现了二层阑额其间置蜀柱的做法。

7. 宁懋墓石室线雕建筑的山面，露出梁架结构两处，一是叉手承脊槫，一是叉手蜀柱承脊槫（图24：H）。麦积山北朝晚期洞窟15窟东西山墙处雕出巨大的梁和叉手，叉手上置替木上承脊槫（图24：I）。这几项实例，大体可以说明当时梁架的样式。

8. 麦积山第3窟千佛廊，也是北魏晚期所开凿，十四间长廊，除

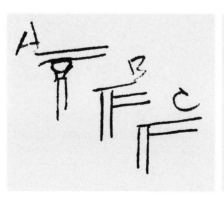
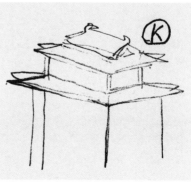

图25　东汉晚期迄北朝晚期殿堂柱枋的三种结构（左）
A. 柱顶栌斗上置横枋
B. 横枋插于柱上部
C. 柱头间施阑额

图26　甘肃敦煌莫高窟北朝晚期壁画中的两段式屋顶（右）

两端外，各间皆凿出中间有曲线的梁——月梁，月梁背上正中置驼峰，上置替木承脊槫，月梁前后端架在墙上，但后端置替木承平槫。这是一种不用叉手的简单的梁架，但月梁和驼峰都是第一次出现。驼峰介替木上承脊槫的做法也是以前所未见的（图24：J）。

9. 汉阙和汉代陶屋、画像砖中见到的屋顶分段布瓦的做法，一直使用到北朝晚期，见于北魏一些造像碑中，敦煌莫高窟北周石窟中的许多殿堂壁画还清楚地画出这种屋顶，有的用在单层建筑上，也有的用在重层建筑上，如296窟窟顶善事太子本生中的图像（图26）。这种屋顶做法，我们现知在北周以后的资料中还没有发现，但在朝鲜庆州所出相当于初唐画像砖中有这种形象，日本法隆寺一个有名的木造佛龛——玉虫厨子——也是这种屋顶，看来这种屋顶的下限可能延续到7世纪。

北朝佛塔

现知北朝有纪年的佛塔最早的是北魏献文帝天安元年（466年）平城雕凿的方形石塔（图27，原藏山西朔州崇福寺弥陀殿内），塔下有高台基，九层仿楼阁式逐层缩小，刹的高度约为塔高的1/3。这种方形多层楼阁式塔，为各石窟所常见，是当时流行的样式。塔的层数一般是奇数。洛阳发掘北魏熙平元年（516年）兴建的永宁寺塔也是方形，文献记载也是九层，塔台基遗址，高出地面5米。台基之上有五圈柱础，共124个，可以想见，这原来是一座高大的楼阁木结

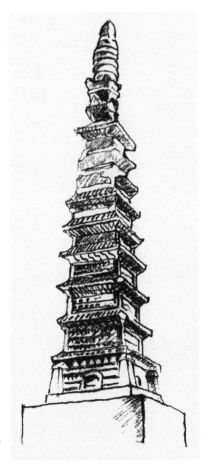

图27　原藏山西朔州北魏天安元年（466年）平城雕凿的方形石塔

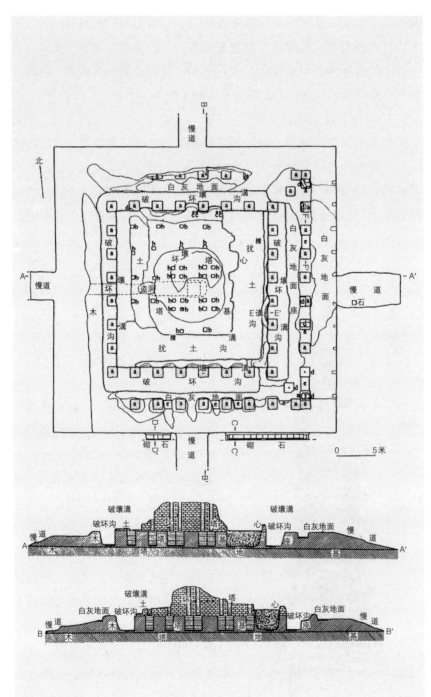

图28 河南洛阳北魏永宁寺塔遗址平面、剖面

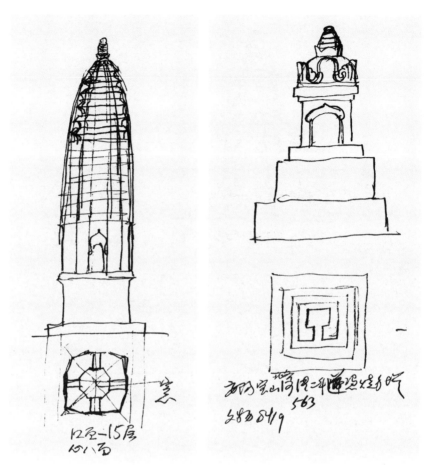

图29 河南登封北魏嵩岳寺塔（左）

图30 河南安阳宝山北齐河清二年（563年）道凭法师塔（右）

构（图28，《北魏洛阳永宁寺》，中国大百科全书出版社，1996年）。图像中有很多单层方形塔，除了方形塔之外，北魏正光四年（523年）兴建的登封嵩岳寺砖塔，是现存最早的砖塔，十二面，密檐十五层，每层出檐都用叠涩拔檐的做法，抛物线的外形十分秀丽，塔内八面自下至上是空筒状，原有楼板已佚失。塔外面原全涂白色，与上述楼阁式塔不同（图29）。以上诸塔都是供奉佛像和佛舍利的。北朝晚期出现僧人塔，僧人塔多单层方形石塔，如北齐河清二年（563年）安阳宝山北齐道凭法师塔，塔心内方形，下挖竖穴置骨灰（图30，《文物》1984年第9期）。五台佛光寺祖师塔六面二层，砖塔，下层内室亦六

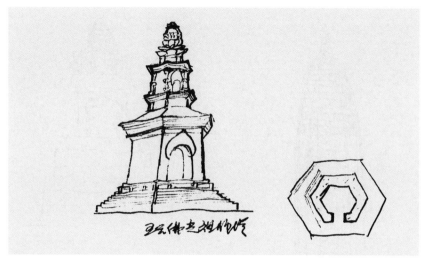

图31　山西五台佛光寺祖师塔

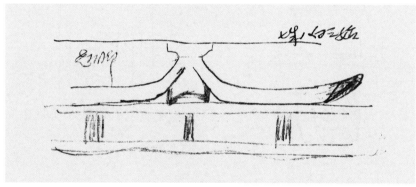

图32　山西五台佛光寺祖师塔上层外壁影作

面（图31）。上层实心，外壁影作大叉手补间斗栱，其下影作双层阑额，双层阑额间画出蜀柱（图32，《汇刊》七卷一期），这种做法为以后隋唐所习见，但它的来源可能较早，麦积山4窟（北周）壁画和敦煌275窟壁画都有类似的图像，前者蜀柱数量少，后者数量多，但都是彩画中所谓"七朱八白"的初期形式。

第五章　隋唐五代建筑

壁画和明器中的隋代殿堂

莫高窟隋唐窟壁画多佛殿图像，其二重阑额和柱头用一斗三升和补间用弯脚叉手的情况与北朝晚期同，中心间宽、补间用一斗三升和叉手的情况，也与北朝同（图33：A）。但有的屋顶出现两种颜色，如302窟（图33：B）屋脊画绿色，坡顶涂蓝灰色，这表示脊与坡顶用瓦不同，以后来情况例之，蓝灰色应是一般灰瓦，绿色则是琉璃瓦。这种在顶的边缘处铺琉璃瓦的做法，叫剪边琉璃。文献记载北魏已使用了琉璃瓦，过去大同方山遗址曾有发现，南京也曾发现六朝琉璃残瓦，剪边琉璃的做法，大约南北朝晚期即已出现，但较清楚的实例，应以此隋窟壁画为最早。隋末唐初380窟中的歇山顶佛殿（图33：C），也是剪边琉璃的做法，但它在檐下画出了两层椽子，即檐椽和飞檐椽（飞子），这是以前所少见的；屋顶侧面的山花处，以前都是空白，表示山花空处别无他物，这里出现了花饰，它应是垂鱼的最早形式（亦见图33：C）；檐下斗栱出现了两个同宽度的一斗三升的重叠的新形式的重栱。开封博物馆收藏的一件隋代的陶屋明器，大约也是隋晚期的（图33：D），它还使用以前流行的在斗栱之间设横枋和束莲柱的做法。这里我们强调的是它所表现的斗栱出跳，斗栱向前伸出叫出跳。这座陶屋斗栱向前出了三跳（出跳的栱，有专门名词叫华栱，因为出跳又叫跳头，树枝的梢头叫杪，又叫杪栱，《说文》"杪，木标末也"，《方言》"木细枝谓之杪"，《郭注》"言杪，梢也"。《法式》有的写作"抄"，有的作"杪"，看来前者是误写。斗栱出跳的目的是提高屋檐，使屋内

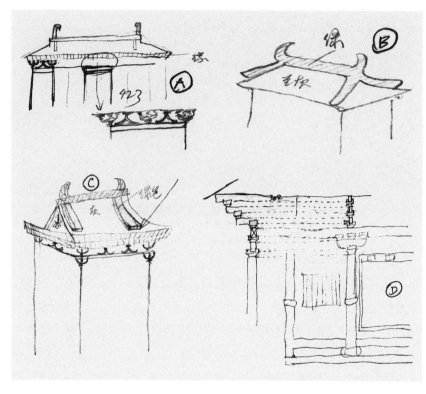

图33 隋代壁画和明器中的殿堂
A. 莫高窟423窟中的佛殿
B. 莫高窟302窟中的殿堂
C. 莫高窟380窟中的殿堂
D. 开封博物馆藏隋代陶屋

采光充分，另外也为了出檐深远，当时的墙，都是夯土墙，夯土墙怕雨淋，屋檐提高了，必须再伸长些，不然墙淋雨的部分就增大面积了）。开封所藏的隋代陶屋表现的出跳，应是较原始的形式，它只考虑了向前伸，而未考虑这朵高高的柱头斗栱的横的组织。孤立地伸出，失去了平衡，因此必须改进，这个改进完善的过程是在唐代逐渐完成的。

7世纪后半迄8世纪初唐代殿堂图像和文献记录

这个时期就是唐高宗和武则天执政的时期。这个时期一般被看作初唐的晚期。这个阶段有一幅很重要的佛殿的线雕，即西安慈恩寺大雁塔门楣石刻（石刻的年代约在652—704年）和一段很重要的文献记录，即《通典》卷四十四所记的总章三年（670年）拟建明堂的设计。先抄一下这段文献（引文中括号内文字为作者所加）。

《通典·礼》大享明堂条：

  总章三年三月具明堂规则，下诏：其明堂院每面三百六十步，当中置堂……院每面三门，同为一宇，徘徊五间，每门舍五间。院四隅各置重楼，其四墉（四面墙）各依方色。基八面，高丈二尺，径二百八十尺。每面（指正向面）三阶，周回十二阶。每阶二十五级。基上一堂（明堂），其宇上圆。堂每面九间，各广丈九尺。堂周回十二门，每门高丈七尺，阔丈三尺。堂周回二十四窗，窗高丈三尺，阔丈一尺。栱二十三，二十四明。堂心八柱，长五十五尺，堂心之外置四辅。八柱四辅之外，第一重二十柱，第二重二十八柱，第三重三十二柱，外面周回三十六柱。八柱之外，柱有修短，总有三等，都合百二十柱。其上槛周回二百四十柱，重楣二百一十六条。大小节级栱总六千三百四十五，重干四百八十九枚，下柳七十二枚，上柳八十四枚，枅六十枚，连栱三百六十枚，小梁六十枚，棒二百二十八枚（以上七字据《旧唐书·礼仪志二》补），方衡一十五重，南北大梁二根，阳马三十六道，椽二千九百九十根，大栿两重，重别三十六条，总七十二，飞檐椽七百二十九枚。堂檐径二百八十八尺。堂上栋去阶上面九十尺，四檐去地五十五尺，上以清阳玉叶复之。诏下之后，犹详议未决，后竟不立。（唐代尺度：一步约六尺，一尺约30厘米）

这段文献分两步讲：先讲总体设计，"明堂院每面三百六十步……都合百二十柱……""堂檐径二百八十八尺……"等等。次讲中间的名词："上槛""重楣""大小节级栱"等。

  明堂院当中置堂——明堂。"基八面"指明堂台基而言。每面三阶，指明堂每正方向那面设三阶。台基之上是一座方形圆顶的大型木结构。堂檐径即檐长288尺，堂上栋即脊榑，脊榑下距阶上面90尺，加上脊高，堂之高要有90多尺。檐距地面55尺。明堂规模大、结构复杂，说明当时建筑水平有了较大的提高。这时距唐统一之初（618年）已有半个多世纪了（图版六）。

文献记录这座明堂所使用的木构件，借此可以了解唐代建筑的名词：

上槛，槛应是堂前阑柱的横木，上槛大约是指檐柱上部横阑之枋，宋名柱头枋。

重楣，指檐柱上部的横枋，二层曰重，宋名阑额、由额。

大小节级栱，节级即等级，即长短栱。

重干，指横承顶重的榑。

下柳、上柳，即下昂、上昂。这两件构件是新东西，下昂的作用是前承檐重，后承梁重，上昂置在斗栱后尾上承梁重，以后都要讲到。过去认为昂出现较晚，看来至少在7世纪后半就已经成熟了。这种构件不是一般使用斗栱的建筑都可以使用，是高级建筑才能使用的，明堂正是最高等级的建筑之一。下昂使用于檐柱，檐柱三十六，下昂七十二枚，这正好每个柱头铺作上用两枚，即所谓双下昂的做法。

枅，无曲线的栱，即一段横木，《说文系传》："枅，斗上横木承榑者，横之似笄也。"可能接近宋代的替木。

连栱，两横栱距离太近，空间不够或太紧，故连在一起，因名。即宋代的鸳鸯交手栱。

小梁，与大梁相对而言，即跨度小的梁，可能即是宋名的乳栿。栿即梁，乳，小也。乳栿即小梁，其跨度为二椽。

棒，比小梁还短的梁，宋名劄牵，一椽的跨度。

方衡，即栏楣。纵木曰栏，横木曰楣。一十五重者，十五组也。可能后面少一组，不清楚。

南北大梁，位置应在正中。

阳马，斜梁，包括角梁。

椽即椽子，包括檐下之椽，断面圆形。

大桓，即挑檐之榑。《说文》："梠，桓也。"《系传》："按：梠即连檐木也，在椽端际。"宋代名挑檐榑，撩风榑。

飞檐椽，在檐椽之背上，断面作方形，又名飞子。

这些名词中缺了斗，大约是大小节级栱和连栱的附属构件，没有单记。还缺了补间的叉手，唐时名梧。

大雁塔门楣刻石中的佛殿　那是一座在台基前设左右阶,面阔五间、四注顶的殿堂(图34:A、B)。图像是正面图,进深几间不详。中心间距离宽,檐柱下设莲瓣覆盆柱础,柱头有卷杀,柱上部设重楣,即有阑额、由额各一道,重楣间设蜀柱,柱顶置斗栱。佛殿的斗栱组织我们仔细分析一下:

1. 柱头铺作即柱头斗栱。先讲各部位名词。

a. 出现了华栱两跳。

b. 出现了令栱。令栱上承挑檐榑或是挑檐枋(大栺),这个构件可以稳定向前伸出的屋檐,转角正侧面的令栱,作鸳鸯交手连栱形式。下面还讲。

c. 斗栱复杂化,样式增多了,于是每种样式的斗栱,出现了专用的名词。大雁塔门楣石刻中的佛殿的柱头斗栱,它的专门名词是:"双杪""单栱""偷心""五铺作"。《法式》卷一:"今以斗栱层数相叠、出跳多寡次序谓之铺作。"(图35)

d. 关于柱头斗栱的后尾问题。按后来的实例,推测第一跳华栱后尾仍作华栱,第二跳后尾则可能为大梁,即栿,且有可能是月梁做法(图36)。和一斗三升的斗栱比较,华栱出跳,前面为了出檐长和升高屋檐;长为了避雨,高为了室内采光的改善。华栱出跳的后面,把梁提高了。

2. 补间铺作。

补间铺作有两层,下层即阑额与第一层柱头枋之间置叉手,叉手的形式比以前向横长发展(即舒脚),第一层柱头枋与第二层柱头枋之间置斗子蜀柱。这两层柱头枋,大约即是上述文献中所记的上槛(图35)。

3. 转角铺作。

最重要的是转角铺作成熟了,在正侧面斗栱之间的45度角线上出现一缝构件:两跳角华栱,角华栱要比一般华栱为长,第二跳角华栱之上承托正侧面的令栱出头,这处的令栱是连栱的鸳鸯交手栱的做法。令栱之上置正侧面挑檐枋,其上承托角梁二重,下曰老角梁,上曰仔角梁(图37)。

这个时期的建筑图像,还有一处比较重要的是乾陵陪葬墓(中宗

62　中国古建筑考古

图34　A. 陕西西安大雁塔唐门楣石刻中的佛殿

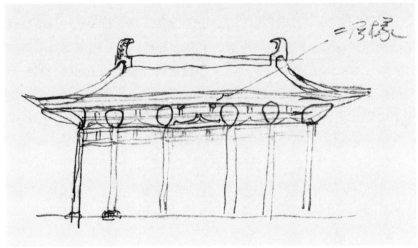

图34　B. 陕西西安大雁塔唐门楣石刻佛殿立面

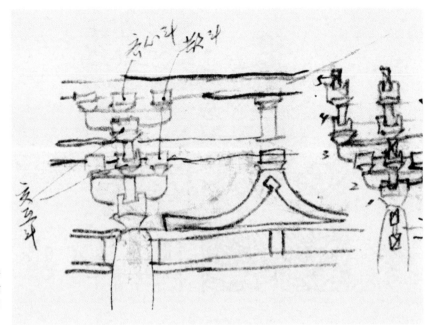

图35 西安大雁塔唐门楣石刻佛殿柱头铺作正面、侧面和补间铺作

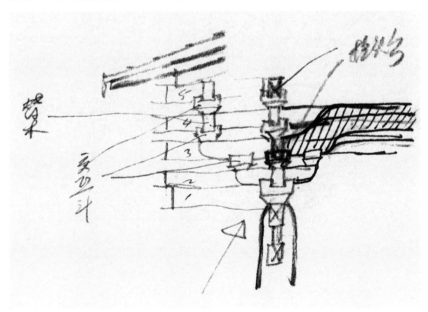

图36 西安大雁塔唐门楣石刻佛殿柱头铺作剖面

图37 西安大雁塔唐门楣石刻佛殿转角铺作和仰视平面

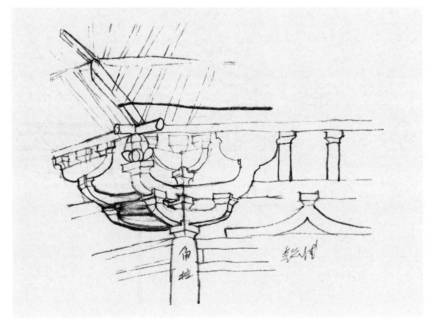

图38 陕西乾县唐懿德太子墓楼阙壁画中的转角铺作和仰视平面

神龙二年，706年）懿德太子墓的楼阙。楼阙的建筑形象与大雁塔刻石极为近似，因为它们的年代很接近，但懿德太子墓的上檐转角铺作比大雁塔为简单（图38），即是角华栱在第二跳之上未施令栱，正侧面没用连栱的做法，都只设一朵令栱，因而也就不可能有出头的问题，因此角华栱也就不承托正侧面的令栱出头，这样，第二跳角华栱上设置了一个没有"耳"的平斗，这个斗，宋以后名平盘斗。平盘斗上放了一个莲蕾承托正侧两面的挑檐槫，其上再置老角梁与仔角梁。楼阙平座斗栱中令栱与素枋之间使用了替木。

麟德殿与含元殿遗迹

麟德殿（《文物》1963年第7期）和含元殿（《唐长安大明宫含元殿原状的探讨》，《文物》1973年第7期）都是初唐阶段唐皇室的重要殿堂。含元殿建成于龙朔三年（663年），麟德殿建年无考，但它也是大明宫中的早期建筑，估计和含元殿时间差不多。它们都与大雁塔门楣刻石属同一阶段的建筑。我们先讲了大雁塔刻石，了解了这个阶段的殿堂立面的大体情况，再看同阶段的殿堂遗迹。含元殿是外朝朝会之所，是唐皇室的正衙。麟德殿是宴会接待外宾的地点。两殿用处不同，所以布局也不同。现根据遗迹和文献介绍一下两殿。先看含元殿遗址。

含元殿 铲削龙首冈南缘，局部加夯土补齐，使成倒凹字形凸出冈外的大墩台。台南面壁立10.8米。在这处墩台上再分别夯筑殿各部分，有殿、双阁、飞廊的台基。

殿所在的墩台和夯土台基高15.6米，台基之前设砖砌坡道，坡道大部坍毁，其上是下层殿基（殿陛），登左右阶，升上层殿基（殿阶），上层殿基复于檐下，这匝廊叫副阶。殿身面阔十一间，进深四间，内柱两排，二十根，按柱网布局缺中间一排十根柱，这是减柱的做法，外柱前檐十二根，东北西三面为厚2.35米的荷重墙。用墙荷重，这是传统的做法。殿身四周设一匝副阶，即廊。廊有檐，知此殿是重檐。包括廊在内，面阔十三间，长67.33米（以0.294米为1唐尺，折合为229唐尺），进深六间，共深29.2米，接近100唐尺（以上皆按柱中线计算）。面积约为1966.04平方米。殿身两侧有阁道（飞廊）与左右廊和翔鸾阁（东）、栖凤阁（西）相通。阁道遗址只存轮廓，根据少量柱痕，可知

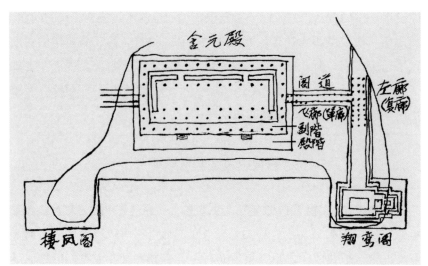

图39 西安唐大明宫含元殿台基以上遗址平面

东西廊为单廊，南北廊为复廊。东西两阁，东边的翔鸾阁墩台和夯土台基还保存较好，但顶部遗迹已遭破坏，也不保存原地面，残高 16.3 米，台南北宽 12.7 米，东西残长 25 米，台下四周出一匝高 1.2 米、宽 1.1 米的台阶。这两个阁，唐时又名两阙，参考懿德太子墓三出阙的制度，它的平面应是如图之式（图39）。阁下部为高高的夯土台，外包砖皮，阁身原是木构，木构的情况可参看懿德太子墓壁画。程大昌《雍录》卷三引《两京新记》："含元殿左右有砌道盘上，谓之龙尾道。"同书卷引康骈《剧谈录》记："龙尾道出于（栖凤、翔鸾）二阁前。"故程大昌记："王仁裕自蜀入洛过长安记所见曰，含元殿前……阶两面龙尾道……花砖微有亏损。"并补记："其铺砖处逶迤屈曲凡七其转，故自丹凤门北望如龙行而垂其尾，是以命为龙尾道也。龙尾云者，亦附并龙首山为义而立为之名也。"此两阁前左右盘上的龙尾道的遗迹似尚未明确，但值得注意的是，含元殿前地势下落的广场特为宽阔，从殿阶到大明宫的丹凤门，这个空旷处长达 615 米，如和北京故宫比，太和殿阶到午门才不过 330 米，中间还有一个太和门，如从太和殿到太和门才 188 米，还不到 200 米（图40）。从这个比较我们可以看到唐大明宫的正衙居高临下高出广场 11 米的含元殿的气魄了。含元殿之后为宣政殿，再后为紫宸殿，这两殿皆在龙首冈上，与含元殿同一中轴线，三殿同为朝会之所，含元

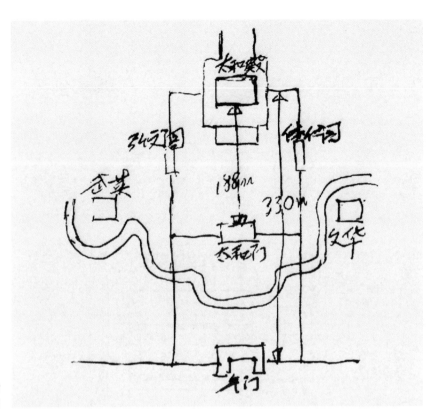

图40 北京明清故宫午门至太和殿间的布局

是外朝堂，宣政为中朝堂，紫宸为内朝堂，朝会之所有三的三殿之制，即始于唐大明宫，一直延续到明清（《文物》1973年第7期）。

麟德殿 位于大明宫内西南方的一处高冈上，周绕廊，南北长度不明（图41）。东西宽120米多，中建东西约80米、南北长约130米多的夯土台，其上连建三个殿，也是三殿之制，但连在一起，前殿面阔十一间，进深四间，前后各有廊，内槽减柱六根。前廊前设左右阶。后廊后接中殿，中殿面阔十一间，进深八间，东西墙为厚5米多的夯土墙，比含元殿厚1倍还多，这样厚的承重夯土墙，说明它是楼阁建筑。中殿后部两侧各有一约26.3米×10米、残高11.8米的长方形夯土台，其前还有一约11米×10米的方形四面包砖残高5米的夯土台。文献记录麟德殿有阁有亭。长方形夯土台应是阁的高台基，方形夯土台是亭的高台基，阁亭建于高台基之上，大概是以飞桥与中殿相连，这种飞桥连阁亭的形象，在敦煌壁画中不乏其例。连接中殿之北为面

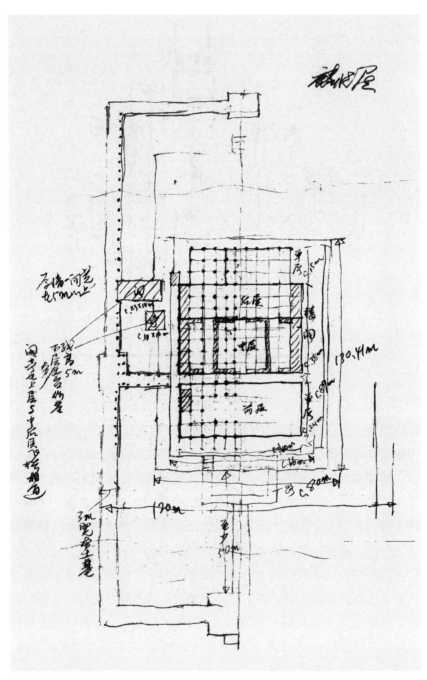

图41　西安唐大明宫麟德殿遗址平面

阔九间、进深三间的后殿，后殿没有厚夯土墙，知与前殿同为单层建筑。前殿前左右阶之前有道路遗址，向南的长度不详，文献记载麟德殿大历三年（768年）宴神策军将士三千五百人，设宴招待这样多的将士，恐怕主要是在廊下和庭院设席位，因此，可以估计前殿之前的庭院不会太窄小，有人推测至少要长50米（宽120米）才能够用。麟德殿不仅前殿之前的布局不清楚，后殿之后也不清楚，近几年考古所正在这里补作发掘。

麟德殿与含元殿平面、立面完全不同。值得注意的是：宽厚的承重夯土墙的使用，是承袭了旧传统；主体建筑高低错落，并在两侧附建了一些较小的建筑，很有点台榭建筑的遗意，周绕廊的做法也是旧传统。总之，麟德殿新旧结合创造出新的大面积连接在一起的大殿堂的做法，在唐代大型建筑中自成一格。关于它的立面和结构复原，大家可参看《考古》1963年第7期中的文章。

南禅寺大殿和佛光寺大殿

上次我们重点讲了公元670年设计的明堂记录、约652—704年大雁塔的门楣刻石和706年懿德太子墓壁画中的建筑，大体上可以了解唐前期建筑的水平，麟德、含元两殿唐前期殿堂遗址就无须细讲了，自己看看《文物》上的有关文章就可以了。现在讲唐后期两座木构建筑实物。

这两座佛寺皆在五台山，南禅寺大殿建于建中三年（782年），佛光寺大殿建于大中九至十年（855—856年），两者都是唐后期的殿堂，但前者是厅堂型做法的小型殿堂，后者是楼阁型做法较大型的殿堂。大小型殿堂在做法结构上有很多不同，也可以说是等级制度在殿堂内部的反映。都是供佛的殿堂，其等级差别应是由于建筑者的身份不同的缘故。

先讲小型佛殿——南禅寺大殿（《文物参考资料》1954年第11期，《文物》1980年第11期）。南禅寺是一个小寺，现在只存3×3间的大殿一座（图42：A，图42：B，图42：C）。大殿的结构，用北宋《营造法式》的名称是"四架椽屋通檐用二柱"的厅堂型做法。屋顶是九脊歇山顶。南北二坡各架二椽，共四架椽。殿内无柱，只有前后檐柱，所以叫"通檐用二柱"。这种柱网减去了中间四柱，殿内无内柱（金柱），可以布置面积较大的佛坛。这座建筑物可以看到较清楚的角柱侧脚做法，侧脚7厘米，也有生起，角柱比明柱高6厘米。没用补间铺作。柱头铺作的组织是：双杪单栱偷心五铺作（图42：D），它的高度与柱高的比例在1∶2.7—1∶2.8，它的做法是栌斗口横施泥道栱，其上与大雁塔门楣同没有横栱，是单栱做法，上承柱头枋二层，第一层柱头枋隐出慢栱，栌斗口向前出第一跳华栱（单材），头上没有横栱（瓜子栱），叫偷心，后尾也出华栱。第二跳华栱比第一跳高（足材），它是四椽栿的前伸部分，第二跳华栱横出令栱，令栱上承替木，用以托挑檐槫，第二跳华栱向前出耍头（批竹式），其后尾是四椽栿上的缴背，它的长度也是四椽，缴背的作用是辅助较薄的梁栿承托上部的重量。铺作中线上的组织在二层柱头枋上用驼峰、皿板和散斗，上置压槽枋，以承屋椽。平槫与檐椽间距长，所以用压槽枋作为中继补充支撑力量。这里使用皿板是北朝以后少见之例。驼峰下面还会讲到。下面继续讲铺作后面的梁架部分。缴背之上两侧各置驼峰，注意驼峰的曲线，它和后来的驼峰曲线不同。驼峰上置栌斗，斗口横出令栱上承襻间以承平槫，令栱前斜撑托脚，后接平梁。平梁之上置叉手、令栱、襻间以承脊槫。由脊槫、平槫和檐槫构成的屋顶的高度和坡度，坡度缓和。这里讲高度和举高的问题，即梁架的举高，低就缓和，相反就陡起，怎样计算它的数据呢？《法式》记载是以"前后撩檐枋心相去之远近"的尺寸为基数，然后看它与脊槫背的高度，做出比例。这里前者长11.25米，后者长2.235米即是举高数字，前后的比例数字5.15∶1即是屋顶坡度的数字（图42：C）。现在转回来再看转角的斗栱，它比大雁塔转角多了个耍头（图42：E）。

1. 画大雁塔转角与南禅转角比较。大雁塔无替木，用撩檐枋，南禅有替木，用撩风槫。南禅多了三个耍头。

2. 再讲一次南禅梁架的举高，即屋顶的坡度（画梁架图，示意举高尺度所取位置），以"前后撩檐方心相去之远近"为基数，然后看它与脊槫上皮的高度，做出比例。

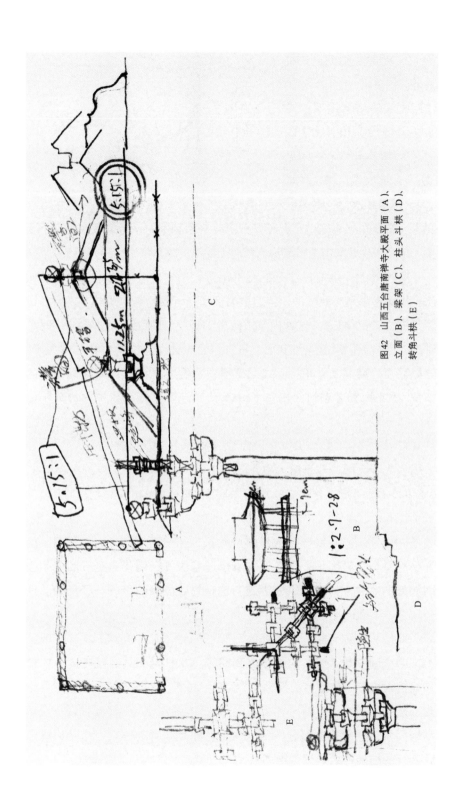

图42 山西五台唐南禅寺大殿平面（A）、立面（B）、梁架（C）、柱头斗栱（D）、转角斗栱（E）

3. 再讲斗栱问题。柱头是双杪单栱、偷心、五铺作，比大雁塔增多了一个耍头（爵头）和替木（枅和栭），用替木其上多为槫，

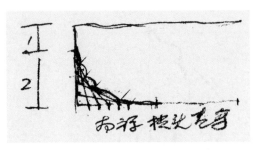

图43 五台唐南禅寺大殿斗栱栱头卷杀做法

《法式》名为撩风槫（挑檐槫）。不用替木，令栱多上承撩檐枋（挑檐枋）。出现了隐出的慢栱。补间无。转角和柱头同，比大雁塔多了耍头和替木——两条替木，三个耍头。每个令栱都向前出了耍头，角缝上的第一跳角华栱也出了耍头。

南禅寺的斗栱值得注意的还有两点：第一，各栱的栱头的卷杀做法。栱头卷杀是一段做法，但这里的栱都在斫成五瓣（图43）之后，每瓣都向内颤0.3厘米。这种内颤做法来源较早，讲北齐天龙山斗栱时单讲过，南禅寺以后就见不到了。第二，令栱比泥道栱长114—118厘米，与以后反之或同长者不同。以上资料，我们主要根据1974年翻修前的情况［《文物参考资料》1956（1954？）年第11期］讲的，1974年山西省重新翻修，改了一些地方，有的改得对，有的改得不对（《文物》1980年第11期）。将来大家有机会看到原物时，要多加注意。

佛光寺大殿，建于唐大中九年至十年（《文物参考资料》1953年5、6合期，《梁思成文集》二）。是一座四注顶，7×4间八架椽的大型佛殿（图44）。由檐柱、内柱各一周组成柱网。按《营造法式》的规定，它是一座"金箱斗底槽"的殿阁型做法，与前面南禅寺大殿不同，南禅是厅堂型。殿阁型、厅堂型本身也还分级别，佛光寺是殿阁型中级别偏低的。关于佛殿建筑分等级，也是封建等级制度的一个反映。这个问题，下面还要提到。

此殿和南禅寺相同，也是建在较低的台基上，侧脚、生起都很显著，中心间宽达5米，与檐柱之高略等。从柱网布局，把殿内分内槽和外槽两部分。内槽减去四柱。"金箱斗底槽"，《法式》说它在梁架结构上是"八架椽屋，前后乳栿，用四柱"（图45）。后部砌佛坛，坛后砌扇面墙。柱础覆盆部分雕宝装莲瓣，即是起脊的莲瓣。这是盛唐以后流行的柱础样式。柱顶施阑额。

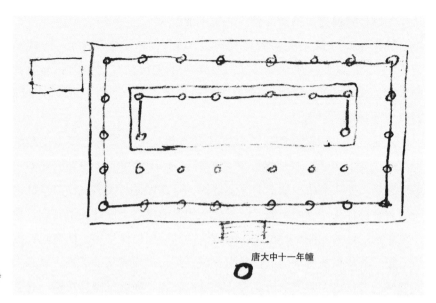

图44 五台唐佛光寺
大殿平面

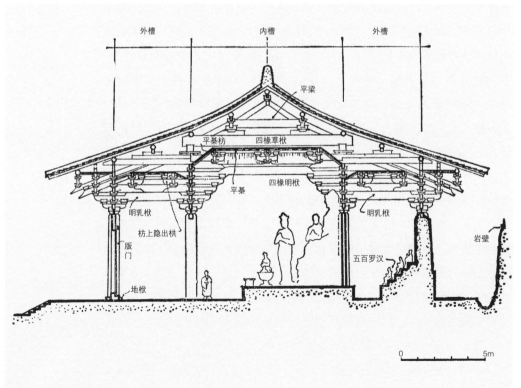

图45 五台唐佛光寺
大殿梁架结构剖面

斗栱分外檐与内槽两部分。先讲外檐。

外檐柱头斗栱的高度为外檐柱高的1/2，即斗栱高为1，檐柱高为2（1:2），这是一般计算斗栱与柱高比例的做法，这个比例与南禅寺不同，南禅寺的比例大约在1:2.7—1:2.8，这个不同，可能也是殿阁型与厅堂型的差别。

外檐柱头斗栱的组织是双杪双下昂重栱偷心造，为七铺作（图版七：1，含耍头断面，柱头铺作仰视平面）。比厅堂型的南禅寺大殿多了两层下昂。使用下昂，从上面明堂之例，可知它是高级建筑物的特征之一。现在讲柱头斗栱的组织：栌斗之上的泥道栱之上设柱头枋四层。第一跳华栱，跳头无横栱，是偷心的做法；其后尾仍作华栱，托在明乳栿下。第二跳华栱施横栱两层，是为重栱；第一层横栱叫瓜子栱，第二层叫慢栱。慢栱之上承罗汉枋。第二跳华栱后尾是净跨二椽的乳栿，此乳栿在平闇之下，可以看得见，所以叫明乳栿，做出月梁样。第三跳是第一层下昂，昂头斫作批竹式，这个新构件是斜上挑起的，其后尾压在草乳栿下，此乳栿在平闇之上，人们看不见，没有加工，所以叫草乳栿。第四跳即第二层下昂，前方上置令栱、替木，以承撩风槫（挑檐槫），令栱正中向前出耍头，耍头斫成半翼形状，其后尾压在第二层下昂之上；昂头与后尾的做法与第一层下昂同。这朵斗栱在第二层柱头枋的位置，纵向安置一个前托第一层下昂底面、后尾斫成半驼峰式的构件，姑名之曰半驼峰。半驼峰上置一组一斗三升，与此一斗三升相交的是一个"素枋"（没有定名的枋），它的前面也贴托在第一层下昂的底面，后面隐出栱头；在一斗三升之上承托平棊枋。在第三层柱头枋上斜向安置平闇的峻脚椽。平闇是大盝顶的形式，中间宽平的部分做出小方格，四边都有由峻脚椽连成的斜坡。如没有四面斜坡，只是一片宽平的小方格叫"平棊"，所以承托这处闇的横枋，都叫平棊枋。从栌斗底到替木上皮是这朵斗栱的总高度，它与檐柱高度的比例是1:2，前面已经讲过了。

外檐补间斗栱（图46）在两朵柱头斗栱之间的柱头枋上，出两跳华栱。第一跳华栱出在最下层柱头枋，跳头置四瓣翼形栱，第二跳华栱出在第二层柱头枋，跳头置令栱和出批竹式耍头，上承罗汉枋。补间的后尾，第一跳华栱无翼形栱，是偷心造，第二跳华栱头上承的是

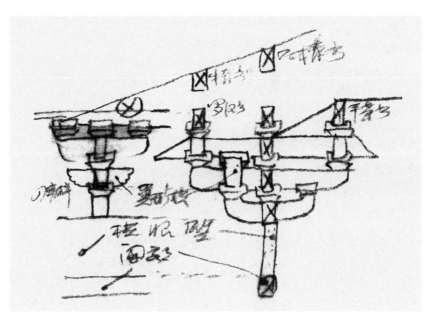

图46 五台唐佛光寺大殿补间铺作立面、侧面

平棊枋。其余皆与前面同。补间第一跳华栱下面无栌斗，就是栱眼壁，这不合理；估计原来应有栌斗，栌斗下还应有蜀柱支撑在阑额上，但这部分构件大概很早就用泥灰掩盖了，并在其上画了彩画。

外檐转角斗栱（图版七：2）：① 比南禅寺正侧面和角缝上都多了两层下昂；② 正侧面第二跳跳头上的瓜子列栱相交做出鸳鸯交手形式，相交于第二跳角华栱上；此十字相交的瓜子列栱上承正侧两面的慢栱，做出重栱形式；③ 正侧面第四跳跳头各置令栱上置替木，以承撩风槫；④ 角缝第四跳跳头上正侧面各置令栱，做十字相交，皆上承撩风槫下之替木；⑤ 在角缝第四跳之上多了一个昂——由昂，由昂之上置平盘斗，放宝瓶，托顶角梁，使角梁上翘，这样殿顶四隅才能出现翘角。

以上是外檐斗栱，下面讲内槽斗栱。

内槽柱头斗栱（图47），向内出四跳华栱（方向与外檐斗栱相反），第一跳后尾仍是华栱。第二跳后尾是明乳栿，与外檐第二跳连为一体。第三跳后尾出半驼峰，置于明乳栿之上。第四跳后尾为素枋。此第四跳跳头上承明四椽栿。明四椽栿之上正中置驼峰或半驼峰，栌斗置十字斗栱，上承平棊枋以承大平闇。

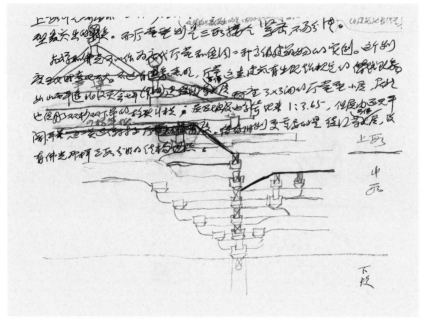

图47 五台唐佛光寺大殿内槽柱头铺作及其上梁架

简单说说中部平闇以上的梁架：内槽前后斗栱之上叠架长木块，置四椽草栿。其上置托脚、平梁、叉手以承脊槫，构成三角形屋架。屋顶坡度（举高）是1∶4.77，比南禅寺1∶5.15高耸。两者相距时间不远（70多年），这个差别，大约也是殿阁型与厅堂型不同之所在。前者高耸，后者低缓。

现在我们再说平闇、平棊问题，这个部分上阻尘土有它的实用意义，不仅为了好看。但有它，使屋内空间明确分为上下两部分，下部分是平闇（平棊）之下，为进殿的人都可以看到的部分；上部分即平闇之上就看不见了。所以平闇之下的部件有线条装饰，如明乳栿做出月梁，之上就不加装饰了。南禅寺无平闇，进殿之后可以一直看到屋脊之下，这种做法，《法式》有专门名词，叫"彻上露明造"。看来，设置平闇与不设置，也是殿阁与厅堂差别之所在。设平闇的即殿阁型殿堂，以平闇为界，在结构上明确地上下分开。无平闇的，在结构上一般上下牵扯不易分开。

综合以上，我们知道这两种建筑类型的区别：斗栱大小，使用下昂与否，屋顶坡度，平闇有无，都是重要分歧之所在。但最大区别，应是整个构架组织的不同。佛光整个构架看来可分上、中、下三段：下段是柱网，柱头用阑额连接，形成内外两圈同等高度的矩形框子，构成屋身框架。其上的中段，是在内外两圈柱头上架四五层柱头枋，构成井干式方框，再在内外圈相对的各柱间，挑出四五层斗栱和架起明栿，以平闇为界，使方框稳定，并使之有较大的刚性，这样就可承托上段的重量。上段即是前面讲的三角形屋架部分。这三段分明的构架组织，应是殿阁型最突出的特点。而厅堂型则是三段接合紧密，不易分清。在结构上最突出的是内外柱不同高，南禅寺无内柱，这个问题看不出，及至辽代建筑中就看清楚了。

南禅寺和佛光寺可以作为唐代厅堂和殿阁两种高级建筑物的实例。这个制度五代时变化不大。不过有迹象表明，厅堂这类建筑有出现超规定的僭越现象，如山西平遥北汉天会七年（963年）建镇国寺万佛大殿。

平遥镇国寺万佛殿

平遥镇国寺大殿——万佛殿，3×3间六架椽的厅堂型小殿（图版八）。

在斗栱上使用了双杪双下昂柱头斗栱，这是一个僭越现象。补间与佛光寺同，但下置斗子蜀柱，转角没有新情况。屋顶坡度的比例也高耸起来，举高是1∶3.65，不仅比南禅寺1∶5.15高，也比殿阁型的佛光寺1∶4.77高，这也是一个僭越现象。殿内不用平闇（"彻上露明造"）这一点保持了厅堂制度。保存厅堂制度更重要的情况是：不是三段分明的结构组织。现补讲一下它的梁架组织：

第一跳华栱偷心。第二跳华栱偷心，承六椽明栿。两跳华栱承栿的做法，这是最早的例子。

六椽明栿斫作月梁形式。其上置顺栿串、六椽草栿、四椽栿。

四椽栿两端用托脚，其上施平梁，平梁两端亦用托脚。

平梁之上出现了一组新结构，即在叉手中间使用了驼峰、蜀柱。

最后讲一下，它斗栱与柱的比例是2.45∶3.42，斗栱约为柱高的

7/10，比佛光寺的1/2还要大。

佛光寺之后到五代结束北宋之初，即从855—856到960年，这一百年间木结构的发展，我们从现存实物和图像材料得到以下几项认识：

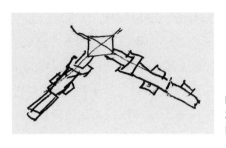

图48　敦煌莫高窟146窟（五代）壁画殿堂补间出现的斜栱

柱头铺作复杂，榆林窟16窟（五代）壁画中的佛殿绘出双杪三下昂的八铺作斗栱，这是现知层次最多的斗栱。

补间铺作，莫高窟231窟（中唐）出现与柱头相同的单杪双下昂六铺作，并且还在中心间画出两朵。莫高窟146窟（五代）壁画补间出现了斜栱的做法（图48）。

在梁架方面，五代北汉天会七年（963年）建山西平遥镇国寺万佛殿，平梁之上，脊槫下面叉手中间出现驼峰、蜀柱、令栱、替木上承脊槫的一组构件，这组构件出现后，叉手就开始窄小了。万佛殿还值得注意的是柱头斗栱双杪双下昂，第二跳华栱后尾承托梁栿。用第二跳后尾托梁的做法以后也流行于北方的辽代。

唐五代佛塔

现存有砖石两种，这是从建筑质料上分的。从外观上分有多层、单层之分。先讲单层，现存单层塔多石塔，也有少数砖塔。它的平面有方形、六角、八角和圆形四种（图49），它们的发展情况是：

1. 愈来愈模仿木建筑。

2. 塔台基和顶部愈来愈复杂，甚至分出了好几部分。就台基部分言，台基之上，出现的基座尚是低平阶梯式，如房山云居寺小石塔（图49：A）；但天宝五载（746年）登封会善寺净藏禅师塔即使用了较高的须弥座（图49：B）；晚到乾符四年（877年）山西平顺明慧大师塔，在须弥座式的基座下又增加一座方形基座（图49：C）。

多层塔多砖塔，也有少数石塔。平面有方形和八角两种。砖塔可分为楼阁与密檐两式。石塔现仅知密檐石塔一例。楼阁指用砖仿木塔，

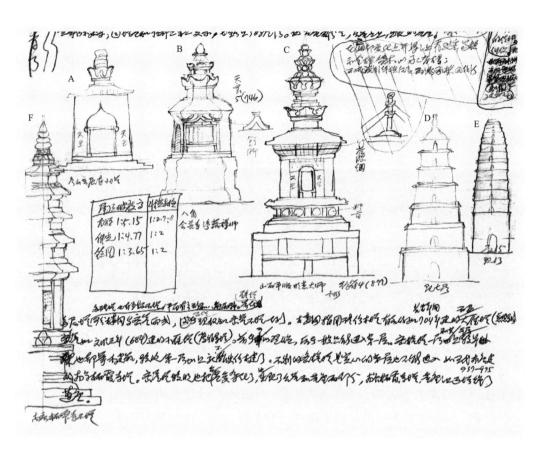

图49 唐五代的佛塔举例
A. 北京房山云居寺小石塔
B. 河南登封会善寺净藏禅师塔
C. 山西平顺明慧大师塔
D. 西安大雁塔
E. 西安小雁塔
F. 南京栖霞寺塔

有名的如长安年间（704年）建的西安大雁塔（图49：D），密檐塔如文明元年（684年）建的小雁塔（图49：E）。前者可以登临，后者一般只能进入第一层。密檐式塔一层和其上各层较早外观也都摹木建筑，较晚第一层以上就不做出仿木建了。石制的密檐塔是实心的，第一层也不能进入，如五代南唐（937—975年）建的南京栖霞寺塔（图49：F）。密檐塔较晚也把台基复杂化了，也出现了台基和基座两部分，南京栖霞寺塔，基座之上还增饰了莲座。

第六章 辽宋金元建筑

辽代木建筑

辽代建筑现存实例较多，多分布在五代后晋天福二年（937年）石敬瑭割让给辽的燕云十六州的范围内，也有一些分布在燕云十六州之北。时代较早的多在十六州内。因此，辽的建筑多承袭唐五代的制度，和北宋建筑不同。现存辽代木构建筑最早的是蓟县独乐寺殿阁型的观音阁，阁建成于辽圣宗统和二年（984年）。最大的是9×5间十架椽的辽宁义县奉国寺大殿，建于开泰九年（1020年），建筑类型属高级厅堂型；另一座是典型的厅堂型殿堂，为重熙二年（1033年）建成的河北新城开善寺大殿，最高的是高67.13米的山西应县佛宫寺释迦塔，清宁二年（1056年）建。下面即以这四座建筑为主，大致概括一下辽代木建筑。

蓟县独乐寺观音阁 5×4间（图50），外观两层，中有腰檐（平座），腰檐与下檐斗栱之间内部为上下层间的夹层，所以内部实为三层。上覆歇山顶。自地面至脊榑高19.75米。阁属殿阁型构架，有内外柱各一圈，金箱斗底槽的柱网。除第一层内柱略高于外柱，其余内外柱皆同高，上层斗栱之上

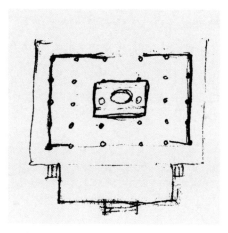

图50 天津蓟县辽独乐寺观音阁平面

第六章 辽宋金元建筑

设平闇、藻井。下层外檐柱头斗栱四杪重栱偷心七铺作。腰檐斗栱，即中层斗栱，三杪重栱计心六铺作。上层外檐柱头双杪双下昂重栱偷心七铺作，与佛光寺大殿外檐柱头同。上述这些结构组织说明阁的规格较高，是属于较低的殿阁型。这个大阁是当时尚父秦王韩匡嗣所建，匡嗣一家当时掌辽的兵权，皇帝圣宗就是匡嗣儿子德让所拥立，圣宗后又是匡嗣的外孙女，当时韩家势盛，德让即是后来小说戏曲中和萧太后共理辽政的韩昌，因此韩家建这个阁使用了高规格的殿阁型。下面我们再分析这个阁在建筑方面有了哪些发展和我们看到了哪些新东西：

1. 多层建筑在结构上，檐柱上层柱底立在中层栌斗上，内柱上层立在中层，中层立在下层栌斗上，即所谓叉柱造。这种做法，大约是继承前代的高阁的做法，我们曾在敦煌321窟盛唐壁画中看到它的图像，但没有实物。实物以此为最早。檐柱中层柱底立在下层栌斗的后面，这种做法，《法式》叫缠柱造。叉柱造、缠柱造实物都首见于此阁（图51）。

2. 中层外檐平座、下层内柱和中层内柱阑额上都使用了普拍枋，这是普拍枋现知的最早实例。阑额俱在转角出头，做垂直截去式，这也是阑额出头的最早的实例。

3. 斗栱多样化，这是由于用途不同，有檐下的，有承托楼板的，有承托平座（腰檐）的和上承平闇和藻井的。我们没必要一一介绍，现只重点讲上檐的转角斗栱，它的特殊之点是在正侧面的斜线上，又各出了一道斗

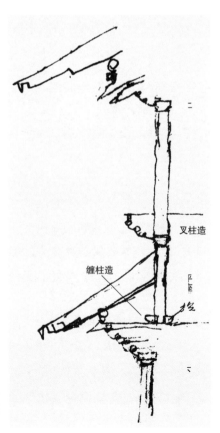

图51 蓟县辽独乐寺观音阁上、下层立柱结构

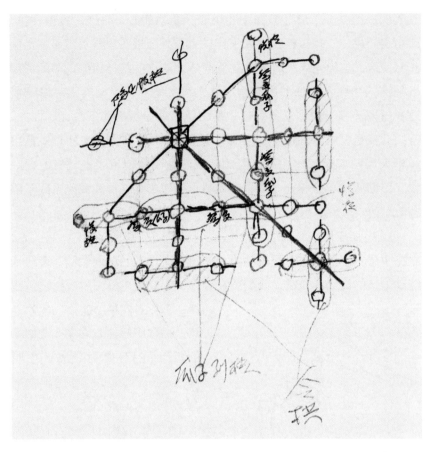

图52 蓟县辽独乐寺观音阁二层转角铺作仰视平面

栱,第一、第二跳是斜栱(图52)。

4. 斗栱某些构件的变化,下层内柱柱头、中层平座外檐出现了计心造做法;中层内槽补间铺作出现了驼峰与蜀柱上承出跳斗栱的斗口跳的做法,注意驼峰的曲线(图53);另外外檐耍头垂直截去的形式。以上都是最早见于此阁的。栱做出的翼形栱,其形式有了变化(图54)。

5. 梁架方面:第一层(下层)乳栿承托在第二跳华栱后尾之上,此法首见于平遥镇国寺万佛殿,可见此做法源于五代。中层(夹层)内外柱之间使用了斜撑。上层四椽明栿与草栿做法同佛光寺,平梁之上使用了蜀柱,这种做法也曾见于平遥镇国寺。举高 $4.76:17.42 \approx 1:3.66$,比佛光寺 $1:4.77$ 为高。

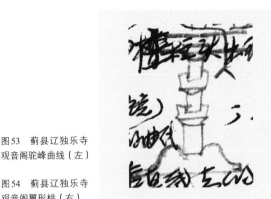
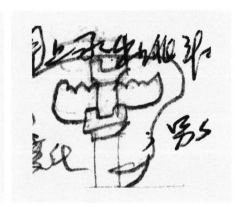

图53 蓟县辽独乐寺观音阁驼峰曲线（左）

图54 蓟县辽独乐寺观音阁翼形栱（右）

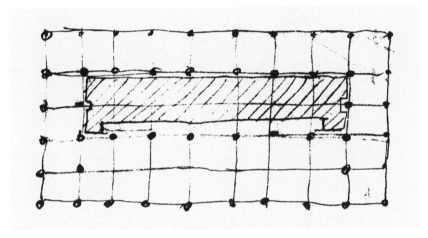

图55 辽宁义县辽奉国寺大殿平面

义县奉国寺大殿（《文物》1961年第2期） 四注顶，面阔九间（48.20米）进深五间十椽（25.13米），开泰九年建，比观音阁晚了三十六年（图55）。从它的整体结构看，却与殿阁不同。它内柱比外柱高出很多，这样在梁架结构上就不能形成像佛光寺大殿那样三段叠起的形式，柱子与斗栱和平梁以下的各种梁已分不出层次了，也没有平棊的设施，成了所谓"彻上露明造"的做法（图56）。以上不同于殿阁的结构，是厅堂型结构的特点，但值得注意的是，外檐斗栱使用了高规格的双杪双下昂重栱偷心七铺作。这一点，也许是和平遥镇国寺大殿相同（厅堂类型僭越制度），但镇国寺大殿是3×3间小殿，可以说是僭越，这里是9×5间的大殿，说是僭越好像不妥，因此，我们暂把它定为厅堂与殿阁之间的一种类型，也许更为合适。

84 中国古建筑考古

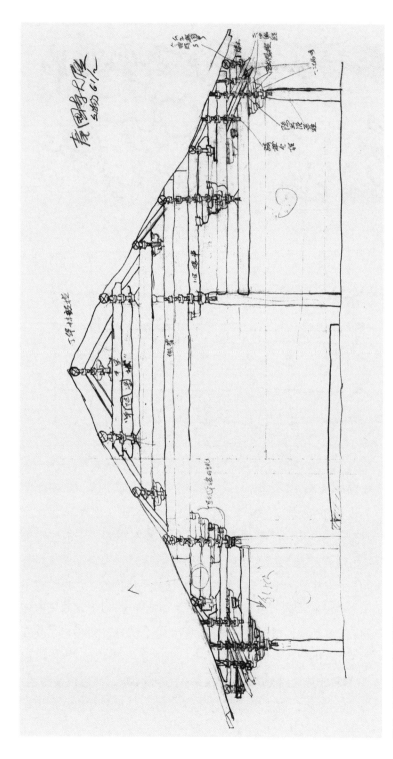

图 56 义县辽奉国寺大殿梁架

现在具体分析一下奉国寺大殿的时代特点：

1. 在柱额部分：柱网布局前后不对称，在古建中，首见于此。不对称在梁架结构上就要复杂化，这也反映建筑技术的水平有了较高的发展。柱础覆盆上出现了卷云和牡丹的纹样，普拍枋使用普遍，普拍枋、阑额出头垂直截去斫成"T"形，与观音阁的相同，内柱升高突出，也无前例。

2. 在斗栱部分：外檐柱头的组织双杪双下昂七铺作同前；外檐补间与柱头铺作组织同，但补间最下部分栌斗不置于普拍枋上，而坐于驼峰上（图57），不出泥道栱而出翼形栱的做法始于此殿；外檐转角栌斗两侧各置附角斗一朵，这种做法，过去叫它"缠柱造"，叫错了，现在我们不再叫了，只以正侧面各有附角斗来代替。正侧面附角斗同

样各向前出双杪双下昂七铺作，由昂上平盘斗面蹲踞角神，头顶大角梁。角神实例在木建筑中以此为最早。转角替木延长到补间，通替木出现了（图58）。内柱斗栱没有特殊的地方。

3. 梁架部分：梁架复杂上面已经说过了。在组织上它的新发展有：用了较多的复梁（前面两个四椽栿，六椽栿下前面使用顺栿串，六椽栿本身上面置缴背，平梁下置"平梁随栿"）；平梁之上叉手之间使用了丁华抹颏栱，与独乐寺山门同（图59），托脚减少了一根（独乐寺双托脚），举高1∶4，比观音阁高。

4. 彩画：建筑上的装饰花纹。梁底画飞天供养。窄的梁枋底画网目。斗栱画锦纹（多四瓣花），朱

图57 义县辽奉国寺大殿补间铺作栌斗坐于驼峰上

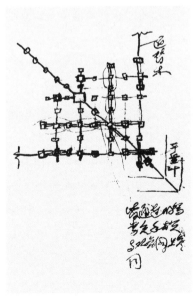

图58 义县辽奉国寺大殿转角铺作仰视平面

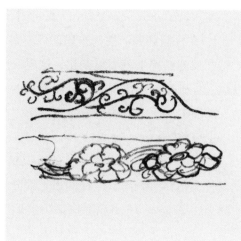

图59 义县辽奉国寺大殿平梁之上的丁华抹颏栱（左）

图60 义县辽奉国寺大殿梁枋彩画举例（右）

红、黄丹暖色，间用冷色绿，皆彩画中高级的"五彩遍装"。部分枋和栱眼壁画写生花，有牡丹、莲花、海石榴（图60）。这部分辽代遗迹一直保存下来是很出乎意料的。

新城开善寺大殿（《文物》1957年第10期） 四注顶，面阔五间（25.8米），进深三间六架椽（14.43米）（图61）。在结构布局上是六架椽屋乳栿四椽栿用三柱。辽重熙二年建，比奉国寺大殿晚十三年。因此没有太大的变化，这里讲它，是因为它是典型的厅堂型建筑。说它是厅堂型的典型，是由于它在各个方面都具备了厅堂的条件：斗栱用双杪重栱五铺作；内柱升高，柱子与斗栱结合在一起；"彻上露明造"，无平棊。它在细部上有时代意义的是：

1. 在柱额部分：柱网布局出现了新样式；普拍枋、阑额出头为当时流行的垂直截去式，成"丁"（即为一横一竖垂直式）形断面与奉国寺同。

2. 在斗栱部分：外檐柱头计心造，观音阁出现在外檐平座和内柱头上，其次是重熙七年（1038年）的大同华严寺下寺薄迦教藏殿。转角使用斜栱是观音阁以后之例（图62），补间下部尚用蜀柱，无驼峰，和观音阁同。要头还是批竹式，也与独乐寺相同（栱头卷杀分四瓣，每瓣有0.2厘米的内颤，这种做法见于北朝晚期的石窟寺——响堂、天龙山，唐五台山南禅寺，此是最晚之例）。

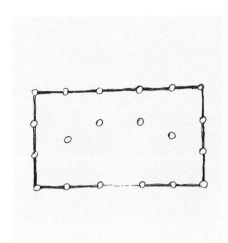
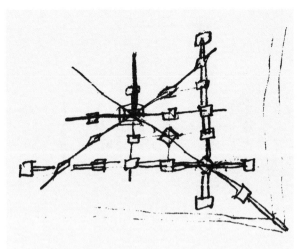
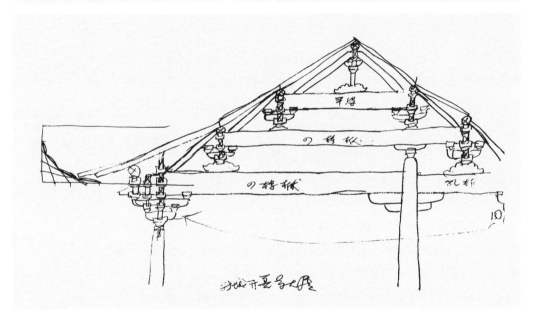

图61 河北新城辽开善寺大殿平面（上左）

图62 新城辽开善寺大殿转角铺作仰视平面（上右）

图63 新城辽开善寺大殿梁架和斗栱栱头卷杀（下）

3. 在梁架部分：出现了雀替（角替），这是为了防止梁架的中弯下沉而安排的中间辅助力量。平梁上用丁华抹颏栱和用托脚与奉国寺同，但这里托脚不缺少，尚是旧法。殿的举高为1∶3.9，与《法式》厅堂1∶4的做法很接近（图63）。

应县木塔 平面八角，五层六檐，二至四层都有平座夹层，实际是十层，每层每面面阔三间，底层有副阶一匝，连副阶计直径30.27

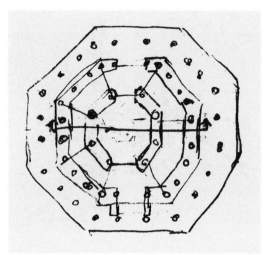
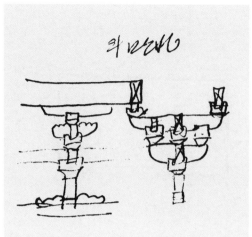

图64 山西应县辽佛宫寺木塔平面（柱网布局）（左）

图65 应县辽佛宫寺木塔副阶次间补间铺作（斗口跳）（右）

米（图64）。塔高从地面到塔刹顶端高67.3米。辽清宁二年建，比开善寺大殿又晚了23年，但一般认为清宁二年是开创之年，其实际完工已到了辽末甚至金初（辽亡于1125年），因此，它可以作为最迟的辽建的标本。该塔有年代意义的细部变化：

1. 在柱额方面，流行阑额普拍枋，但在角柱上前者不出头，与其他辽建不同，但阑额不出头的做法是唐至宋的做法，并不是晚期特征。

2. 在斗栱方面，样式多种，54种斗栱，区别大的有36种，值得注意的有：① 副阶中心间补间的斗栱出跳与柱头同（双杪）；② 次间只在斗子蜀柱上出一跳头（斗口跳）（图65）；③ 在自第二层以上的各层只中心间有补间斗栱，次间无；④ 在第三层中心间补间用45°斜栱，第二层中心间补间用60°斜栱。补间用45°斜栱最早见于薄伽教藏殿（重熙七年，1038年），60°斜栱则首见于此（图66）；⑤ 转角都用斜栱，不少朵的令栱都作鸳鸯交手式；⑥ 转角与补间距离近替木连接，与奉国寺相同，用通替木。

3. 在梁架方面，在第一层内槽平闇藻井，外槽置平棊，第五层之上设平棊和藻井（平棊和藻井始于薄迦教藏殿，平棊与平闇不同，其

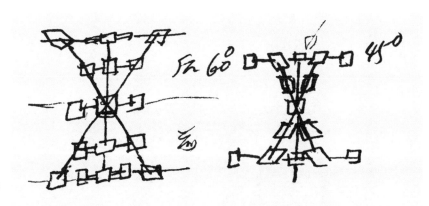

图66　应县辽佛宫寺木塔上的斜栱

改变在观音阁和教藏之间）；第五层梁架"前后乳栿用四柱"，其间架六椽栿，六椽栿上架平梁，平梁之上立刹柱。无叉手，这是由于塔顶特殊的缘故，但无托脚，值得注意。整个梁架用长短梁木垒成。柱网、斗栱与梁架三个阶段的殿阁型构架非常清楚（图67）。

辽代建筑我们讲得比较多，这是由于现存的辽建多，保存也较好，研究的成果也较多，因此，我们容易讲得透彻些。另外，辽建上承唐建，下面也和宋建有一定关系，因为宋建也是承袭唐建的。掌握了辽建的发展变化也可以说掌握了古代建筑的关键部分。下面接着讲宋金元建筑就方便了。金虽然上接辽，但金建和辽建大不相同，因为金的领域南边直到淮河，西边包括了陕、甘，即占领了北宋时期的中原地区，因此，金建的来源就有不少北宋——特别是北宋的某些地方因素，而又不同于南宋。所以下一个题目，我们先讲北宋的建筑官书——《营造法式》，然后应当分南方地区和北方地区：南方地区包括南北宋，下面到元；北方则是金元。

我们讲了三个辽代建筑，又参观了独乐寺，希望大家拿辽建做一个基点，上面可联系唐，下面和它同时期的北宋建筑相比较。金代建筑的特点处在辽宋之间，我们不讲了，大家可参看《中国建筑技术史》的晋祠献殿（第102—103页）和朔州崇福寺弥陀殿（1143年，第107页）。

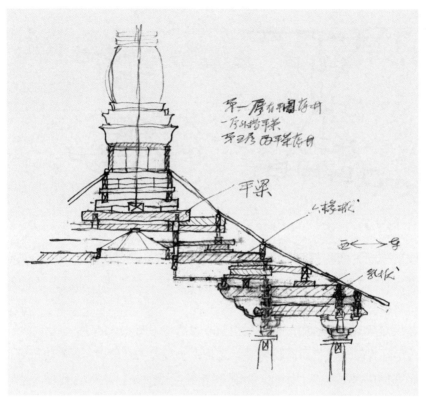

图67 应县辽佛宫寺木塔顶部梁架

《营造法式》简介

《营造法式》（以下简称《法式》），是神宗熙宁年间（1068—1077年）敕令将作监所编，至哲宗元符三年（1100年）成书，徽宗崇宁二年（1103年）雕版印行的。宋政府编集此书的目的是统一建筑物的一切制度，包括形制、装饰、估工算料和示范的图纸。这是一部官定的实用之书。因为是官定的"法式"，所以对宋代建筑的影响很大，特别是官家兴建的建筑，它也一直给予宋以后的官式建筑以影响。因此它对于研究古代建筑的人来说就是一部必读的参考书了。

因为是将作监官修，所以标将作监的领导李诫撰。崇宁间印书时李诫为将作少监，不久又升为正监。以一个单位的首长领衔这个单位的著作，是当时的风气，所以我们不必一定死凿地认作为李诫著。实际上李诫进书序中就说道:"臣阅考旧章,稽参众智。"

《法式》三十四卷,看详一卷,目录一卷,共三十六卷。看详是择要。一、二卷总释(释名,解释名称的来历)。卷三壕寨制度、石作制度(土方、石方工程)。卷四、五大木作制度(即盖房屋)。卷六到十一小木作制度〔门窗装修、平棊藻井、佛道帐(佛道龛)〕。卷十二雕作、旋作、锯作、竹作制度(加工技法、名词、选料)。卷十三瓦作、泥作〔结瓦、垒脊;版筑、用泥(画塑)〕。卷十四彩画作。卷十五砖作、窑作(用砖制度,烧砖瓦垒窑)。以上卷三至十五是记载"制度"即形制的部分。卷十六至二十五是诸作功限,是估计工作目的(计算劳动定额的)。卷二十六至二十八,是诸作料例,计算材料限量,是估料的。卷二十八末为"诸作等第",是把各作按费工的时间分为上、中、下三等。卷二十九至三十四是诸作图样。

以上这些内容,我们想着重介绍一下大木作制度。介绍它的目的有二:一是北宋建筑实例缺点多,找不出很典型的,介绍大木作实际也是介绍典型的北宋木建筑;二是通过这个介绍以引导同学自己直接看这部重要文献,当然这部文献有许多地方还读不懂,但我们不断和当时的遗物对照研究,将来总有大部分读懂的一天。现可参看梁思成《营造法式注释》(上)(中国建筑工业出版社,1983年)和陈明达《营造法式大木作制度研究》(文物出版社,1981年),也可参看竹岛卓一《营造法式の研究》(日本中央公论美术出版社,1970年)。

1. 材契问题 《法式》明确记录了当时建筑的标准尺寸曰"材"。现在讲这段话(参看《大木作制度图样》一):《法式》说"凡构屋之制,皆以材为祖。材有八等,度屋之大小,因而用之"。八等材的尺寸和使用的规格,列表如下(见下页表):

1—8等材有了具体的尺寸之后,《法式》记"各以其材之广(高),分为十五分(份),以十分(份)为其厚。凡屋宇之高深、名物之短长、曲直举折之势、规矩绳墨之宜,皆以所用材之分(份),以为制度焉"。各以其材之广,分为十五份,以十份为其厚,因此各等材的份的具体尺寸都不相同。一等材每份的尺寸就最大,依次减少,八等材的份的具体尺寸就最小,等于一等材的一份的1/4。各等材的厚为

等级	广×厚（以宋寸为单位）	使用范围	每份尺寸（寸）
一等材	9.00×6.00（分、厘）	面阔9—11间殿	0.60（六分）
二等材	8.25×5.50	面阔5—7间殿	0.55（五分五厘）
三等材	7.50×5.00	面阔3—5间殿，面阔7间厅堂	0.50（五分）
四等材	7.20×4.80	面阔大3间殿，面阔5间厅堂	0.48（四分八厘）
五等材	6.60×4.40	面阔小3间殿，面阔大3间厅堂	0.44（四分四厘）
六等材	6.00×4.00	亭榭，面阔小3间厅堂	0.40（四分）
七等材	5.23×3.50	小殿，亭榭	0.35（三分五厘）
八等材	4.50×3.00	殿内藻井，小亭榭	0.30（三分）

十份，一份的具体尺寸就是厚的1/10（图68：A）。有了各等材的份的具体尺寸，就拿这个份的具体数字来规定"屋宇之高深、名物之短长、曲直举折之势"等，即建筑物的一切尺寸，都根据各等材的建筑物的份来制定。份出于各等材，因此，说"凡构屋之制，皆以材为祖"。

《法式》还记："栔广六分（份），厚四分（份）。材上加栔者，谓之足材。"栔的广度即是材与材之间的距离。一般栱与枋都是一材广（即一材的高度，图68：B）。

2. 栱的尺寸（《大木作制度图样》二）《法式》说："凡栱之广厚并如材（15×10份）。栱头上留六份，下杀九份。其九份匀分为四或五大份；又从栱头顺身量为四或五瓣。各以逐瓣之首，自上而至下，与逐瓣之末，自内而至外，以真尺对斜画定，然后研造。"（图68：C）"华栱，足材栱也；两卷头者其长七十二份，每头以四瓣卷杀，每瓣长四份。""栱两头及中心，各留坐斗处，余并为栱眼，深三份。""如造足材栱，则更加一栔，隐出心斗及栱眼。"其他栱的广（长度）：泥道、瓜子栱同长六十二份，令栱与华栱同长七十二份，慢栱最长九十二份。

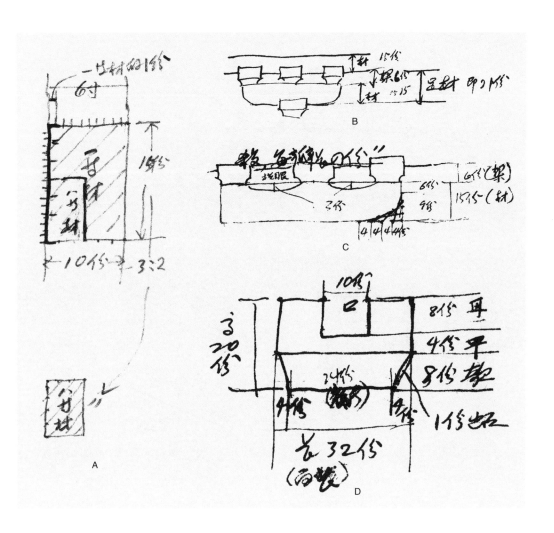

图68 《营造法式》材、栔、栱、栱头卷杀、栌斗、平盘斗图样
A. 材、份
B. 材、栔、足材
C. 栱、栱头、卷杀
D. 栌斗、平盘斗

各栱高如材即十五份。栱头卷杀，略同华栱。

3. 斗的尺寸（《大木作制度图样》三）《法式》记载："栌斗高二十份，上八份为耳，中四份为平，下八份为欹。开口广十份，深八份。底四面各杀四份。欹颗一份。"

"交互斗、齐心斗、散斗皆高十份，上四份为耳，中二份为平，下四份为欹。开口皆广十份，深四份。底四面各杀二份，欹颗半份。""不用耳，谓之平盘斗，其高六份。"（图68：D）

4. 斗栱的细部

a. 斗栱比例，即檐柱与柱头斗栱的比例3.5∶1。

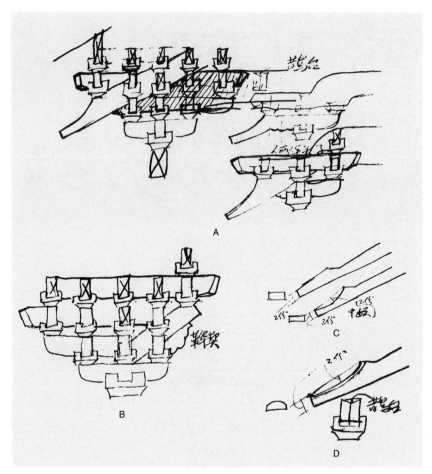

图69 《营造法式》昂、耍头、鹊台的位置

b. 补间的形制与数字：与柱头同，数字规定是中心间二朵，次间迄末间皆一朵。

c. 转角有使用圜栌斗的做法。圜栌斗长（面径）三十六份，底长（底径）二十八份，余同一般栌斗。也有用附角斗的做法。

d. 昂的形制：有批竹昂与琴面昂之别，批竹昂也有两种形制。昂下垫以华头子，华头子有的是梁头伸出。出现了假昂。有插昂。假昂与插昂上面的耍头有的是梁头伸出（图69）。

梁头伸出是一个值得注意的现象。

以上都是下昂。还有上昂。上昂用在后尾，上昂后用了一个"鞾楔"支撑。其作用与下昂相反，增加铺作高度，减小挑出深度。

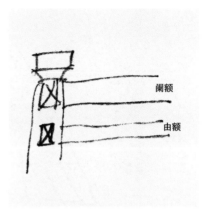

图70 《营造法式》柱与柱础（左）

图71 《营造法式》阑额与由额（右）

e. 耍头流行蚂蚱头式，上有鹊台。

f. 替木废掉了，规定使用撩檐枋，撩风槫不大流行了。撩檐枋之后有的设衬枋头；其后尾压在昂上。

g. 《法式》规定的斗栱绝大部分是计心造。从此偷心的做法少见了。

5. 柱额问题

a. 柱下础，规定有覆盆部分，其上有栈（图70）。

b. 柱头卷杀作覆盆样。柱有梭柱的做法，分柱为三份，上一份内杀。

c. 柱的生起、侧脚有了规定。"随柱之长，每一尺即侧脚一分（份）。""十三间殿堂则角柱比平柱生高一尺二寸，九间……八寸，七间……六寸，五间……四寸，三间生高二寸。"

d. 阑额之下有由额，由额宽减阑额二至三份（图71）。阑额不出头与唐制同，与辽建异。

e. 普拍枋只用在平座上，在角柱处出头垂直截去。檐下斗栱之下不用普拍枋。

6. 梁架问题

a. 平梁之上规定蜀柱与丁华抹颏栱的做法（图72）。叉手陡而细了，因为有了前面的一套做法，叉手的作用减少了，因而徒具形式了。

b. 规定上下槫之间都用托脚。

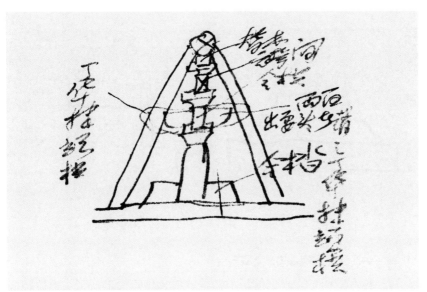

图72 《营造法式》脊槫、平梁间的组织

7. 建筑物的类型

归纳《法式》大木作的记载，知道有四种类型：殿阁、厅堂、余屋和亭榭。

a. 殿阁是最高规格的建筑物，最大的面阔是十一间，进深十二架椽，间广375份，心间可增至450份，可从一等材用起至五等材。殿内可设平棊藻井，屋顶坡度（屋架的高度与进深之比）1∶3，用八铺作至五铺作，补间1—2朵。

b. 厅堂次于殿阁，最大的面阔是七间，进深最大的十架椽，间广300份，心间可增至375份，从三等材用起至六等材。屋内主要为"彻上露明造"，屋顶坡度1∶4，最大用六铺作至斗口跳（跳头不置横栱，承托撩檐枋），四铺作可用把头绞项造（图73∶A），补间只用一朵或不用。

c. 余屋不计面阔，可以很长如库房、廊房之类，进深最大的十架椽，最小的可用两架椽，最大间广可能是250份，也是从三等材用起至七等材。屋内主要为"彻上露明造"，屋顶坡度1∶4，不用铺作，可只用栌斗、替木，叫"单斗只替"（图73∶B）

d. 亭榭不计面阔、进深和间广，从六等材用起至八等材。平面方形的边长225—500份，八角形的径375—750份。屋内情况未记，高度

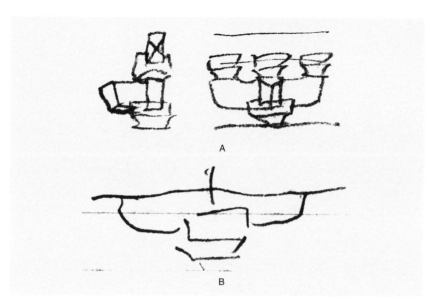

图73 《营造法式》把头绞项造（A）与单斗只替（B）

未记，补间铺作可在两朵以上。

关于宋金元时期的具体实例，不再一一讲了，希望大家自己看点材料，主要是图，下面开个单子，是根据《中国古代建筑技术史》列出来的（所附页码即是该书页数）：

1. 北宋北方两例：大中祥符元年（1008年），山西榆次雨华宫大殿，第97页（《营造学社汇刊》七卷二期）；天圣间（1023—1032年），太原晋祠圣母殿，第94—95页。

2. 北宋南方一例：大中祥符六年（1013年），浙江宁波保国寺大殿，第95页（《文物参考资料》1957年第8期）。

3. 金两例：无确定建年的山西太原晋祠献殿，第102—103页；皇统三年（1143年），朔州崇福寺弥陀殿，第107页。

4. 元北方两例：中统三年（1262年），山西芮城永乐宫三清殿（至元十六年即1279年亡南宋），第108—110页；无确切纪年的山西洪洞广胜寺上寺前殿，第115—116页。

5. 元南方一例：延祐四年（1317年），浙江武义延福寺正殿，第116—117页。

第七章 明清建筑

明清木建筑

元时期短,木结构变化适在宋明之间,我们为了节省时间,不单独立章节,附述在宋金和明清建筑中。

自北宋颁布《法式》不久,即出现了南北对峙的宋金局面,这时的对峙与辽宋不同,因为辽的统治并未进入中原而金则到了淮河,真正形成了中国历史上的第二个南北朝。由于政治的原因,在这个时期木结构的地方特点发展迅速。现存于山西各地的金代建筑,有不少和《法式》的记录不同,长江以南特点更多。元虽然统一了,但木结构的一致性仍不显著。明统一后逐渐产生的官式做法,由中央传布到地方。这是当时根据南北各地的发展作了一次统一的安排。这个统一安排到清初公布工部《工程做法》则例时正式巩固下来。这部则例的出现并非偶然,清人进关,到康熙之初已近二十年(1644—1662年),康熙纪元到六十一年(1662—1722年),两个加起来差不多有八十年了,这时中国内部已安稳下来,康熙本人又重视科学技术,全国规模的营建日益开展,重订一部实用的统一规格的工程文件提上了日程(上距《法式》成书已经五百多年了),雍正十二年(1734年)完成了工部《工程做法》。《工程做法》共七十四卷,此书对木结构的制度、做法、用料的规定比《法式》还详细,遗憾的是没有图。因此,看这部书一定要参考1932年梁思成编写的《清式营造则例》(中国营造学社1934年刊行。中国建筑工业出版社重印,1981年),还有1985年井庆升编写的《清式大木作操作工艺》(文物出版社)。这两部书都是根据老建筑工匠口述或讲解撰写的。20世纪三四十年代，北京文物整理委员会赵正之先生经手组织拆建、重修了不少北京明清建筑，积累了不少明清官式建筑的知识，1950年代在清华曾撰写过教材。我们这一讲，主要是根据上面的成果，再简要介绍给大家。

明清建筑一般不用《法式》名词，用《工程做法》的名词。

1. 建筑的等级　明代建筑等级现存资料不全面，《工程做法》只记有大式、小式之分，但从清代实例看似可分作殿式、大式、小式三大级。

殿式是指宫殿、贵族住宅和大庙宇，大式指官僚住宅和小庙宇，小式是一般平民住宅。

小式以明间面阔作标准，如面阔一丈，檐柱高七尺五寸，径六寸五分，出檐为柱高的三之一。主要是硬山和卷棚顶，间有悬山顶。用一层椽，顶用仰瓦灰梗。墙用青砖，大灰缝。

大式也以明间面阔为标准。可用硬山、悬山、歇山、四注顶。用两层椽（加飞子）。用阴阳瓦（板瓦和筒瓦），可用脊兽。墙用外面磨的青砖，小灰缝。

殿式，任何顶都可用，可用斗栱。皇帝用黄琉璃瓦，王用绿琉璃瓦和剪边琉璃。磨砖（五面磨、向内一面不磨）对缝干摆，不勾灰缝。

2. 用材问题　用材即是标准尺寸问题。大小式是以明间面阔为准，殿式较为复杂。宋代《法式》说："材有八等。"清代殿式材分十一等，第一等材也厚六寸，依次递减至一寸。清不用"材"这个名词，叫"斗口"（又称口份），这个斗口的具体尺寸是用补间铺作（平身科）栌斗斗口的宽度。用一等材，即是说这座建筑物的补间铺作栌斗斗口宽六寸，用第十一等材，即是说这个建筑物补间栌斗口宽一寸。以斗口的宽度为准，来规定其他各部件的长、高、宽尺寸。

3. 斗栱的变化　斗栱缩小，是这个时期的显著特点。斗栱缩小，从功能上讲，愈来愈不起作用了。它在明清建筑中逐渐成为装饰品。斗栱成为装饰，是由梁头伸出，直接上承檐槫的重量，起了挑檐的作用开始的。用梁头挑檐，虽然不能像以前那样深远，但从明以来大量使用了砖墙，砖墙就不像土坯墙那样需要出檐深远来保护，以防风雨

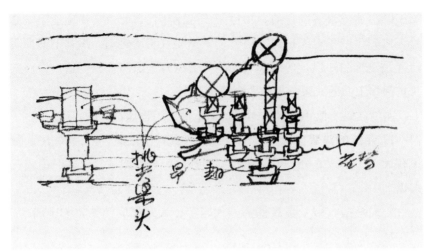

图74 明清柱头斗栱——柱头科

的侵蚀,这是一方面;另一方面,明清使用了西南的大木料,柱子本身加高,也不需要斗栱出跳来升高屋内的梁栿了。斗栱的变化是木结构变化中的最关键的部分。上述这个变化,虽然开始于明,但完成却在清初。变化的具体情况是:

a. 柱头铺作(柱头科)斗栱出跳为了承托伸出的梁头,梁头宽大,所以斗栱本身,特别是斗身愈向上愈加宽。这个变化始于明中叶,入清更加剧了(图74)。

b. 补间铺作(平身科)完全成了装饰,体积愈来愈缩小,这样补间的数字就要增多:

明从四朵、五朵、八朵到十一朵,都用计心。斗栱之间宋以来一直是砌土坯涂白墙画彩画的栱眼壁,明以来才代之以上画彩画木制的垫斗板。垫斗板的宽度,也即是斗栱之间的间距。这个部分,明清有个明显的区别。明以间为单位,每朵间距相同,形成心间,因为补间斗栱多,所以斗栱间距小,而越向外的,间距因为补间斗栱少,而越宽。清代,统一了各间斗栱的间距,统统相距11个斗口(图75)。

c. 转角铺作(角科)明中叶以前尚多附角斗的

图75 清代《工程做法》斗口模数

做法，以后逐渐废掉了。

d. 斗栱的细部变化，这里只讲斗和昂特别是昂的变化。斗欹有䫜一直到清初，雍正以后废掉了䫜，成为直斜线。昂的变化很显著，它是沿着宋元的假昂、假华头子而变化的。由于这部分现存资料丰富，可以讲详细点：

宋元假昂昂正面直抵其上的散斗底，假华头子长，做出四个曲线，昂面上的散斗底中线约位于最前两个曲线之间；明代假昂正面上部出现了"凤凰台"，假华头子缩短，只做出三个曲线，最前的曲线约低于昂面上散斗底的中线；清康熙时，"凤凰台"长度扩大并斜下了，假华头子只做出两个曲线，最前曲线之端已退到昂面上散斗底中线之后；乾嘉时假昂加肥、昂嘴升高了，假华头子前面曲线之端，更退到昂面上的散斗之后；到了清末光绪时期假昂出现了"拔䫜"做法，假华头子只剩一小段直线，其前端已退到昂面上的散斗之后了（图76）。

4. 柱额的变化 特点是升高加繁，升高指柱，加繁指额。

a. 柱础的变化 官式从覆盆柱础，改成只用楯的古镜形式。朴素无华。但在民间特别是南方柱础层次加多。

b. 柱的变化 侧脚、生起之制流行至明中叶，以后逐渐不用。生起先废掉，侧脚有的只在檐柱上使用，清代名叫"掰升"。柱头卷杀做法也逐渐废掉。由于梁架结构更加规律化，内柱一根不减的做法在清代极为流行。清代主要在柱子做法上出现了拼接的做法，因而使用了铁活，于是在装修上也出现了变化，清以前直接在木柱上饰油彩，清为了掩盖拼接的痕迹和铁活，因此出现了地仗〔麻丝、麻布、灰（血

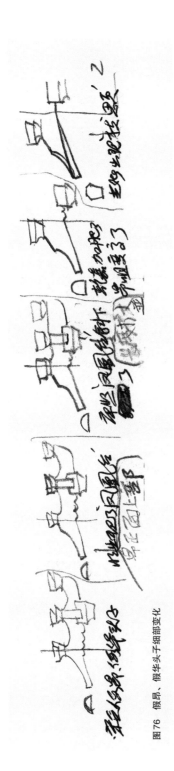

图76 假昂、假华头子细部变化

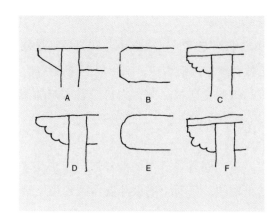
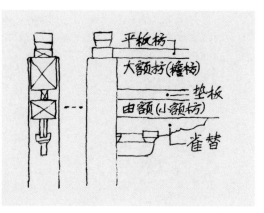
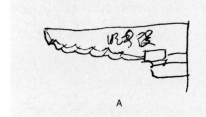
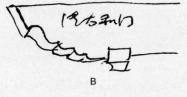

图77 阑额（额枋）、普拍枋（平板枋）出头处装饰曲线的变化（上左）

图78 阑额（额枋）构件的繁杂化（上右）

图79 明长陵（A）和清太和门（B）的雀替（左）

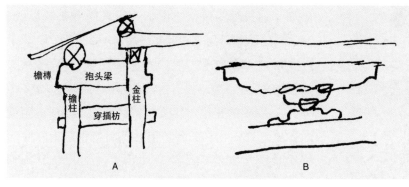

图80 穿插枋（A）、隔架科（B）的位置

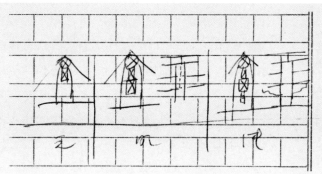

图81 梁架脊槫（檩）以下结构的变化

料、面、桐油、砖灰调料）]，然后再施油彩。

c. 阑额与普拍枋的复杂　宋（保国寺大殿）金（善化寺山门）时期出现把阑额斫成月梁形式，元时尚存这种做法。元代阑额出头处出现装饰线，有的下部抹斜（图77：A）或做出多层曲线（图77：B）。普拍枋平面的装饰线有的做出抹角（图77：C），有的做出海棠曲线（图77：D）。入明以来阑额（额枋）普拍枋（平板枋）的装饰线渐趋一致，普拍枋直接不刻装饰线，恢复了早期样式，阑额则出现"霸王拳"的曲线，明代的曲线尚简单（图77：E），清代曲线则有显著的凸出部分（图77：F）。明清又在阑额、由额（小额枋）之间出现由额垫板，由额下加雀替（图78），雀替下面另讲。

5. 雀替的变化　宋金用于室内，元亦然。明开始用于檐柱上端的两侧，曲线缓和，清代则突出了"脸"的部分，曲线也不一样。清代更用于梁架，它的形制在檐柱上的大不同于明代（图79）。

6. 梁架的发展　明清在内外柱之间的中上部使用了穿插枋（图80：A）。在大梁、二梁间出现了隔架斗栱名叫"隔架科"（图80：B）。平梁以上元晚期废了叉手，脊槫下的结构也发生了变化（图81）。

7. 彩画的发展　画在梁架上的，宋元都是写生花；明中叶发展出了旋子彩画，并出现了一套规整的组织，即箍头、找（藻）头、枋心三个界限分明的部分，枋心长度占全长的1/2，至清则缩至1/3。箍头画花、兽，藻头则画旋子花，枋心无画，这种彩画叫旋子彩画（图82）。斗栱则用蓝绿两色，无画。清初出现了箍头、藻头、枋心都画龙的名叫和玺彩画，

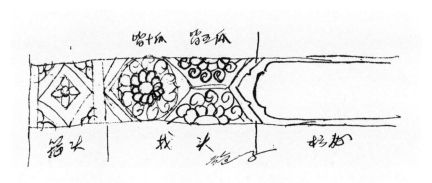

图82　旋子彩画

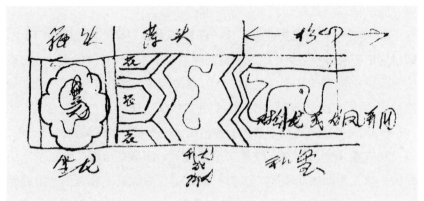

图83　和玺彩画

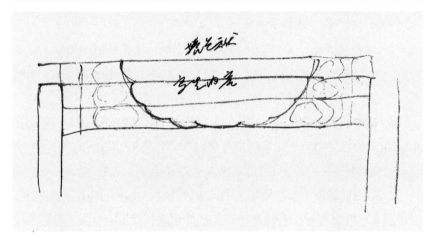

图84　苏式彩画

专用在宫殿上（图83）。清中叶出现苏式彩画，它使用的范围广。在皇室可用于离宫别馆。它的特征是在梁枋正中好像画出一块斜角敷下的桌布，其上画雀鸟人物（图84）。

第八章　小　结

第六、七两章，由于时间的关系略去了南方木建筑、北方木建筑、辽宋金元佛塔和明清喇嘛塔四节。最后我们讲殿式建筑的最大开间宽度的变化，和复习两个比例数字：

1. 最大开间，时代愈晚开间的数字愈大（图85）。

2. 屋顶坡度即举高，一般来说时代愈晚愈高：如其比例从唐佛光寺4.77∶1，宋《法式》3∶1，到明清愈加高耸——明是2.7∶1，清是2.5∶1（图86）。

3. 外檐柱头斗栱与檐柱高度的比例，时代愈晚差别愈大：唐佛光寺1∶2，宋《法式》1∶3.5，明1∶4，清1∶6（图87）。

这三组数字容易记忆，也容易分辨。从现在掌握的古建实物看：屋顶越来越高，斗栱越来越小，开间越来越大，这当然反映了我们建筑技术的进步；但另一方面也可以看出用木材越来越高大，高大的木料稀少了，就出现了上述的拼接问题。也正由于木料的难求，使得我

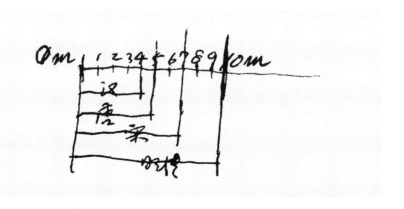

图85　汉唐以来殿式建筑开间的变化

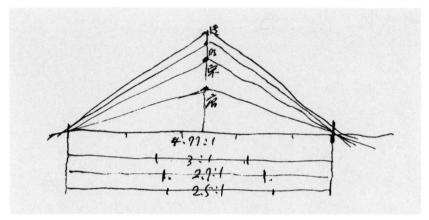

图86 唐以来殿式建筑屋顶举高的变化

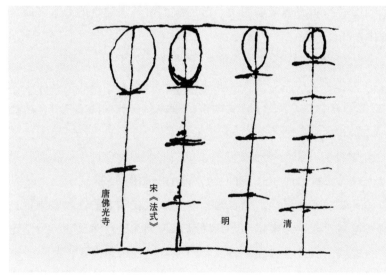

图87 唐以来殿式建筑外檐柱头斗栱与檐柱高度的比例变化

国古建系统的等级差距愈来愈大,到了明清,殿式建筑与一般的民间建筑(小式,包括大部分的大式)大小、高低越来越悬殊。这种情况实际是越来越限制了木建筑的发展,也可以说木建筑由于原料的日益稀少,日益衰落已是难以挽回的了。

以上在古代建筑演变过程中,我们比较清楚地看到两个问题:

一、木结构的重大的发展变化时期,是与我国封建社会几个重要的发展时期相吻合的。战国以前是一个阶段,尚无斗栱,流行单向列柱;柱网出现,斗栱开始流行于战国,极盛于唐前期;规格化于北宋中,使用大材;斗栱走向装饰是清初。这几个阶段正是封建制度开始之前、封建制度开始稳定、封建盛世、封建手工业工商业发展时期、出现资本主义萌芽时期。

二、封建的等级制度愈来愈严密，唐以前还不清楚。唐斗栱有等级，但不严密。宋时临街屋宇可施斗栱。明加重，清再度严格限制了。屋顶制度亦然。斗栱、屋顶之外，清把房屋分为三类，许多细部也做出了规定。看来愈到封建末期，等级制度愈严密。统治阶级日趋腐朽，人民的反抗力量日益增大，旧的制度束缚不了人民而统治阶级却愈在制度方面强化，妄图强化制度以挽回统治局面。但历史在发展，最终这个制度还是要遭破坏、瓦解。生产力之发展，作为上层建筑的制度是限制不了的，它必然要打破限制它发展的上层建筑。奴隶制时期是如此，封建制时期也是如此，这是不可抗拒的历史规律。

这个课有两个重点，唐以前我们着重讲遗址，唐以后着重讲实物。前者为了提示大家对发掘出来的遗迹——特别是较大的建筑遗址，应该注意什么问题：建筑的布局、柱网的遗迹和某些建筑构件；也讲了一些图像，目的是使大家了解当时建筑立面的情况。后者唐以来实物多了，除了注意以前应注意的问题外，对斗栱和梁架做了重点讲述，希望通过这两点使大家掌握一点分辨年代的方法，也希望通过画图，大家能做一点起码的记录。在结束时，我再强调一下这个课的重点所在，希望大家能够找时间按重点全面复习一下。

后面这几讲本来要安排一次参观实习。我想不必做死的规定，大家也可以在寒假期内自己进行：

1. 去看一下国子监的先师门，它的外观主要还保存了元的形式，例如斗栱与柱子的比例，斗栱的组织和梁架大部分的结构。转角有附角斗。希望画一张梁架结构，包括柱头斗栱。

2. 看一下太庙（劳动人民文化宫）的大殿，是明代的典型殿式建筑。

3. 看一下故宫太和门，它是清晚期重建的。看太和门时最好画一张梁架结构。

下学期做好作业的可以交来，有需要订正的地方，我可以给改一改。

汉唐宋元考古
——中国考古学（下）

目　次

第一章　绪论············121

　　秦汉以后考古资料与历史研究············121

　　秦汉以后考古分期与历代王朝的更替············123

　　秦汉以后考古与古代文献············124

　　秦汉以后考古工作的展开与重要研究成果············126

第二章　秦汉考古············130

　　第一节　概说············130

　　　　秦汉一统和考古文化的分区分期问题　主要参考书

　　第二节　秦代遗迹············131

　　　　秦遗迹的发现与分布　咸阳遗迹　新发现的"碣石宫"　直道与长城　灵渠与广州船厂　秦统一后的文字、货币与度量衡　云梦秦墓和秦简　秦始皇陵的勘查与发现

　　第三节　西汉遗迹············144

　　　　长安城　地方城址与聚落遗迹　边塞遗迹和汉简　西汉陵墓的调查和大型陪葬墓的发掘　西汉大型墓　西汉中型墓　西汉小型墓　与农业有关的遗迹　铁官与冶铸遗迹　铜器铸造和铜镜　漆器　纺织品

　　第四节　东汉遗迹············174

　　　　雒阳城　地方城址和聚落遗迹　东汉大中型墓　壁画墓与画像

石墓　有关农业、手工业的考古资料

第五节　边远地区遗迹⋯⋯⋯⋯ 193

北方匈奴遗迹　东北地区鲜卑乌桓遗迹（略）　涉和乐浪遗迹　新疆地区发现的遗迹（略）　西南地区少数民族的遗迹（略）　两广地区的遗迹（略）

第六节　秦汉考古小结⋯⋯⋯⋯ 201

第三章　魏晋南北朝隋唐考古⋯⋯⋯⋯ 203
第一节　概说⋯⋯⋯⋯ 203

年代、分期与时代特征　主要参考书

第二节　魏晋南北朝遗迹⋯⋯⋯⋯ 205

南北方的城址　南北方墓葬　南北方手工业遗迹　佛教遗迹

第三节　隋唐遗迹⋯⋯⋯⋯ 227

大兴—长安城和洛阳城　宫殿遗址　地方城址　墓葬制度　壁画中的农耕图像　金属工艺　漆木工艺　织染工艺　陶瓷工艺　佛教遗迹

第四节　边远地区的遗迹⋯⋯⋯⋯ 245

辽东及境外的魏晋墓葬　高句丽和朝鲜半岛的有关遗迹　渤海遗迹　新疆和西部境外的遗迹　青海西藏等地的吐蕃遗迹（略）　云南的南诏遗迹（略）

第四章　五代宋辽金元考古⋯⋯⋯⋯ 260
第一节　概说⋯⋯⋯⋯ 260

年代、分区与时代特征　主要参考书

第二节　五代两宋遗迹⋯⋯⋯⋯ 261

城市遗迹　五代两宋墓葬　农业手工业遗迹　宗教遗迹

第三节　辽代遗迹⋯⋯⋯⋯ 271

　　　　辽代城址　辽代墓葬　佛教遗迹

　第四节　金代遗迹 ………… 277

　　　　金代城址　金代墓葬　金代长城遗迹　瓷窑遗址

　第五节　西夏与大理遗迹 ………… 281

　　　　西夏遗迹　大理遗迹

　第六节　元代遗迹 ………… 284

　　　　元代城址　元代墓葬　宗教遗迹　手工业、商业和海外交通遗迹

第五章　总结 ………… 292

　　中国考古学（下）：汉、唐、宋元考古三个阶段的时代特征

参考文献

第二章

1. 《新中国的考古发现和研究》第五章，1984年
2. 《中国大百科全书·考古学》秦汉考古条，1986年
3. 《汉代考古学概说》，1982年
4. 《图说中国的历史》2《秦汉帝国的威容》，大庭脩，1977年

第三章

1. 《新中国的考古发现和研究》第三至六章，1984年
2. 《中国大百科全书·考古学》三国两晋南北朝考古条、隋唐考古条，1986年
3. 《三国—宋元考古（上）》（北大讲义），1974年
4. 《图说中国的历史》3《魏晋南北朝的世界》，冈崎敬，1977年
5. 《图说中国的历史》4《华丽的隋唐帝国》，日比野丈夫，1977年

第四章

1. 《新中国的考古发现和研究》第六章，1984年
2. 《中国大百科全书·考古学》宋元明考古条，1986年
3. 《图说中国的历史》5《宋王朝和新文化》，梅原郁，1977年
4. 《图说中国的历史》6《游牧民族国家·元》，村上正二，1977年
5. 《图说中国的历史》7《明帝国和日本》，山根幸夫，1977年
6. 《图说中国的历史》8《清帝国的盛衰》，神田信夫，1977年

插图目次

图 1　秦咸阳遗迹 ………… 132

图 2　秦高台建筑遗迹纵剖面 ………… 133

图 3　秦建筑构件砖瓦纹饰 ………… 133

图 4　辽宁绥中石碑地发现的碣石宫遗址 ………… 134

图 5　石碑地遗址发现的砖瓦 ………… 135

图 6　内蒙古包头乌不浪山口东侧烽台遗迹 ………… 136

图 7　内蒙古赤峰黑山头下的坞障遗迹 ………… 136

图 8　赤峰长城遗迹附近出土的半瓦当、铁权、陶量 ………… 136

图 9　陕西云阳甘泉山下出土的菱纹、回纹砖 ………… 137

图 10　甘肃天水放马滩秦墓发现的半两 ………… 139

图 11　传世的铜方升、铜圆量 ………… 139

图 12　湖北云梦秦墓 M7 剖面、棺椁平面 ………… 140

图 13　云梦秦墓发现的铜蒜头壶、陶茧形壶和铜鍪 ………… 142

图 14　秦始皇陵地面布局和发现的瓦当 ………… 144

图 15　西汉长安城内布局 ………… 145

图 16　河北武安午汲西汉城址、陶窑和出土的货泉 ………… 148

图 17　福建崇安城村西汉城址 ………… 149

图 18　辽宁辽阳三道壕西汉遗址出土的五铢和瓦当 ………… 149

图 19　辽宁鸭绿江边的西汉安平县城遗址和所出瓦当 ………… 150

图 20　内蒙古居延破城子西汉甲渠候官遗址 ………… 151

图 21　甘肃敦煌马圈湾西汉坞障烽台遗址 ………… 152

图 22　陕西咸阳西汉长陵址 ………… 153

图 23　咸阳杨家湾北西汉长陵陪葬墓 M4 墓室和陪（随）葬坑的类别与位置 ………… 154

图 24　江苏徐州北洞山西汉大型墓平面 ………… 156

图 25　河北满城中山王刘胜墓平面 ………… 158

图 26　湖南长沙象鼻嘴一号墓（黄肠题凑）平面 ………… 159

图 27　长沙马王堆西汉大型墓平面 ………… 161

图 28　河南南阳新莽郁平大尹冯孺人（久）墓平面和所出莽钱及铺首 ………… 162

图 29　山东临沂银雀山西汉 M2 平面及所出铜镜 ………… 164

图 30　江苏仪征胥浦西汉 M101 平面及所出铜镜 ………… 165

图 31　河南洛阳西汉烧沟 M2 平面及所出铜镜 ………… 166

图 32　洛阳西汉烧沟 M131 平面 ………… 166

图 33　洛阳涧西西汉两种小型墓剖面 ………… 167

图 34　陕西、河南发现的西汉铁农具 ………… 168

图 35　山西平陆西汉晚期墓葬壁画中驾牛的图像 ………… 169

图 36　河南巩县铁生沟发现西汉锻炉、退火炉、炒钢炉遗址举例 ………… 171

图 37　西汉初期蟠螭纹铜镜、晚期规矩（六博）纹铜镜 ………… 172

图 38　东汉雒阳城布局 ………… 176

图 39　汉末改建的邺城布局 ………… 177

图 40　江苏高邮邵家沟东汉晚期聚落遗址出土的云纹瓦当 ………… 179

图 41　河北定县北庄子东汉中前期大型墓
　　　（推测为中山简王刘焉墓）平面 ………… 179

图 42　辽宁辽阳棒台子 M1 石板墓平面 ………… 179

图 43　河北定县北陵头东汉晚期大型墓 M43
　　　（推测为中山穆王刘畅墓）平面 ………… 180

图 44　河北望都光和五年（182 年）M2（墓主人姓刘）平面 ………… 181

图 45　洛阳烧沟东汉中型墓 M1008 平面及所出连弧纹铜镜 ………… 183

图 46　河南密县打虎亭东汉壁画墓 M1 平面 ………… 184

图 47　山东沂南画像石墓平面 ………… 185

图 48　内蒙古和林格尔壁画墓平面 ………… 186

图 49　四川成都画像砖上"市"的图像 ………… 187

图 50　和林格尔壁画墓绘出的宁城和繁阳县城平面 ………… 188

图 51　沂南画像石墓刻画的院落 ………… 189

图 52　山东诸城孙琮墓画像石刻画的家塾小院 ………… 189

图 53　陕西汉中东汉初期砖室墓出土的陶陂池稻田明器 ………… 191

图 54　广州东汉晚期墓出土的陶水田明器 ………… 191

图 55　东汉铜镜发展顺序 ………… 193

图 56　蒙古乌兰巴托北诺颜乌拉 M12 木椁墓平面、剖面 ………… 195

图 57　苏联叶尼塞河上游阿巴根南发现的大型遗址平面及所出部分遗物 ………… 196

图 58　汉武帝灭卫氏王朝后建立四郡的方位 ………… 198

图 59　朝鲜平壤乐浪区土城洞古城所出封泥、瓦当 ………… 199

图 60　朝鲜夫租薉君木椁墓所出细形铜剑 ………… 199

图 61　朝鲜夫租长高常贤木椁墓平面 ………… 200

图 62　朝鲜平壤石岩里 M120 砖室墓和南沙里 M2 砖室墓平面 ………… 201

图 63　魏晋、北魏洛阳城 ………… 206

图 64　洛阳发现的北魏兽面、莲花瓦当 ………… 208

图 65　洛阳北魏永宁寺平面 ………… 208

图 66　江苏南京南朝建康城及其附近重要遗迹的方位 ………… 209

图 67　南京出土的莲花、兽面南朝瓦当 ………… 210

图 68　江苏镇江东晋晋陵郡城遗迹及出土的青瓷碗 ………… 211

图 69　洛阳涧西 16 工区砖室墓平面 ………… 212

图 70　河南偃师晋文帝陵陪陵墓 M4 平面 ………… 212

图 71　洛阳元康九年（299 年）徐美人墓平面 ………… 213

图 72　洛阳 M22 永宁二年（302 年）士孙松墓平面 ………… 213

图 73　洛阳大中型晋墓常见的随葬明器 ………… 214

图 74　山西大同方山文明太后永固陵墓室平面 ………… 214

图 75　山西太原武平元年（570 年）东安王娄睿墓平面 ………… 214

图 76　宁夏固原天和四年（569 年）河西公李贤墓剖面（墓道 3 天井）………… 215

图 77　北朝大中型墓常见的随葬器物 ………… 215

图 78　北朝大型墓常见的随葬玉佩（是"敛以朝服"的遗物）………… 216

图 79　北朝中型墓墓室平面举例 ………… 217

图 80　北朝铜钱 ………… 217

图 81　安徽马鞍山吴赤乌十二年（249 年）当阳侯朱然墓平面、剖面及所出部分遗物 ………… 219

图 82　南京东晋象山 M7 墓室平面及所出部分遗物 ………… 219

图 83　浙江新昌齐永明元年（483 年）大吞底村 M19 墓室平面 ………… 220

图 84　湖北武昌齐永明三年（485 年）何家湾 M193 墓室平面及所出部分遗物 ………… 221

图 85　江苏丹阳胡桥南朝大型单室砖墓墓室平面 ………… 222

图 86　南朝墓所出铜钱 ………… 223

图 87　辽宁辽阳西晋墓发现的铜镜 ………… 224

图 88　南方发现的纹饰复杂的吴画像镜 ………… 224

图 89　长江下游吴晋墓中随葬的谷仓罐 ………… 225
图 90　隋大兴、唐长安城 ………… 228
图 91　隋唐洛阳城 ………… 228
图 92　大明宫的位置 ………… 230
图 93　含元殿平面 ………… 231
图 94　麟德殿平面 ………… 232
图 95　含元、麟德两殿出土的方砖、瓦当和殿顶琉璃饰件 ………… 232
图 96　唐代州县城址平面 ………… 233
图 97　章怀太子墓平面、剖面 ………… 235
图 98　张士贵（从一品）墓平面 ………… 235
图 99　独孤思贞（正五品）墓平面 ………… 235
图 100　西安白鹿原 M47 平面 ………… 235
图 101　竖井土洞墓平面、剖面举例 ………… 236
图 102　唐墓出土的铜钱及外国铸币 ………… 238
图 103　初唐壁画中的犁 ………… 239
图 104　山西五台佛光寺平面 ………… 245
图 105　辽阳三道壕魏令支令墓平面、上王家村西晋墓平面和壁画中的曲屏、鸱尾 ………… 247
图 106　朝鲜平壤、安岳发现有东晋纪年的墓葬平面 ………… 247
图 107　朝鲜大安德兴里高句丽永乐十八年（408 年）墓平面 ………… 249
图 108　吉林集安北禹山高句丽各类墓的分布方位 ………… 250
图 109　高句丽壁画洞室墓平面举例 ………… 251
图 110　集安高句丽国内城（平原城）和丸都（山城子山城）的位置 ………… 252
图 111　黑龙江宁安渤海上京龙泉府遗址 ………… 253
图 112　吉林和龙渤海贞孝公主墓平面、剖面 ………… 254
图 113　新疆、甘肃和西部境外丝绸之路重要遗迹的分布 ………… 255
图 114　北宋汴梁城 ………… 262
图 115　南宋平江府城（苏州） ………… 264
图 116　宋代中耕农具举例 ………… 266
图 117　北宋佛寺平面举例 ………… 270
图 118　南宋平江府图上的天庆观（苏州玄妙观） ………… 271
图 119　内蒙古巴林左旗（林东）辽上京城址 ………… 272
图 120　内蒙古宁城县辽中京城址 ………… 273
图 121　内蒙古林西辽饶州城址 ………… 274

图 122　内蒙古巴林右旗辽圣宗陵平面 ………… 274

图 123　内蒙古赤峰辽应历九年（959 年）驸马赠卫国王墓平面 ………… 275

图 124　辽墓随葬器物鸡冠壶的演变 ………… 275

图 125　黑龙江阿城金上京遗址 ………… 277

图 126　金中都遗址 ………… 278

图 127　东北金墓出土的三足铁锅 ………… 279

图 128　内蒙古金界壕边堡遗迹 ………… 280

图 129　陕西铜川金耀州窑窑场遗址 ………… 281

图 130　宁夏银川西夏八号王陵和该陵土洞墓室平面 ………… 282

图 131　内蒙古锡林郭勒盟正蓝旗元上都遗址 ………… 285

图 132　北京元大都城遗址 ………… 285

图 133　内蒙古百灵庙元代高唐王墓碑上的十字架标记 ………… 287

图 134　浙江杭州元代凤凰寺大殿殿顶仰视 ………… 287

图 135　山西永济元代永乐官平面 ………… 289

图 136　山西汾阳元代龙王庙布局 ………… 289

图 137　元代符牌两种 ………… 290

附图　　隋唐长安迄元大都等城市布局的比较 ………… 295

第一章 绪 论*

秦汉以后考古资料与历史研究

"中国考古学（下）"——秦汉以后考古资料与历史研究是讲中国考古学的秦汉以后部分。今天我们以"秦汉以后考古资料与历史研究"为题目，作为开场白。

首先，我们想重复一下，什么是考古学。我们认为，考古学是通过实物资料研究历史的科学。过去常常把考古学比喻为历史科学的一个车轮，车有两轮，另一个则是以文献资料研究历史的历史学。这个比喻今天看来也还是有道理的，特别是适用于我们国家的考古学——中国考古学。我国文献记录历史悠久，秦汉以来的历史记载愈来愈多。如果说秦汉以前，因为当时的文献少，甚至没有，历史研究需要考古资料，甚至依靠考古资料才能建立，如旧石器时代、新石器时代和铜器时代。而秦汉以后的考古资料虽然也发现很多，文献记录却日益完备。因此，研究秦汉以后的历史，就需要文献与考古发现并重了。就考古与历史的分工来讲，研究秦汉以后的历史，学历史的同学要注意考古学的研究成果；

---

* 《汉唐宋元考古》是北京大学考古系一年级下学期必修课"中国考古学（下）"的课堂讲稿，撰写于1987年2月迄1989年6月。讲稿内的附图是为了边讲边在黑板上描绘备用的底稿（为了便于同学同时摹绘，所以当时很少用幻灯或录像），底稿大部分与公开发表的线图不完全一致，因而未标明出处。其中少量附记出处——书刊名和期刊期号是写稿时随手录入的，原拟删去，但觉仍有些冷僻资料还可据以寻查，可是这部分既不系统，又不全面，请予注意。

讲稿原稿涂改杂乱，课后马世长同志曾清抄一份（包括附图），现就他的清抄本付印。

学考古的同学就需要注意文献历史资料和历史学家的研究成果。应该说文献记录和考古资料都有它的局限性。文献记录要受到记录者主观因素影响，在阶级社会的文献记录者，不可能不以统治阶级的意志为转移。因此，历代的文献记录就难免要以帝王将相为中心，文献记录中往往篡改了历史事实的真相，或者说是盖上了统治阶级的烙印。而考古资料则不同，无论遗址或墓葬，都客观地保存了当时的情况，我们可以对这些实物进行如实的分析和研究。但是考古中的遗址、墓葬等资料，对全面研究历史来讲，也是很不够的。如历史上的重大事件、重大战争等，考古资料所能反映的就很有限，重要的生产活动场面也如此。而这些方面在文献记录中往往比较详细。所以我们说，文献记录越来越多的秦汉以后部分的中国考古学，要比研究秦汉以前的（中国）考古学，更需要注意文献史料和历史学家的研究成果。

前面已经讲过，考古学是以实物资料研究历史的科学，但是中国考古学与中国历史学在研究范围上还是有差别的。考古学，顾名思义，它考的内容是古代，现在一般认为中国考古学的下限到元代，但是我们的考古工作并不限于元代，明清的遗迹也包括在考古工作之内。只是目前我们的中国考古学还未能把明清充分包括进去。

考古学在资本主义国家，过去仅限于无文字时期范围，有了文字即进入文明时期，那就是历史学的范围了。因此，他们往往把考古学又叫作史前学，或者干脆把它划入人类学。他们不太注意进入文明时期的一般遗迹、遗物，但注意艺术品，把历史时期的艺术品单独划出来，作为美术史研究的内容。这种做法在"二战"前后，有些国家有了改变，但有不少国家仍旧未改。欧洲和美国属于后一种。在欧洲和美国的许多大学里，把我们秦汉以前的考古学放到人类学，把我们秦汉以后的考古学的某些内容，放在美术史。日本则属于前一种，他们的考古学分为两个部分，即史前考古与历史考古。有文献记载时期的考古属于历史考古，他们的历史考古从飞鸟时代，相当于我们的隋代（6世纪末）起，可以延长到江户时代，即截止于1868年明治维新以前。我们认为有文字以前和以后都是历史，所以我们的中国考古学就不分史前与历史两个阶段。只是便于同学们学习和安排教学时间而分为（上）（下）两部分。

这两部分也不是以有无文字和进入文明与否为界限的，过去我们曾考虑用一般考古学以工具质料的变化来划分，即铁器时代以前为一段，铁器时代以后为一段。但这种分法一方面是铁器究竟什么时候出现，还有待进一步的发现与研究；另一方面也考虑上、下段本身的完整性，因此我们改变了过去的阶段划分方法，而以我国历史上出现的第一个统一的王朝开始，作为（上）（下）两部分的划分界限。

秦汉以后考古分期与历代王朝的更替

公元前246年秦王嬴政即位，到公元前221年灭齐统一中原，嬴政称秦始皇。此后在亚洲东部才真正出现了统一的政治局面，当然这是相对而言的。如果以现在我国的疆域来讲，这个统一局面的形成，那是很晚的了（18世纪清康乾时期）。秦统一各国七年后，即前214年，在五岭以南，今广东、广西建立了桂林、南海、象郡。这时秦的领域北及阴山、辽河，东南皆抵海，西至今青海东部、四川、云南西部，可以说是包括了我国的主要部分。这样大范围的统一，在我国历史上是第一次。所谓夏商周三代，其直接间接控制的地区，是很狭小的，充其量不过是从黄河中下游到长江中下游而已。所以我们强调秦的统一不是偶然的。秦统一以后更替的王朝很多，其间也有较长时期的分裂割据，如东晋南北朝时期长达二百多年，但接着就出现了三百多年的隋唐统一。总之，秦统一后在亚洲东部这片广大土地上，统一时期远远超过了分裂时期。每一个统一王朝一般都要建立或者完善一次制度、法规，这些封建王朝的制度、法规都是强调等级的，从生前的住宅到死后的墓葬，从衣冠服饰到使用的器物，等级越来越分明。这些不同，经常在考古发现上得到反映。每个统一的王朝虽然有继承前一王朝的部分，但随着经济的发展和封建政权的强化，常常改变、增添某些新的内容。因此秦以后的考古分期，无论从分辨年代上考虑，或是从专题研究上考虑，都是以朝代为单位进行的分期较为方便。当然在两个朝代交替的时期，即前朝之末与新朝之初，特别是经过较长分裂时期的新旧王朝交替时期，不会有太大的变化。例如秦末到汉初、隋末唐初、宋末元初（南方）、元末明初等新旧朝代更替之际，都是难以区分的。还有一点，王朝的中心地区即都城附近，与边远地区也不相同。前者变化迅速显著，后者（变化）则迟缓不显著。因此，就会出现中心地区变化了，而同时的非中心地区仍旧未变或者变动很小。这也是经常可以看到的情况，这就是古文献中经常说的"礼失而求诸野"的道理。尽管如此，我们还是要重视中心地区的迹象，因为这是实施新制度新法规的典型地区，具有标尺的作用，所以我们教材的组织往往是以中心地区的迹象作为重点的。事实上在封建社会里，都是强化中央的，都是在首都既集聚大量人口，也集聚各地的物质和可以代表当时最高技艺水平的科技力量，因而可以生产出许多当时最精美的产品。因而历代都城附近的考古发现，数量最多，质量也最高，因此那里的发现也最为重要。具体的地点如秦之咸阳，汉唐的长安、洛阳，北宋的汴梁、洛阳，南宋的临安，元的大都，都是各王朝的考古工作重点所在。

秦汉以来边境地区少数民族的活动愈来愈多，反映出少数民族地区经济的发展，许多发现也反映了少数民族地区与中原地区关系的日益密切。这些少数民族绝大多数没有留下自己的文献记载，他们的历史，他们的活动，在很大程度上要依靠考古发现来建立、复原。少数有记录的，也多残缺不全，也需要考古发现来充实。因此，秦以后的中国考古学，就要对边境少数民族地区给予应有的重视。各少数民族都有自己的发展过程，但和同时的中原王朝关系密切。因此将少数民族地区的考古附于各王朝的考古之后，应是适当的，如匈奴附于秦汉，鲜卑、高句丽、突厥、回纥、吐蕃、渤海、南诏附于魏晋南北朝、隋唐。少数民族地区遗迹多的，也应自成系统与中原王朝平行，如辽、金和宋。根据以上所说的情况，我们将"中国考古学（下）"按朝代顺序分为三章：秦汉、魏晋南北朝隋唐、五代宋元。另外，根据考古学的惯例，时代早的讲得多些，晚的则讲得少些。因此我们在讲各章时，时间分配上不是平均的，而是前边多些，后边少些。

秦汉以后考古与古代文献

前面已经讲过考古与文献的关系，这里再强调一下这个问题，希望能引起同学们的注意。

　　发掘研究某个时代的遗迹，首先要了解这个时代的历史背景。历史背景有大范围和小范围之别。大范围指这个时代，小范围指所要发掘或研究的地区。例如广州发掘南越王墓，应了解汉初的历史背景，特别是中原和岭南的关系这些大范围的历史背景，然后还要了解南越的历史情况，这是小范围的历史背景，这样才能对所发掘和研究的南越王墓有较深入的认识。再如研究西安地区的隋唐墓葬，应了解隋唐时期中央集权的情况，既要弄清隋唐整个大的形势，还要清楚隋唐时期都城的情况，这样才能明白为什么西安能发现这么一大批重要墓葬，而同类墓葬在地方上则发现甚少。又如在东北和内蒙古地区发现了不少辽代的中小城址，这些城址与中原的城址不大相同。为什么不同，这就要到辽的社会发展、城镇制度中去找答案。以上这几个例子清楚地告诉我们，秦汉以后的考古学是不能离开古代文献的，因此它和以前文献记载较少，甚至没有文献记载的阶段的考古学，在研究方法上多少就要有些不同，古代文献记载往往成为这个阶段考古学研究的重要依据。因此，大家必须把有关的历史课学好。要注意如何直接看古代文献，以及哪些文献我们要随时翻阅，甚至比历史系的同学还要重视。因此史籍目录学、史料目录学之类的课程，是学考古的应该选修的课程。这些目录学可以告诉我们：某一时代有哪些原始史料；原始史料是如何分类的；我们需要的史料应该到原始史料中的哪个部分去找；当然还要有点对原始史料的评价。除了外系如中文、历史、图书馆系的目录学课程之外，有关目录学的知识，在我系所开的各段考古学中也要讲一些。但它是以每段时间为范围的，讲的内容要深入一些，但不可能太系统，所以一般的目录学我们还是要学习的。我们之所以在这一节当中，特别强调目录学问题，就是要大家知道古代文献的重要性。然而在考古专业的学习计划中，不可能安排太多时间讲具体的古代文献，只是让大家了解应该注意哪些古代文献，给大家一些翻阅古代文献的知识，同学们以后翻阅古代文献时好有一些线索，而检阅古代文献的系统知识，就是目录学。我们知道了该看哪些书，还有个基本能看懂的问题。看懂古书要借助于一些字典、词典。但还要有些系统的读古书的知识。系统读古书的知识是叫"训诂学"的课程，这是中文系的课，希望大家到高年级时，尽可能选修这门课。以上讲的是"中国考古学（下）"这段考古学与古代文献关系的问题，希望能引起同学们今后对古代文献的重视。

秦汉以后考古工作的展开与重要研究成果

记录古代遗迹遗物，是我国自古以来的传统。公元前1世纪司马迁的《史记》里，就记录了秦始皇巡游各地时所立的石刻，还记录了郦山秦始皇陵的布置。公元6世纪北魏郦道元撰《水经注》，多记汉代遗迹。11世纪北宋人多记唐代遗迹。自北宋以来出现了记录铜器、石刻的书籍，即所谓金石学的书籍。这类书籍的出现，说明我国研究古代器物的学问也逐渐成熟了。以上这些记录古迹、古物的文字，虽然不是今天所说的考古学，但是记录古迹古物的传统，对我国近代考古学的兴起和发展，具有重要的诱导、启示作用，应是无可置疑的。近代考古学的工作，不仅限于亲身调查记录，重要的是经过科学方法的清理发掘，利用科学方法做出的详细记录，还要用科学方法进行系统的整理，最后写出科学的考古报告。这个考古报告，要忠实、全面地报道客观情况，为下一步研究工作提供可靠的原始资料。根据这样近代考古学的标准，我们初步地总结一下秦汉以后考古工作的展开和重要的研究成果。

秦汉以后的考古工作，大体上可以分为三个阶段：1928年以前，1928年以后到新中国成立前，新中国成立以后。

第一阶段：是帝国主义掠夺阶段。这个阶段我们自己还没有近代的考古工作，有不少为帝国主义服务的外国考古工作者，从20世纪初起就在我国边境地区进行活动，他们的目的是掠夺文化遗迹，进行文化侵略。比较重要的活动有英国人斯坦因（A. Stein，1862—1943）对新疆和田、民丰、若羌、吐鲁番和甘肃敦煌、张掖进行的发掘。主要内容有公元前后的长城遗址，有1—3世纪的居住遗址，5—6世纪的寺院遗址，6—7世纪的墓葬和11—13世纪的城堡遗址。有俄国人科兹洛夫（P. K. Kozlov）在蒙古发掘的1世纪的匈奴墓葬群，在张掖发掘的11—13世纪的西夏黑水城。有德国人勒柯克（A. von Le Coq）发掘的吐鲁番、拜城一带的寺院遗址，特灵克勒（E. Trinkler）发掘的和田5—6世纪的寺院遗址。有法国人伯希和（P. Pelliot）发掘的巴楚和库车4—7世纪寺院遗址。有日本人大谷光瑞探险队在新疆许多地点所进行的发掘。另外，日本人鸟居龙藏在辽宁南部挖掘的不少汉墓。以上这些不法活动都是在他们政府直接、间接支持下进行的，发掘所得都捆载而去，运回本国。他们的活动和掠去的各种资料，我们是从他们后来发表的报告中得知的。其中许多重要情况，是我们这段考古学不能不涉及的。

第二阶段：是从1928年我们自己组织发掘殷墟开始的，一直到新中国建立以前。这个阶段主要是我们自己的工作。但1931年"九一八"事变以后和1937年"七七"事变以后被日本占领时期的东北地区和华北地区还是例外的。这一阶段是我国近代考古工作的开始时期。前中央研究院发掘安阳殷墟，同时也发掘了不少隋墓。1930—1931年和瑞典合组的西北科学考察团，发掘了额济纳河居延城塞为中心的遗迹，出土了大批汉简。考察团还在新疆吐鲁番发掘了大批6—7世纪的墓葬，在塔里木盆地北沿发掘了4—7世纪的遗址。1931年前中央研究院发掘杭州南宋官窑——皇室建造的瓷窑。1934年前北平研究院在陕西宝鸡发掘大批汉墓。"七七"事变以后前中央博物馆在四川发掘汉代崖墓。1941年四川博物馆发掘五代前蜀王建墓。前中央研究院和北大合组西北考察团在甘肃河西发掘六朝和唐墓。1931年和1937年以后，日本人在他们占领的东北，发掘了辽宁南部的汉代壁画墓、吉林东部的高句丽墓葬、黑龙江中部的渤海都城和墓葬，还有内蒙古地区的辽代上京、祖州等城址、墓葬和元代的上都遗址。"七七"事变以后还在占领的华北发掘过怀安、阳高的汉墓和曲阜汉鲁灵光殿遗址、宋代的道观遗址等。还对山西大同云冈石窟进行了发掘，并做了较全面的石窟记录。

第三阶段：新中国成立以后，是秦汉以后考古工作全面展开的时期。又可分为三个小的阶段。

1. 50年代时期，各省市自治区都建立了考古队伍，中国考古学各段落的田野工作都开始了，也初步积累了一批资料。其中主要的工作有西安、洛阳地区的汉唐墓群发掘，南京、武汉六朝墓群和武汉隋唐墓群（发掘）。几个重要都城遗址如汉长安、洛阳，隋唐长安都开展了工作。在边远地区发掘了广州汉墓群、云南晋宁石寨山滇国墓葬。这个阶段的重要收获，大家可以参看1962年出版的《新中国的考古收获》。

2. 60年代，各地区的工作都更深入了。咸阳的秦遗址开始试掘。边境地区较重要的发掘工作有内蒙古呼伦贝尔地区发现的可能是鲜卑的墓群，新疆吐鲁番地区发掘的高昌墓葬，东北高句丽和渤海遗址，内蒙古的辽代遗址。此外，陕西、河北、浙江等地宋代瓷窑的发掘和山西金墓、北京大都的发掘，也都是重要的考古工作。另外一处重要发现是这阶段晚期河北满城发现的西汉中山王刘胜及其妻窦绾的两座大墓。这一阶段的收获可参看夏鼐《我国近五年来的考古新收获》（《考古》1964年第10期）、《无产阶级文化大革命中的考古新发现》（《考古》1972年第1期）。

3. 70—80年代，特别是70年代末80年代初开始，应是空前丰收的时期。发现的秦代遗迹日益增多。秦始皇陵附近的发现（秦俑坑、铜车马）、长沙马王堆西汉墓、邗江东汉广陵王墓和广州南越王墓，还有各地秦汉文献的发现（竹简、帛书），都惊动了世界考古界。南北方发现的六朝墓葬，各地发现的隋唐两宋辽金墓葬，无论在分期或类型的研究上，程度不同地改变了过去的推论。少数民族地区的发现，也日益增多。匈奴、鲜卑、吐蕃、西夏和新疆地区的少数民族遗迹，都发现了较为系统的资料。有些西方学者认为在世界考古学界20世纪后期的黄金时代在中国，这个说法，反映在秦汉以后考古这一段，也是很恰当的。因为这个阶段的重要发现最多也最突出。可以参看1984年《新中国的考古发现和研究》和1984年以来每年的《中国考古学年鉴》的有关部分。70—80年代秦汉以后的考古学的发展，更重要的是多方面的综合研究的逐步展开。这表现在既有分类的纵的研究，也有分类的横的研究；既有某个时代的综合研究，又有多朝代的综合研究。这是从形式上来区分的。在内容上已较多地结合文献记载进行社会意义的讨论，因而就从单纯的考古学研究进入历史问题的探索了。总之，现阶段的秦汉以后的考古学水平，已比以前有了较大的提高。当然，这个提高和丰富的考古发现来比还是很不够的，和发现研究多年的秦汉以前各段考古学研究水平来比，也还是较低的。近年来新的发现太多了，应该深入研究的问题也太多了。我们考古工作者，大都忙于田野工作，上述方面的研究成果实际上还是初步的。由于研究工作的肤浅，必然也难以深入浅出地讲述，因此我们的"中国考古学（下）"的内容组织，偏重于举例式的内容，这样对刚刚接触中国考古学的同学来讲，也许是合适的。除了课堂学习之外，同学们还要加强课外自学，希望同学们能把规定的不太多的主要参考书，都能好好看看。在大学学习，要注意自己主动学习，多动动脑筋，训练自己多想些问题。只要这样做，就能把"中国考古学（下）"，即秦汉以后部分的考古学学好。

第二章 秦汉考古

第一节 概 说

秦汉一统和考古文化的分区分期问题

考古学是乡土科学，由于地理环境、气候、物产和历史情况的不同，各个地区的文化面貌也是不同的，因此考古学的地方特点是比较浓重的。这就是一般考古学所谓的区系类型问题。这个问题同学们在秦汉以前考古学的学习中，已经清楚了，在我们这一段这个问题当然也仍然是个重要问题。但因为出现了领域广大的统一王朝，王朝的统治中心即都城及其附近地区，既是政治中心，又是经济中心、文化中心，因此它强制推行的政策法令，就对王朝所统治的各地方产生很大影响。这种一致性的影响所扩及地区之广大，是秦汉以前所不能想象的。因此讲秦汉考古除了地方特征之外，我们主要强调一致性，所以教材的组织就着重于时代的顺序。但是和中原地区差别较大的边境地区，我们另外分了出来。

公元前221年，秦始皇统一六国，到公元前206年西汉建立，虽然仅十几年，但它是我国历史上第一个统一王朝，加之近年发现了许多重要的秦的遗迹，因而把秦单独作为一期。这一期的上限不完全限于公元前221年，可能还包括一部分未统一时的秦始皇时期。秦始皇是公元前246年即位的。汉代分为两期，西汉主要以长安遗迹为标准，包括新莽，即公元前206—公元25年；东汉主要以洛阳遗迹为标准，下限到曹魏开始，即公元25—220年。

主要参考书

作为一年级考古基础课的中国考古学秦汉考古部分的主要参考书，应当是综述性质的书籍和文章。1986年出版的《中国大百科全书·考古学》的"秦汉考古"长条和1984年出版的《新中国的考古发现和研究》的第五章秦汉时代，都是较近的研究成果。希望大家再看看历史系的《中国史纲要》的秦汉部分。另外日本人在70年代编了一部《图说中国历史》，此书以图为主，收录了不少重要的考古发现，希望同学们也能看一看。它的第二册是讲秦汉的。

第二节 秦代遗迹

秦遗迹的发现与分布

比较确切的秦代考古工作，始于50年代末60年代初。从70年代中期确定公元前350年开始作为都城的咸阳的位置以后，秦代考古资料迅速增多。公元前350年商鞅第二次变法，将都城从雍（今凤翔）迁到咸阳。做过考古工作的秦代遗迹，分布的地区从咸阳、西安一带，扩及到南北各地。比较重要的除咸阳城址、郦山秦始皇陵附近外，还有湖北江陵云梦秦墓，广州船厂，内蒙古、河北地区的长城遗迹，陕西、内蒙古的直道遗迹，和近年在河北秦皇岛和辽宁绥中发现的宫殿遗址。秦王朝时间虽然不长，但遗迹种类之多，分布之广，是过去所意想不到的。

咸阳遗迹

秦孝公十二年（前350年）都咸阳一直到公元前207年秦亡，咸阳作为秦都144年。秦咸阳城遗址位于今西安市西北咸阳市东北的渭河两岸（图1）。城垣遗迹还没有发现。但经过探测，遗址的范围大体清楚。据遗迹的分布和渭河故道的位置估计它的范围是：东西12里，南北15里（和汉长安城差不多，汉长安城不规整，秦咸阳城实际比汉长安城略大些）。北部地势高，是宫殿区的所在。其西侧有冶铁铸铜和制陶遗迹，大约是宫廷手工业区。宫殿区东侧和手工业区西侧，都出有类似关东的遗物，疑为秦始皇统一后仿六国宫殿所建宫殿的位置。遗

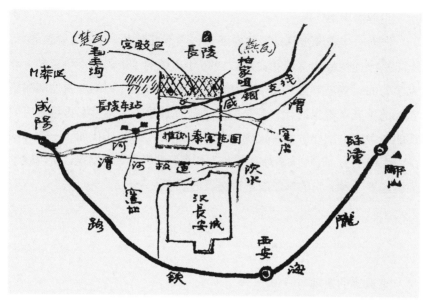

图 1　秦咸阳遗迹

址中部有小型居址，大约是民居区域。其西的今长陵车站两侧发现陶窑和居民区，陶窑与居民相杂，这里的手工业可能是私营的。私营手工业应与商业区接近，这里可能有市的存在。这个区域的北部是墓区。遗址的南部情况不详。咸阳遗址北高南低，宫廷在北，居民在南，手工业商业区在西，墓区在西北。这样的布局与同时的关东各国的都城布局不同。手工业商业区在西侧，表明秦始皇统一六国以前咸阳和它西边的联系很密切。当然这也和旧都雍（凤翔）在西边有关系。

宫殿区，原来完整的地形，已被后代雨水冲刷出的沟道分割为五六个小区，这五六个小土丘都是当时宫殿的遗址。就已发掘的第一号遗址看，可知是一种成组的高台建筑。主要殿堂在高台的顶部，次要的围绕在主要殿堂下部的四周，最下部还有一周回廊。这组高台建筑的外观，好像是一座庞大的楼阁，实际上它的许多部分是单层建筑。这可以从遗址的纵剖面上清楚地看出来（图2）。这座宫殿许多部分都在壁面上绘制壁画，内容多为菱形和璧形图案，铺地砖也多为这类图案。踏步使用空心砖，砖上除模印菱纹、回纹图案外，还有刻龙凤纹的。瓦当，较早的有动物纹、葵纹。大批各类云纹瓦当，大约是秦统一六国以后的遗物。

在第一号遗址西南的三号遗址，主要发现了九间长廊和廊北端的

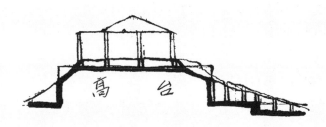

图2 秦高台建筑遗迹纵剖面

图3 秦建筑构件砖瓦纹饰

部分殿堂。此处遗址的重要点是长廊西壁的壁画。画的内容除了菱形图案之外，还有车马出行和仪仗的场面。这是现知最早的室内壁画。铺地砖与踏步所用空心砖与一号遗址相似。瓦当多为云纹，不见一号遗址所出的葵纹和动物纹（图3）。这两座殿堂遗址，发掘者认为，一号建筑时间早于秦始皇，三号可能是秦始皇时期的建筑，但都一直使用到秦末。两座殿堂遗址中有迹象表明，建筑物是毁于火。这大概就是文献记载的项羽入咸阳付秦宫于一炬的结果。

新发现的"碣石宫"

经过发掘，可以肯定是秦统一后的建筑遗迹的还有1984年发掘的"碣石宫"遗址（《文物》1986年第8期）。始皇二十六年（前221年）秦统一后，接着秦始皇就做了许多巩固统一的工作，其中最重要的是巩固关东地区统治。始皇二十七年（前220年）治驰道，二十八年（前219年）、二十九年（前218年）两次巡视鲁、齐旧地，三十二年（前215年）巡视燕地到碣石。辽宁绥中渤海沿岸石碑地（今山海关外约15公里）发现的大型建筑遗址，有可能就是秦（始皇）的碣石宫遗址。遗址建在渤海岸边一座高丘上，面对海中的三块巨石。特立之石曰"碣"，因此推测可能是秦碣石宫遗址（图4）。遗址四周绕以长方形的夯土墙。高丘之上分布有大小不同的夯土台基，这些台基似

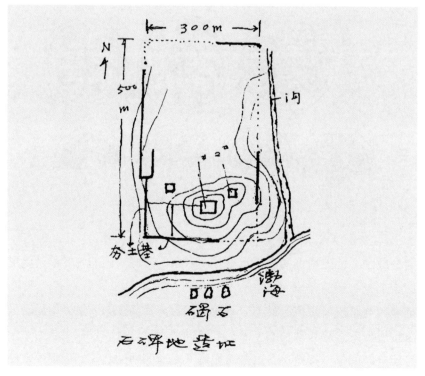

图4 辽宁绥中石碑地发现的碣石宫遗址

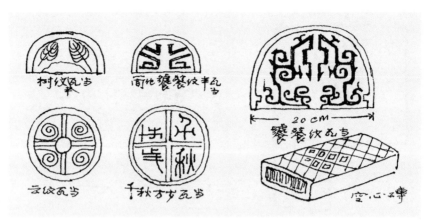

图5　石碑地遗址发现的砖瓦

以南端大夯土台为中心，在北侧和东西两侧还有较小的台基。大夯土台顶部散布着大量绳纹瓦片，从断层可以明显地看出几处建筑遗址。这些遗址的地面处于不同的高度上，至少可以分为三级，每级高差为半米左右。这座大夯土台上的建筑，原来的式样应是与咸阳秦宫殿建筑相似的高台建筑。石碑地遗址出有树纹半瓦当、简化的饕餮纹半瓦当（这是沿袭燕地的旧系统）和云纹圆瓦当、千秋万岁圆瓦当，还有直径20厘米的变形饕餮纹瓦当和菱纹空心砖等（图5）。这些建筑遗物大部分与咸阳遗址所出相似。其中的大半瓦当纹饰几乎与秦始皇陵所出完全相同。1986年河北秦皇岛又发现一处与此类似的遗址（从石碑地到秦皇岛，古代大约是行车一日之路程），看来秦始皇东巡，曾在多处建造行宫，估计将来还会有新的地点被发现。

直道与长城

秦始皇在东巡碣石的同一年（三十二年，前215年），又着手北部国防。当时北部匈奴强盛，为了防御匈奴，先收回了河南地即河套以南，今内蒙古伊克昭盟（现为鄂尔多斯市）和陕北地区，然后修筑长城和直道。长城和直道都还保存了不少的遗迹。

秦始皇三十三年（前214年）所筑长城，是以战国时秦、燕、赵的长城为基础的。西起临洮，今甘肃临洮东和宁夏固原北的一段，应是始皇以前的秦长城。从固原向西、向北的一大段，情况不详。河套

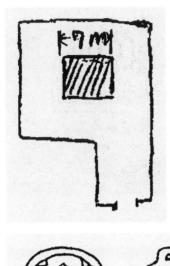
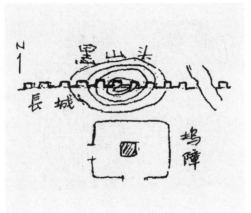

图6 内蒙古包头乌不浪山口东侧烽台遗迹（左）

图7 内蒙古赤峰黑山头下的坞障遗迹（右）

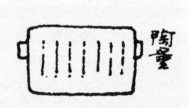

图8 赤峰长城遗迹附近出土的半瓦当、铁权、陶量

北阴山上的长城和内蒙古化德以东现存的长城段落，大约有的部分是沿用赵、燕长城。现存秦长城的东端，已知的在内蒙古奈曼旗南部，再东的秦长城遗迹就不甚清楚了。秦长城在山上或山坡上，用石块垒成；在平地或山坡下则用夯土筑成。石垒部分以包头以北的阴山（今之狼山）上的一段保存较好，完整的段落高4—5米、底宽4米。土夯部分保存好的也仅存痕迹，有的宽达6—7米，高度只略高出地面。长城内外在重要关口处，还布置有烽台和坞障。烽台（台上举火，火炬曰燧，故又称台为烽燧台，简曰烽台）石砌者，多设在山顶，有的四周有夯土围墙，如包头西北乌不浪山口东侧烽燧（图6）。坞障（坞，小城，又曰障）设置在长城南侧的有利地形上。夯筑，多作方形，有的只南面开门，也有的西、南各开一门。如赤峰东南黑山头下的坞障（俗称东城子），长方形，夯土筑成。东西400米、南北300米、基宽10米、残高3—4米（图7）。这类遗址中分布有各种日用陶器、绳纹板瓦和半瓦当。赤峰长城附近还出铜剑、戟和铸有秦始皇二十六年（前221

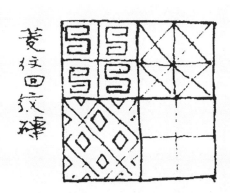

图9 陕西云阳甘泉山下出土的菱纹、回纹砖

年）诏文的铁权。此外在奈曼旗善宝营子（沙巴）古城和赤峰南的遗址中，都出土过印有二十六年诏文的陶量（图8）。

与长城有关的另一重要遗迹，是秦始皇筑长城后的第二年（三十五年，前212年），从都城咸阳西北不远的云阳，向北筑直道一直到河套北岸当时的九原郡。从咸阳沿泾河西北行到云阳交通方便，云阳有甘泉山，秦始皇在那里建立了林光宫。林光宫位于今云阳镇甘泉山的南坡下，其地出有与咸阳宫殿遗址所出相同的菱纹、回纹砖（图9）。直道就是从林光宫北子午岭南端的岭上开始，北行、西北行到今陕北横山南进入陕北黄土高原和内蒙古的鄂尔多斯草原（即秦的河南地），然后东北行延伸到黄河边，过河抵达九原郡（今包头西南白彦花东）一带。这条直道现在南端和北端还都有遗迹可寻。南端在子午岭、陕西旬邑、甘肃合水等地的遗迹，都宽4.5米；北端的遗迹在内蒙古东胜西南的一段保存最好，路面宽达22米，路基厚1—1.5米，是用当地的红砂岩土填筑的。再向北快到黄河南岸的地方也有一段宽22米的古道。这些都是直道的遗迹。

直道和长城遗迹，表明秦始皇时对北部边防的重视。秦统一六国之后，最大的威胁来自北方的游牧民族——匈奴。控制了匈奴，就保证了内地的正常生产与生活。这项边防工程一直为后代所沿用，特别是汉代，仍然是防御匈奴的重要设施。秦长城的位置还告诉我们，当时秦的力量已经达到内蒙古的中部，即远在现存的明长城之北，东面更延伸到辽河流域,这也为其后的汉代疆域奠定了基础。

灵渠与广州船厂

秦始皇三十三年(前214年)在南岭以南置桂林、象、南海三郡。同时为了水路运输开凿了灵渠。灵渠,即在湘江上游与漓江上游间凿通的运河,位置在广西兴安以南,长34公里,沟通了长江与珠江两大水系,这个工程一直使用到现在。

凿通灵渠,就可以沿湘江向南直下广州抵达南海。1974年在广州市区中心中山西路北,地表下5米处发现秦至汉初的建船作坊遗址。现在此地虽已去海岸1公里多,但当时这里是临近海边的。遗址中发现三个平行排列的造船台和其南的木材加工场。造船台西边还发现了船舶下水的滑道遗迹。造船台下敷枕木,上铺像轨道似的滑板两行。滑板上置木墩,这是造船时用来承架船体的。造船台的长度不详,就揭露出的部分已有30多米,可见工程是很大的。在造船台上造船,造成后经滑道入水。三个造船台平行排列,说明可同时建造一只以上的大船。这种做法与近代造船情况相似。秦代造船大约主要用于内河,由广州下珠江,溯江西北上行,与长江流域联系。文献记载,秦始皇设岭南三郡,驻扎三郡官兵的食粮要从南岭以北供应。当然秦要控制以前不属中原的岭南地区,必然要建立一条交通要路。凿灵渠、建船作坊是和在中原地区建驰道、向北建直道一样,都是为了巩固新建立的统一国家的需要。

秦统一后的文字、货币与度量衡

秦统一后,以秦的文字、货币和度量衡为标准实施于全国。把列国各地流行的各种各样的字体、货币、度量衡统统废除。从各地发现的有关遗物看,应该说大体上做到了。这是一件大事。它的影响是深远的,不仅汉承秦制,且一直影响到以后。从现存的秦的文字看,即是许慎《说文》上的小篆。许多文字学家认为,小篆的最大功劳是对汉字做了一次很重要的形体结构的规范:规定了统一的偏旁符号,并固定了偏旁在每个字中的位置,还基本规定了每个字的笔画数。如表示行走的偏旁辶,以前为彳,也可简作彳,或廾,小篆规定作辶,写

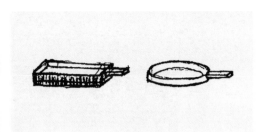

图10 甘肃天水放马滩秦墓发现的半两（左）

图11 传世的铜方升、铜圆量（右）

在左边。秦的货币主要为圜钱，无廓，内方，铸有"半两"二字（图10）。西汉继承它也铸半两，但较秦半两小了。所以俗称秦钱为大半两，直径约在30—37毫米，西汉半两在30毫米以内，被称为小半两。列国时期各国货币计量单位不一致，形制也多种多样（楚用铜贝即蚁鼻钱和金块，晋系统的赵、韩、魏用布，齐、燕用刀，秦用圜钱）。秦统一后行半两，既整齐了货币形制，又统一了计量单位（两）。量长短曰度，计容量曰量，称重量曰衡。天水放马滩秦墓发现的秦木尺长90.5厘米，刻度部分为60厘米，是当时的2.5尺，每尺约24厘米。前述的秦长城地带曾发现陶量、铁权（衡），传世的有铜方升、椭圆形铜量，容二升半（图11），外壁上都刻有二十六年的诏文。山东多出陶量，形如小盆，外壁捺印诏文。湖北云梦秦墓出土一件陶量，形制和容量与山东所出捺印诏文陶量相同，可知当时的量器也有不刻诏文的。传世的铁权，除刻有诏文的外，还有嵌加铜诏文板的，有的铜诏文板脱落，而单独传世，也有刻出诏文的铜权。秦统一全国文字、货币和度量衡，它当时实施的广度，可以从发现量衡的地点推知。就目前所知，除原来秦的旧领域内，甘肃、陕西多有发现之外，山东邹县、诸城、文登等齐故地，江苏盱眙、湖北云梦楚故地，河南禹县韩故地，山西右玉、左云赵故地，内蒙古、河北、辽宁长城沿线的燕故地都有发现。六国之中只有魏地尚未发现。由此可见秦始皇的统一措施的推行，确实已在全国各地普及了（《文物》1989年第2期）。

云梦秦墓和秦简（《文物》1976年第9期）

除旧的秦国领域外，内蒙古准格尔旗，河南郑州、陕县、泌阳，

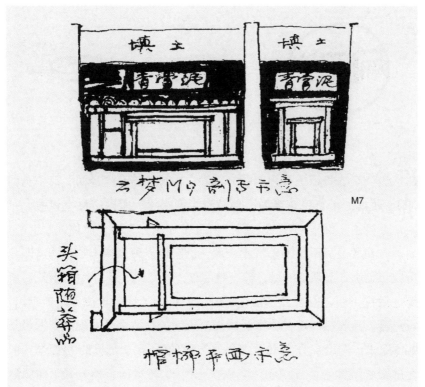

图12 湖北云梦秦墓
M7剖面、棺椁平面

山西侯马、榆次，四川成都，湖北江陵、云梦、宜昌，广东广州，广西灌阳等地，都发现了秦墓。墓的形制有土坑墓、木椁墓，也有洞室墓，葬式有直肢，也有屈肢。云梦秦墓虽属中小型墓，但资料比较完整，现以云梦秦墓M7为例（图12）。它是一座小型土坑木椁墓，圹底和椁上都填有黏性较高的青膏泥，因此密封性较好。随葬品绝大部分是放在椁内的头箱内，多的叠放二或三层。根据随葬品的种类和数量，可将云梦秦墓这种中小型墓分为两个等级，如附表所列M9、M11与M4、M12的差别。

等级较高的墓出木制明器轺车（一马立乘之小车曰轺）。铜、漆器较多，其中M11还有鼎、钫（方壶），陶器较少。等级较低的墓无轺车，铜、漆器少，陶器较多。较高等级的M11，还出有竹简1100多枚（始皇三十年，即前217年，墓主人为狱吏喜），从中可知墓主的身份

附表　云梦四座例墓随葬品的种类与数量

墓号		M9	M11	M4	M12
木器	轺车	1	1		
	马	1			
	俑	2			
	六博	1	1		
	耳杯			1	1
铜器	鼎		2	1	
	钫		2		
	匜	1	1		
	鍪	1	1		
	蒜头壶	1			
	剑		1		
	镜		1	1	
漆器	圆盒	2	2		1
	长盒	3			
	奁	1	3	1	1
	盂	1	2		
	扁壶	2		1	
	樽		1		
	耳杯	28	3	7	3
陶器	瓮	2	3	2	3
	茧形壶	1			
	壶				1
	盂				1
	瓿		1	1	1
	鍪			1	
	釜	1		1	1
	钵			1	
	毛笔		3	1	
	木牍			√	
	竹简		√		

图13 云梦秦墓发现的铜蒜头壶、陶茧形壶和铜鍪

是小官。等级较低的M4，出有木牍2件，内容是在外的士卒向家里要东西的信件（始皇二十四年，前223年，墓主人为中［衷］）。这是目前所知最早的家信实物，可推知此墓主人大约是一般无官职的地主。

这批墓中所出的铜蒜头壶和陶茧形壶以及M11、M9所出的铜鍪（小锅）（图13），这类器物是陕甘秦墓中常见的器物。另外所出漆器多有烙着"咸亭"（咸亭）二字的印记。咸亭是咸阳市亭的简文，表明它是咸阳市府管辖的漆器作坊的产品。这批漆器从纹样上观察，与过去湖南楚墓所出漆器纹饰不同。较明确的秦地器形和秦国所产的漆器出现在以前楚国领域内，反映出秦灭楚后，秦的文化向南伸延。郑州、成都秦墓也都出现或多或少的秦文化因素。秦的统一，确实不仅是政治上的统一，在文化交融上也同样得到反映。这点在云梦M11所出竹简中也可得到证明。

云梦M11所出竹简总数有1100多枚，长23.1—27.8厘米、宽0.5—0.8厘米，都出于M11的棺内。其中的《编年记》和《秦律》最重要。《编年记》是记秦昭王元年迄秦始皇三十年（前306—前217年），共90年间的大事记，给秦史的研究增加了新史料。《秦律》的简数最多，有600余枚，包括刑法、诉讼法、民法、军法、行政法、经济立法等内容，以刑法为中心。这批秦律竹简的发现，为秦统一后国家的性质的研究，提供了崭新的第一手资料。

近年在天水发现秦始皇八年（前239年）墓，墓中出土了画在四块木板上的七幅以河道为主体的天水（邽丘）地区地图。这是现在知道的最早的地图实物。

秦始皇陵的勘查与发现

秦始皇陵，据《史记·秦始皇本纪》记载："始皇初即位，穿治郦山，及并天下，天下徒送诣七十余万人，穿三泉，下铜而至椁。宫观、百官、奇器、珍怪徙臧满之。"始皇在位三十七年（前246—前210年），可知秦始皇陵的工程多么巨大。秦始皇陵的勘查工作从20世纪60年代初起，已经有二十多年。陵本身虽然没发掘，但就已知的陵圈内外的情况，就已很惊人了。陵有内外二重城垣，都是南北长、东西窄。墓丘位于内城南半部，为方形覆斗式。底边宽350米，现存高43米。内外城垣东、西、南三面内外城门分别相对，外城四门的交叉点即是墓丘的顶点。内城的中部，即墓丘之后有被火焚烧过的建筑遗址，遗址出有线雕菱纹的铺地石板、简化饕餮纹半瓦当和云纹圆瓦当，推测大约是寝殿的遗址。内城东北隅隔开一区域，其用途不详。外城的西北隅内，发现左右饲官的遗址，是供奉陵墓伙食的机构。在内城的西门内，即是有名的铜车马坑的所在。在内城西门外发现了埋动物和俑的坑。外城东门外大路北侧发现四个兵马俑坑，其中一个是未建成的空坑，另外三个坑中有步兵、骑兵和车兵俑近万件，马500多匹，木质战车130多乘。三个坑组成了面向东方的庞大的军阵。以前大墓的车马随葬，主要是车马，是表现墓主人出行的，如内城西门内的铜车马坑。而秦始皇陵在东门外随葬车马，主要表现向东方出征和武装巡行的情景。这是值得注意的大型墓随葬状况的变化。在兵马俑坑的西南，发现了殉葬墓群，有长方形土坑墓和土洞墓两种。葬具多为一棺一椁，尸骨零乱，好像是被肢解埋葬的。殉葬墓群的东南侧还发现了90多个埋马埋俑的坑。此外，在外城之西，探出100多座形制为长方形的土坑，没有葬具和随葬品的小墓。这应是营建陵墓而死的刑徒墓地（图14）。以上还仅仅是已发现的情况，估计还有大量的未知设置，秦始皇陵园确实反映了其工程的浩大。因此前面所引的文献记载，看来不是夸大虚构的。

以上介绍的各种秦代遗迹表明，秦始皇统一以后，强暴地役使大量人力，建造了规模巨大的各种工程。文献记载，民不堪命揭竿而反，这应是必然的结果。咸阳宫殿和秦始皇陵园都发现被毁于火的痕

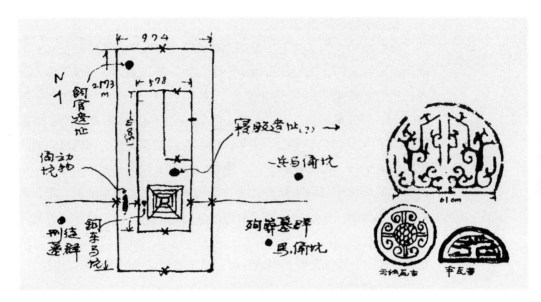

图14 秦始皇陵地面布局和发现的瓦当

迹，反映了人民对暴秦的痛恨。另一方面，许多遗迹也反映出秦统一的功绩。秦统一是国家历史上的空前事业，秦统一以前，列国分立，既对北方强悍的游牧民族不能进行有效的防御，又无力顾及边远的岭南地区。各地割据影响了全国经济的进一步发展和文化的进一步交融。统一之后，短短的几十年时间，连接了长城，兴建了直道，有力地控制了北方和西北；开凿了灵渠，设置了岭南郡县，使珠江流域与中原相连接；统一了货币、度量衡和文字，给以后的经济发展提供了重要的条件；秦律的发现，反映了统一之后秦的政令的有效实施。这些都为汉代的进一步繁荣奠定了基础。在秦代考古未开展以前，我们对西汉的情况并不能真正了解。近年对秦代考古有了一些了解之后，再整理汉武帝以前的西汉资料，就有了可靠的起点和线索。因此，我们以上对秦代考古的介绍，花了较多时间，一方面是新发现较多，更重要的则是为了阐明其后的汉代。

第三节　西汉遗迹

西汉包括新莽时期，具体时间是从汉高祖元年（前206年）到东汉建立（公元25年），时间长达230年。

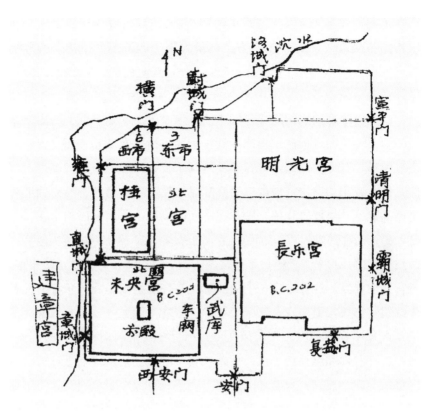

图15　西汉长安城内布局

长安城

西汉的首都长安，在汉高祖时只修整了长乐宫和兴建未央宫，未修城垣。长安城的城圈是在汉惠帝元年至五年（前194—前190年），把原来在这个地区的长乐宫（原秦兴和宫，前202年整修）、未央宫（前200年）和附近的居民点圈在一起，兴建起来的。城的北和西面受到渭水支流沆（音决）水弯曲河床的限制，所以它除东面是直线外，其余三面皆有曲折。因此这个都城是先有宫殿和居民点，城垣是后建的。所以它不是先有规划，按规划修建的城市，所以它的内部布局也是不甚规整的（图15）。

城墙为夯筑，总长度是25700米，约合汉代63里。墙基宽度12—16米，向上有收分，内外的倾斜度各约11度左右。城墙外侧有宽8米、深3米的城濠。城开十二门，每面三个。每个城门皆为三个门洞，三条道路，每条宽8米。当时车轨宽1.5米，每门可并行四辆车。城内街道皆呈直线，宽45米左右。每条大街中间都用两条排水沟分隔为三条路。排水沟宽1米、深0.5米。中间街道最宽，约20米，即是文献记载中所说的专供皇帝使用的"驰道"。两侧道路较窄，各宽12米。这些道路的排水沟组成了城市的排水系统。水的主要大的出口是城门地下埋筑的券顶砖石结构涵洞；小的出口则在城基下面安置断面为五角形、圆形的陶制水管，这种陶制水管在秦咸阳城也发现过，可能是继承咸阳的做法。城内以后又陆续兴建了不少宫殿。城内的地势是南高北低，早期兴建的宫殿都在南面的高地上。高祖时朝堂在长乐宫，惠帝时移到未央宫（萧何修建），长乐宫此后为太后居所。两宫之间建有武库，看来主要是为了两宫的防御。以后武帝时又兴建了北宫、桂宫和明光宫。这些宫每一个内部都建有许多组殿堂。长乐宫据说有十四组；未央宫更多，有八个大组。这些宫内绝大部分还未发掘。工商业区集中在西北隅，有东西九市，那里曾发现制陶和铸铁的遗迹。居民区在北部和城北的郊区。后来长安宫殿遭到焚毁，临近各宫的城门都废弃或半废弃，只有靠北的宣平门还一直保存三个门洞，使用到583年隋文帝迁到大兴城之前。未央宫的西北，发现铸钱、铸兵器的遗迹，这应是官府手工业的遗迹。近年来在未央宫前殿遗址西北880米、西距宫西墙105米处发现了3号遗址，大约是西汉中央管辖各地工官的官衙。出土了大量5.8—7.2厘米长的骨签，记录了各种工匠的名字，原来可能是附在器物上的签牌。签牌纪年从汉武帝到汉平帝，看来一直到西汉末，这个官衙始终设在这里。

西汉长安城布局虽然不规整，但可以看出，其宫殿在城南部的做法与秦的咸阳宫殿在城北的安排是不同的。自惠帝以后（其实萧何时似就有此计划了），城西南隅的未央宫是听朝布政之所。这个布局应该是受到关东列国的影响，齐之临淄、赵之邯郸皆如此。未央宫之北隅直城门大街北为桂宫和北宫，其后是东西九市。这样安排与《考工记》所记的都城是"前朝后市"的做法相同。《考工记》的记载，是战国人理想中的都城布局。

因为长安城内主要面积都布置了宫和衙署，估计有不少居民住在城外，所以东、北、西三面郊区都有手工业遗址发现。南郊和东郊还发现了西汉末和王莽时期的礼制性建筑遗址：有围绕水沟的圜形建筑物——辟雍的遗址；其西有十二组形制相同的方形建筑——王莽九庙的遗址。此遗址适在西安门外大道的左侧，西安门是汉朝会之所未央宫的前门，该门外大街的右侧，另有一方形建筑遗址，有人推测是王莽兴建的社稷坛。如果推测不误的话，左祖右社，应是王莽托古改制的产物。

以下我们总结一下西汉长安城布局的特点：一、将宫殿区和工商区、居民区都围在一个大城圈内；二、城内绝大部分面积布置了皇家专用的宫殿区，宫殿区不止一处，分散在城内，占据了六分之五以上的面积；三、实现了战国理想都城设计的主要内容——前朝后市、左祖右社。这三点都是在以前的列国都城布局中所看不到的。但主要宫城置于城的西南隅，则是渊源于东方的列国。

地方城址与聚落遗迹

西汉时期的地方城址发现不少，情况大体有四种：一是利用战国旧城。如临淄、邯郸这两地，汉时人口仍然不少，所以仍是大城，大体上保存了战国时的规模。二是在废弃的战国旧城的城内或城外缩建小城。前者如洛阳周王城中有汉河南县城，后者如在湖北江陵楚旧都纪南城东南5里新建的郢城。这种缩建的新的汉代城，都比原来的大城小得多，反映出这类战国城市，经过秦汉的变乱和强制的人口集中而被大大削弱了。三是在以前聚落的基础上围建起城垣，河北武安午汲古城即是一例（图16）。这个地点从出土的器物看，春秋时就是人口较稠密的居民点了，经过战国时期的发展，好像秦和汉初的破坏不大，西汉时期居民区又向西扩展，到两汉之际兴建起夯土的城垣。该城位于邯郸城西60里，其西有铁矿，是当时从邯郸西去长治间的必经之地。城四角俱存，其平面作长方形，南门豁口略偏西。东西大街已探出，宽4米，东西各延长到城外。与此大街相连的南北小路共四条（已探出），各宽2.5米。曾在西半部进行发掘，除发现土路、石子路、居住址外，还发现了陶窑（窑平面长方形，长4.7米、宽2.1米，窑门

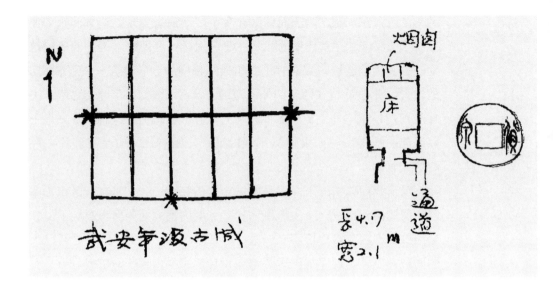

图16 河北武安午汲西汉城址、陶窑和出土的货泉

向南,后壁处有三个烟囱,通道敷砖,窑床上有残砖,知已塌了的窑顶也使用砖)。陶窑火膛上部积土中出了近3000枚完整的新莽"货泉"钱币,可知这个窑的时间属西汉。城西部分布有西汉墓葬群。午汲古城是现知中原地区西汉之际较清楚的一座地方城址,它的内部布局值得我们注意。第四种情况的实例如福建崇安城村古城(图17),修建时代是西汉中晚期。该城位于丘陵之上,随地势曲折,城平面略呈不规则的长方形,长约800米、宽约500米。城垣基部用河卵石、砂土堆砌,宽8—13米,上部黄土夯筑,也杂有河卵石。城外围绕宽约5米的护城濠。城内中部以北是重要建筑群所在,该处的中部曾发掘一处建筑遗址,出有大量板瓦、筒瓦残片,根据础石的排列状况,知其为一座面阔二十间、进深七间(长47米、宽10米)的大型建筑物。建筑外铺有石子路面。出土的瓦当多为云纹,也有王莽时期的常乐万岁(改长为常)残瓦当,是判断年代的重要依据。该城有人推测是武帝封的东越王的城,也有人认为是西汉在这里兴设的一个屯戍据点。总之这座城址与前述之三种城址都不相同。

一般的聚落,是指没有城垣的较大的居住点。这种遗址是不易保存下来的,现知较重要的一处是在辽宁辽阳北郊的三道壕发现的,这

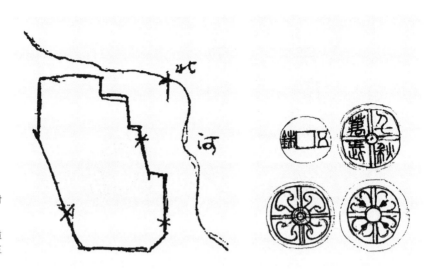

图17 福建崇安城村西汉城址（左）

图18 辽宁辽阳三道壕西汉遗址出土的五铢和瓦当（右）

是边远地区比中原地区被破坏的因素相对要少的缘故。其地位于西汉辽东郡治襄平城北，东临太子河，是从北进入襄平的打头站的地点所形成的居住点，其范围约有100万平方米。从揭露的很小的部分看，东部有铺石的道路，在东西200米的范围内发现有七处居住址。一般长20—38米、宽13—22米。顶部用瓦，瓦当有云纹和千秋万岁铭者。居址内有灶，外有窖穴、水井、畜栏和厕所。居址中都出铁农具、手工工具和少数兵器。还出有半两、五铢、货泉等钱币（图18）。有的居住址还出有玛瑙、琉璃珠饰、耳铛。在这片居住址的中部还分布有烧砖的窑群。看来所揭露的这部分应是居住在这片聚落中的较上层的人家的居址。秦的遗迹已在辽河上游和今山海关外发现，西汉有像三道壕这样大面积的聚落遗址，发现在辽河下游支流太子河岸边，看来秦和西汉时期，即公元前两个多世纪时，中原地区向东北地区的开发，已经达到相当广阔、相当深入的程度了。以下我们介绍西汉的边塞遗迹和秦汉的边远地区时，还将进一步说明这个问题。

边塞遗迹和汉简

边塞遗迹是指长城和附属于长城的边城、坞障（堡）和烽台。西汉长城除了沿用战国至秦的长城外，还在一些地方增建了复线，

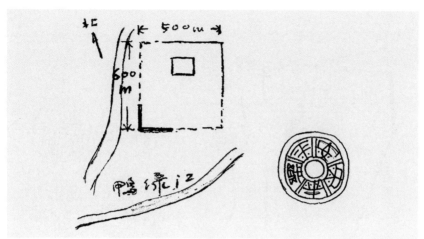

图19 辽宁鸭绿江边的西汉安平县城遗址和所出瓦当

并且把秦长城向西向东都做了延长。延长的遗迹，在东边近年在辽宁境内的阜新、法库、宽甸、丹东等地都有发现。文献记载这段长城还向南越过鸭绿江，到达了朝鲜西北清川江（浿水）口。向西延长的，开始的一段是复线，在阴山南北麓，都建于汉武帝时。复线外侧的长城，在河套西北向西北延伸，入今蒙古国，然后到内蒙古的西端居延，沿额济纳河折向西南入甘肃，在明长城终点嘉峪关之北，西行经安西到敦煌西北的玉门关。往西还有一段西汉长城遗迹，但不远就被绵延不断的烽燧（烽台）替代了。西汉烽燧向西一直修到新疆库车西北的克孜尔尕哈附近。

西汉的边塞遗迹，河套以东和河套以西不完全一样。以东的遗迹有边城、坞障和烽台。以西部分则只有后两种。河套以东在长城内侧多设屯戍性质的边城。边城多方形，夯土筑造。它比坞障大，边长500米左右，多南面开门。有的内有子城，子城有的在中部，有的在一隅。子城内多有台地，应是官署所在。这种有子城的边城比较大的边长有达1000米的。边城有一定屯戍性质，但实际上有的又是在靠长城沿边地带设置的县城，有的甚至是郡城，因此人口较多，使用时间也较长，所以在它的郊区还分布有墓群，如内蒙古呼和浩特东郊塔布秃村的汉城遗址（《考古》1961年第4期）。现发现最东的一座边城，是靠近鸭绿江边的安平县城（图19，《考古》1980年第6期）。该城位于丹东东

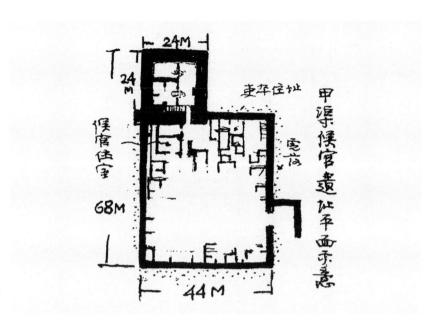

图20 内蒙古居延破城子西汉甲渠候官遗址

北15公里，据遗迹可复原，为长方形，夯筑石基，中部偏北有一方形高地，城内出有"安平乐未央"瓦当和西汉五铢。

西汉的坞障是上述边城派出的鄣尉所居的小城（"鄣"同"障"，塞上险要处筑城以资障蔽者），方形，每边长150米左右，石砌或土筑，南面开门，有瓮城。烽台多沿长城外侧排列，间距约1里。台四周有围墙，围墙内的遗迹没有清理，情况不明。但可以参考河套以西的遗迹。

河套以西的遗迹和以东有些不同。西部地区沙多土少，因此多用土坯、芦苇和芨芨草捆相间垒砌的特殊方法。因为这里土质和水都含有较重的盐碱质，所以垒起的芦苇捆长期被盐分浸蚀，已成半化石状态。保存较好的段落，其厚度尚有3米。这一段长城的附属建筑只有坞障和烽台两种。现知居延破城子，即甲渠候官（候官治所）遗址（图20，《文物》1978年第1期），是规模较大的一处坞障。该遗址西距长城300米，夯土夹芨芨草筑坞，坞约44米见方，墙厚2米，门在东侧，外有曲尺形瓮城，墙外3米以内范围，埋有尖头木桩，汉代名曰"虎落"。坞内北部西侧的一组房屋，下建台基，其上最大间设有火墙，发掘者推测是晚期候官的住室（早期候官居住在鄣内）。坞北部东

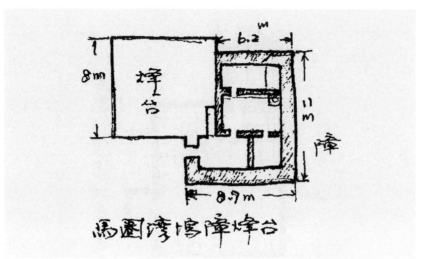

图21 甘肃敦煌马圈湾西汉坞障烽台遗址

侧和坞南壁、东壁内所建较简略的房间应是一般吏卒的住地和工作室。坞东北隅有畜圈,其东有登坞顶的梯道。鄣是建在坞西北隅的一处方堡,基方23.3米,厚4—4.5米,堡墙残高4.6米。鄣南壁东侧设门,通坞内,门西侧有登上层的梯道,上层原有木建筑,已圮。鄣堡内以及坞门外东侧垃圾堆中,都出有木简。坞障之南50米,有约5米见方的烽台,附近发现积薪和烧灰。这座与坞障靠近的烽台,应是候官专用的烽台。

规模较小的可以敦煌西北近年发现的马圈湾烽燧为例(图21,《文物》1981年第10期)。该烽燧在今敦煌县城西北约95公里处的长城内侧,坞障与烽台连建在一起。在障的西侧建有烽台,烽台约8米见方,三层土坯夹一层芦苇垒砌。东南缺口处,应是攀登坞障顶的地方。鄣为夯筑,门西开。有带过道的套房三间,北间有炕,中间有灶。坞障的面积很小,不像是一个设候官的所在(有人认为是西汉玉门候官所在)。清理这处坞障烽台时,发现1000多支简和300多件生活用品和少量残工具。

居延和敦煌都是解放前发现汉简的重要地点。居延出了约万枚,敦煌出了800多枚。但在解放以后,这两处发现的汉简数量更多。居延出了2万多枚,敦煌出了1300枚。两地的汉简主要是木简,也有少

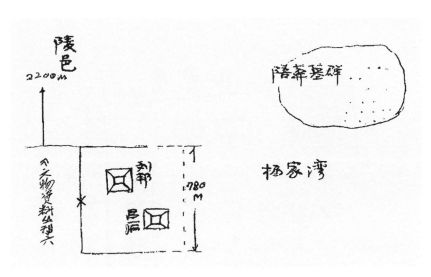

图22 陕西咸阳西汉长陵址

数竹简。内容主要是和屯戍有关的各种文书，此外还有残历书、诏书、通缉罪人的文书等。最重要的是屯戍文书，它比较全面地记录了当时边塞的各种情况，是研究西汉边防以及与边疆民族关系的第一手资料。

西汉陵墓的调查和大型陪葬墓的发掘

西汉帝陵有九座分布在渭水北岸咸阳原上；另两座在渭水南岸，一在灞河右侧，一近浐河右侧。好像没有统一的布局。咸阳原上的九座，东西排列，应当是有些规律的，但现在还未弄清楚。陵都未发掘，内部不清楚。但外部情况，大都保存较好。各陵的后妃墓和陪葬的大臣墓一般在各陵东或东北。各陵还都有陵邑，已查明的陵邑遗址在陵的北面。现以高祖长陵为例说明。

刘邦长陵在今咸阳境内（图22），其地大约是秦咸阳范围之北偏东。吕后墓在其东南。两墓坟丘都作覆斗形，两墓都在一个780米见方的陵园内（与其他陵不同）。陵邑在陵园之北，西墙残迹较好，中间有门址，南北墙尚存一段，东墙已不存。陪葬墓群在陵之东北，是西汉陵中陪葬墓最多的一处。陪葬墓布置有若方阵，墓冢排列整齐，外观也多为覆斗状，但比帝陵小得多，也有作山形的。1970年代在杨家湾北发掘了两座陪葬墓，规模较大，编为4号、5号墓，南北并列。二墓的墓坑

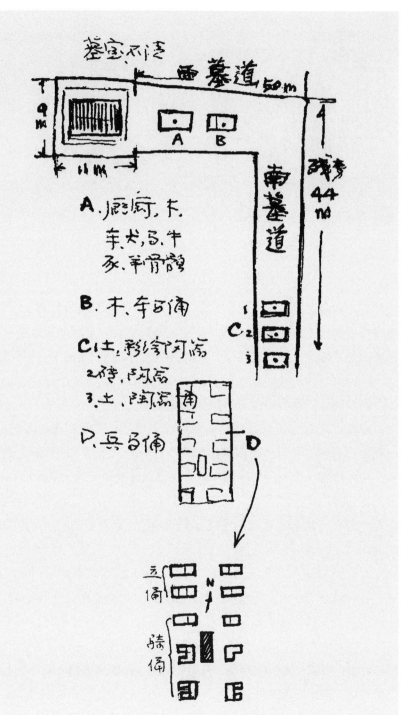

图23 咸阳杨家湾北西汉长陵陪葬墓M4墓室和陪(随)葬坑的类别与位置

即墓圹，与墓道连成曲尺形。现以M4为例（图23）。墓内被焚烧破坏过，只能看出原来墓室内有较复杂的木椁、棺，棺椁情况已不清楚。墓内出有银丝和玉衣片，知死者殓有银缕玉衣。墓道的填土中和墓道外的右侧都发现了随葬品坑。随葬品坑似可分为四类：A.主人的厨厩、主人出行的车马俑；B.存储生活用具和装谷物的陶器；C.墓外的车马；D.（M4南70米处）另有11个随葬品坑，排成两排，前六坑土洞中列骑俑近600（580）个；后四坑中列步兵立俑近2000（1800）个。两排中间还有一个砖砌的长方形坑，内多为铜车马饰，还出铜镞、弩机，可以推测此坑原来埋有较考究的战车一辆。该坑上部还出有绳纹板瓦、筒瓦和瓦当，可知此砖坑原有瓦顶。以上这一组兵马俑随葬坑，对我们了解秦始皇兵马俑坑是有参考价值的。在墓室之外安排了大批排列有序的随葬品坑，这种做法从秦始皇陵外的布置到西汉初大墓的墓外布置应是一致的（随葬品坑最早见于河南固始侯古堆春秋战国墓，该墓内外椁已围成回廊形式，《文物》1981年第1期）。而随葬品坑中突出了兵马俑，这也如实地反映了当时的浓厚的军事气氛。有的同志根据文献记录、与之并列的M5出有银缕玉衣的残片和出有半两铜钱等随葬品，推测该二墓与西汉初周勃一家有关（秦半两重十二铢，名实相副。吕后铸八铢半两）。如果不误，此墓可作西汉初陪葬的列侯墓的一个实例（《文物》1966年第3期、1971年第10期）。

西汉大型墓

西汉大型墓是指诸侯王的墓。近年来这类墓发现很多。墓的形制有两种，一是凿山洞的墓室，一是黄肠题凑墓。前者可以江苏徐州北洞山墓为例（图24，《文物》1988年第2期）。

该墓开在山坡上，可分前后两部分。前部分是墓道和它东侧放置各种随葬品的四排房间。这一部分，墓道露天开凿，平底，利用石山岩作壁面。墓道北端的耳室和东侧的四排房间，其上部皆填塞以石，砌有石顶。墓门以后即墓室部分，系凿山开洞后精致修整，并全面涂漆（顶、诸壁、地面）。该墓早年被破坏，但从现存遗物仍可大体推知原来的布局：最后的棺室已空无一物，故原来棺木情况无法窥知。但

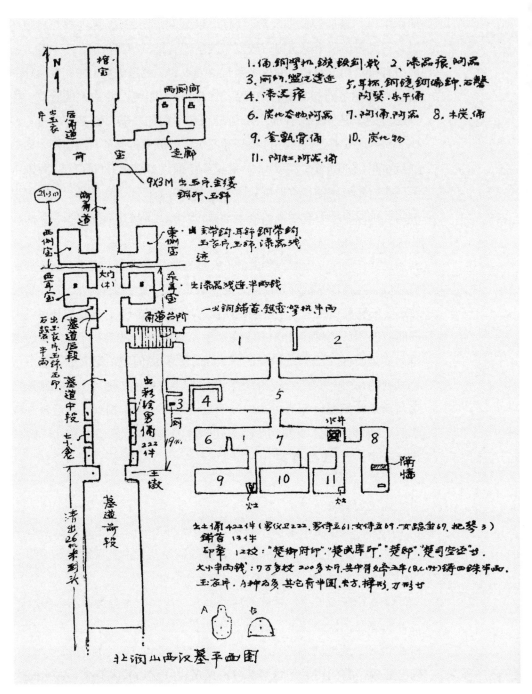

图24 江苏徐州北洞山西汉大型墓平面

从后甬道起一直到墓道中段的后部，都出有金缕玉衣残片和原置于棺内的各种玉饰，可知早年被破坏时，曾将尸体从棺室中拖至外边。前室中发现的遗物玉衣片、玉饰、铜印等，也多是原来棺内之物。前室原来应是墓主人会客、办公和宴饮的地方。东、西侧室遗存大量漆器残迹，还出了不少金玉饰件，应是墓主人保存细软之物的房间。

墓道后段两侧的耳室也遗有大量漆器痕迹，还出了不少半两钱。墓道中段后面的东侧甬道，凿出十二台阶，通向比墓道低约3米的四排房间。自北向南的四排房间中，第一排（第一进）外间出了各种铜、铁兵器和陶俑，这显然是表示为此墓的保卫室和武器储藏所；内间出了大量陶器和漆器痕迹。第二排（第二进）外间出了一套小铜编钟和一套石磬，还出了陶制瑟（是明器）。伴出的有不少管理乐器的俑，其中有作演奏姿态的，表示这里是存放乐器的；内间也发现了大量的漆器痕迹。第三排（第三进）和第四排（第四进）连在一起。第三排出有俑、陶制的各种容器，东端有水井，西内间有灶，东内间有俑，堆放了不少木炭。第四排分为三间，西间有俑有灶，出了不少陶釜、甑、动物骨头；当中间出有不少炭化物，大约是粮食的遗迹；东间也有灶，还有陶缸，出俑和陶器。很清楚这第三、四排房间表示墓主人的庖厨所在。以上安排应与咸阳杨家湾4号墓外的随葬品坑的性质相同。

墓道中段的两壁开了7个小龛，龛内排列了220个彩绘男俑，保存较好。俑大多佩有兵器，有的还佩有印章。这批武装侍卫俑，在龛内排列成行，似乎是墓主人出行的卫队。

这座墓出了2万多枚铜钱，都是半两，没有五铢钱。知道墓的年代应在汉武帝元狩五年（前118年）铸五铢之前。半两中有文帝五年（前175年）所铸的四铢半两（一两重二十四铢）。从发现的货币，我们可以估此墓的时间在前175—前118年。墓内出有金缕玉衣，这是诸侯王的葬服。徐州当时是楚国的封地，又出有楚国印章，可知墓主人应是上述时间内的楚王。按《汉书·诸侯王表》记载，上述时间内的楚王有三至四人，究竟是其中哪一个，就不好推断了（《文物》1973年第4期，《考古学报》1985年第1、第3期）。

通过这座墓所提供的情况，可以推知以下问题：一、对照文献记

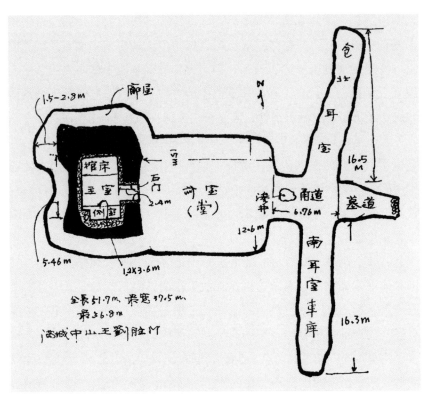

图25 河北满城中山王刘胜墓平面

载，我们知道此墓的后部分是"正藏"的所在，前部分是"外藏椁"所在。按《汉书·霍光传》"外臧（藏）椁"，唐初颜师古注引服虔（东汉人）曰："在正臧（藏）外，婢妾臧也。或曰厨厩之属也。"此处服虔前一句说的是秦汉以前的情况，后一句是汉时的情况。"正藏"中的棺室之前的前室，表示所谓"前堂后室"的堂的位置。侧室应为颜师古所说的"便房，小曲室也"的"便房"。这座墓的发现，使我们对汉代大型墓的布局，有了较为确切的理解。二、基于上述认识，可以进一步将这种墓制和秦始皇陵园内的发现，以及咸阳杨家湾汉高祖陪陵墓的情况联系起来。原与墓室未连在一起的随葬品坑——"外藏椁"，通过此墓阶段，就和"正藏"部分连在一起了。三、这样我们可以清楚，"外藏椁"只是表示墓主人的居室的附属部分，而不是墓主人的正式居室。墓主人是不屑到这些地方去的。四、通过此墓的情况，我们还可以明白另外一种大型墓——黄肠题凑墓的安排。

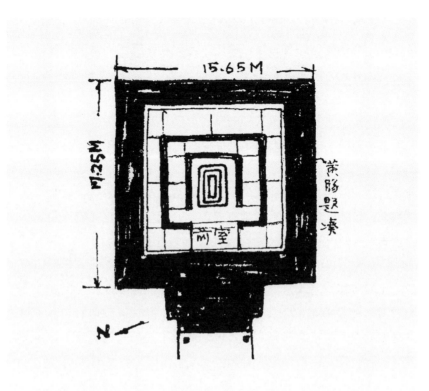

图26 湖南长沙象鼻嘴一号墓（黄肠题凑）平面

这类诸侯王墓，在汉武帝以后出现了另一种和下面我们将要讲的"黄肠题凑"墓有些接近的形制，如河北满城刘胜夫妇墓（图25），也是凿山洞为墓室的诸侯王墓。中山王刘胜，卒于元鼎四年（前113年）。其墓开凿于满城西的一座小山腰部。斜坡墓道长20米，墓道之后为甬道，甬道南北两侧各有一耳室。甬道后为前室，再后为主室，内有侧室。主室左、右、后三面凿有廊屋。甬道、耳室和前室内原来都有瓦顶的木构建筑，主室和侧室内是用石板建成的石屋。主室门道两侧各有一石俑，室北侧是棺床。漆棺椁已朽，棺内置一具金缕玉衣。尸骨已朽，玉衣上下出有玉器。主室置铜器、漆器。前室中间靠近主室门处出小型车马具，原来是一套车马明器。其前原置有帷帐，帐前为漆、铜日用器物。前室南部靠西出有兵器，其前原也是帷帐，帐前列漆器。前室北部置铜、漆、陶的日用器，其中有陶俑。前室之前的甬道部分，原置有二车、五马，还有犬、鹿各一。南耳室原置车四、马十一,是车马库。北耳室多为陶器,有鼎、盒、壶、钫和钟、瓮、盘、匜、耳杯等,还有石磨、铁炉,是厨库。主室周围的廊屋,原来亦满置随葬品,估计大都是有机物品,现存的只是少数的陶器,壶、钟之类。

刘胜墓的北侧还发现其妻的墓,形制与刘胜墓相似。二墓附近还发现十余座较小的墓,大约是刘胜家属墓葬。这表明家族墓地开始出现了。这座墓外藏椁比徐州北洞山简单,但多了一圈回廊。值得注意的是,这圈回廊与另一种诸侯王墓,即黄肠题凑墓有一定联系。这类崖洞墓,较晚的还有一种形制有前后室、侧室、耳室,但无回廊。如山东曲阜九龙山西汉鲁王墓(《文物》1972年第5期)。

另一种西汉大型墓——黄肠题凑墓。这类大型墓,近年在湖南长沙、江苏高邮、河北定县和北京大葆台等地都有发现。现以湖南长沙湘江西岸的象鼻嘴1号墓为例(图26,《考古学报》1981年第1期)。该墓为近方形的长方形竖穴,斜坡墓道位于西端。墓道尽头处两隅各置一木俑。竖穴底于青泥层上敷板,其上围以"黄肠题凑",是以908根长方形柏木枋垒叠而成。《汉书·霍光传》颜师古注引苏林(汉末曹魏人)的解释是:"以柏木黄心致累棺外,故曰黄肠。木头皆内向,故曰题凑。"其内为三重椁,三重椁围成重层廊屋(回廊),外二层椁前面设门,两层门间顶部高起,构成一个前室部分(即"堂")。前室两侧和左、后、右三面分割成可以互通的19个小室(外12、内7),各室置有漆器、陶器,也出泥半两。江苏高邮汉墓也是外12、内7小室,看来这可能是定制。北京大葆台墓的小室门上有"中官(府?)""食官"的漆书榜题。中府即是内库,食官是专掌管主人饮食的人。这样的榜题告诉我们,这两层小室与前面讲到的"外藏"性质相同。因此服虔所解释的这个"外藏椁"名词,就找到了它的来源,因为此墓正是以椁的形式出现的。二重椁之内为三重棺。内棺内只出少量玉器。该墓早年被盗,故遗物不多。江苏、北京等地发现的同类墓,都是诸侯王墓,故此长沙象鼻嘴1号墓也应是诸侯王墓。墓内只出泥半两,知道此墓当在汉武帝铸五铢之前。

比诸侯王低一级的是列侯。前面讲了汉高祖陵的陪陵墓(周勃

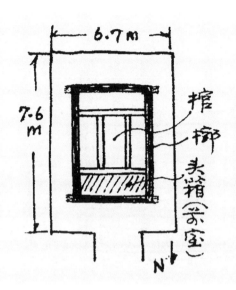

图27　长沙马王堆西汉大型墓平面

冢？）。有名的长沙马王堆发现的三座墓也是列侯墓，都是竖穴式的（图27）。和诸侯王墓相比较，列侯墓的墓圹尺寸小，也没有黄肠题凑，只有一重椁，绕成一重廊屋（回廊），其内分室也少。但亦属大型墓。这里只着重介绍廊屋的前面部分，即相当于前述之前室"堂"的位置，以了解前室的性质。墓长方形竖穴，有斜坡墓道，墓道尽头两侧各置一木俑。墓圹中部是椁，椁内正中是四重棺。棺左、右、前、后各有"边箱"。也可以看作是椁与棺之间的一匝廊屋。廊屋是放置随葬品的地方。如果和内藏对比，则廊屋即是外藏部分（现报告多称边箱）。北边箱（头箱）四壁张挂壁衣（帷幔），底铺竹席，中部陈设饮食用漆器（多为木胎），有案、勺、耳杯、盘等。西部置起居用漆器（几、枕、奁等）。东部是女侍俑和乐舞俑。这里应是表现死者生活的场面，所以头箱的位置是后来的前堂的位置。

西汉大型墓最后的一例，是画像石墓——河南南阳郁平大尹冯孺人（久）墓（图28）（《考古学报》1980年第2期）。此墓室中柱镌"郁平大尹（太守）冯君孺人（久）始建国天凤五年十月十柒日癸巳葬，千年不发"一行字，知该墓建于公元18年，即王莽代西汉的第十年，再过七年，公元25年，就开始进入东汉阶段了。所以这个墓例大体上可

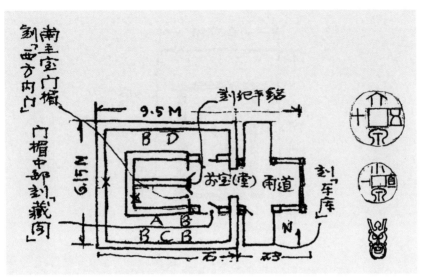

图28 河南南阳新莽郁平大尹冯孺人(久)墓平面和所出莽钱及铺首

以作为两汉之际的墓例看。墓的结构是砖石合砌，墓道情况不明。石门内为甬道，甬道两侧各一耳室。南部耳室门柱上镌字曰"车库"，北耳室大约是炊厨。除门柱外，甬道和耳室皆用砖砌。甬道之西为前室、主室，主室隔成两棺室。前室和主室的外围有一层廊屋，以上皆为石砌。廊屋镌字曰"藏阁"。石面上雕刻人物形象，即所谓画像石。雕刻的技法是减地浅浮雕。画像的内容是：（1）门扉下部刻铺首衔环，其上刻朱雀或白虎，两侧刻门吏，楣石多刻龙、羽人；（2）南主室后壁和藏阁西壁刻蹶张；（3）藏阁左侧壁刻墓主人夫妇家居及属下拜谒、狩猎、百戏等形象。此墓是年代明确的最早的画像石墓，看来画像石墓以南阳地区出现得最早，西汉晚期就出现了。从此墓的布局，可以清楚知道，墓室是以石代木，用二层石椁代替了内外二层木椁。两棺室为正藏，外廊和甬道、两耳室皆为"外藏"。在外藏中刻画出前述内容，说明外藏原来的意义已逐渐废掉了。此墓早已被盗，毁损严重。出有铜质车马器和较多陶器，有使用的罐、瓮，更多的是陶明器井、灶、案、奁、耳杯、家禽和陶俑，其中家禽鸡鸭涂有红釉。还出了王莽钱"大泉五十""小泉直一"。井、灶之类的陶明器和釉陶家禽，都是西汉晚期以前墓中所不见的，是这时出现的新器物。值得注意的是，主室有二棺室，说明这时夫妇已合葬在同一座墓内了。大尹，王莽改郡守为大尹，汉制郡守、诸侯皆秩二千石。汉制官吏等级以所得俸禄多少为标准，二千石即月俸百二十斛谷（十斗为斛，后减为五斗）。看来西汉晚期二千石的郡守也可以兴建有回廊、前室、左右耳室的，具有正藏和外藏的大型墓了。

以上我们介绍了西汉大型墓的特点（附表）。

附表　西汉大型墓形制特点

时间	秦—西汉初	西汉			
形制	土圹	崖洞		黄肠题凑	砖石结构
形制	外藏在圹外	外藏内藏相通	有廊屋（外藏椁）	（外藏椁）	内藏外藏相通
帝陵、诸侯	秦陵？	徐州北洞山墓	满城汉墓、高邮广陵王墓	长沙象鼻嘴墓	
列侯	杨家湾四号、五号墓		马王堆汉墓		
太守					南阳冯孺人（久）墓

可以看到主要是两种情况：西汉初以后，外藏移入墓内。这时的"黄肠题凑"与"有廊屋"结构的墓在外藏部分性质、作用相似；到西汉末砖石结构墓，在外藏部分的内容上，发生了变化。西汉后期，诸侯王和列侯大大削弱，地方上的最大官吏是太守，所以其墓葬袭用了列侯的制度。

西汉中型墓

西汉中型墓，一般是指在结构上无廊屋的墓葬。这种墓在当时的中原地区（今河南、河北、山西中部以南、陕西中部）一带，多改用砖椁、石椁，中原的外围地区还多沿用木椁。木椁墓可以举出大、小两例。山东临沂银雀山二号墓是小的，时间较早（图29）。在岩石间凿竖穴，穴内置一重木椁，椁圹之间填以膏泥。木椁中部加置隔板，隔板中部有可以开启的门。隔板西侧为棺室，东侧为安置随葬品的房间，现在一般称为边箱，其实是一面的廊屋。棺内器物不多，只有木

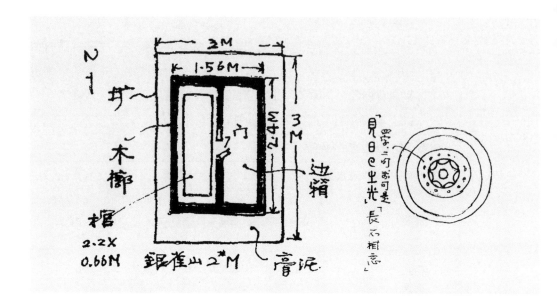

图29 山东临沂银雀山西汉M2平面及所出铜镜

枕、盛梳篦的奁和日光镜一面。边箱内有鼎、盒、壶等陶器、陶俑。漆器有盘、盒、耳杯。边箱南端出有竹简32枚，是一部完整的汉武帝《元光元年历》。元光元年即前134年。该墓还出有小半两钱。M2旁侧清理了M1，两墓时间和大小差不多。M1出土近5000枚竹简，竹简内容有已失传的《孙膑兵法》《守法守令》《阴阳占候》等。与今传本有不同的是《孙子兵法》《晏子》《尉缭子》等。以上两墓都应是汉武帝元狩五年（前118年）铸五铢钱之前的墓葬。另一较大的中型木椁墓例，是江苏仪征胥浦101号墓（图30，《文物》1987年第1期），其时间已到西汉末。墓为土坑竖穴，两重木椁。内椁靠外椁一角，所以内外椁之间不是围绕的形式。外椁的前部有隔板与后部隔开，并刻出一门和二直棂窗。这个部分一般叫头箱，实际上是前室的位置。这里主要置放漆案、几和木俑。内椁南侧的边箱，放漆器、陶器。内椁前方堆放五铢钱。内椁内放有二棺，女棺中出日光镜，男棺出五乳神兽镜、木剑、铁刀和木牍、竹简。木牍是遣册（衣物券）。竹简中有元始五年（公元5年）纪年的《先令券书》，内容则是遗嘱一类的文书。

西汉典型的中型墓应是洛阳的砖椁墓。砖椁墓有空心砖椁和小砖

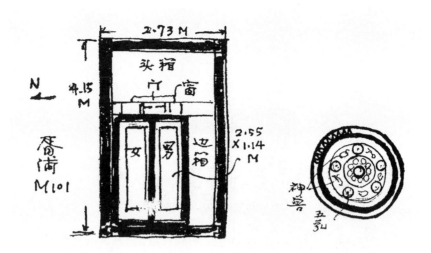

图30 江苏仪征胥浦西汉M101平面及所出铜镜

券椁。前者墓例如洛阳烧沟M2（图31）。此墓用空心砖砌成平顶椁室，中置隔墙，分椁室为东西两部分。椁室前有前室部分，其前为竖井墓道。前室原来可能放有漆木器，已朽无存。椁室东间置男棺，出有铁剑；椁室西间为女棺，出有星云镜。男女椁外侧各有一土洞耳室，耳室有陶鼎、瓮、壶、仓，壶和仓都是成堆的。这两种器物，一盛粮，一盛酒，是主要饮食容器，所以数量多。男椁侧耳室中也是如此，但多一陶灶（一孔）。

小砖起券椁墓，如洛阳烧沟M131（图32）。该墓椁室用小砖起券，椁内两棺，中间已无隔墙。左右侧土洞耳室扩大了向前凸出的部分，呈曲尺形平面。竖穴墓道，男棺中出剑，女棺中出日光镜和五铢钱。西耳室前部出小铜车马具，知这里原置车马明器。后部和北部是陶仓、壶、钟和灶。东耳室只出少量陶钟、壶，原来可能放置有机质随葬品，已朽坏。

以上两种砖椁墓，从墓室形制和随葬品看，后者较晚。可以推测是后者逐渐代替了前者。在过渡阶段还出现了椁室用空心砖、耳室用小砖券的做法。如洛阳烧沟东M61。这座墓椁室空心砖顶部出现两坡起脊的做法。在椁室内、棺室与前室间的过梁砖上，画有忠臣孝子故事壁画。在顶部更画出日月星座。这是较早的一座壁画墓（《考古学报》1964年第2期）。

平顶→起脊两坡	起券→穹隆顶
空心砖椁	小砖椁

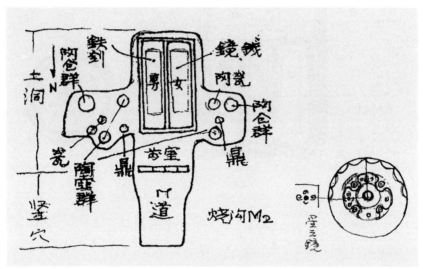

图31 河南洛阳西汉烧沟M2平面及所出铜镜

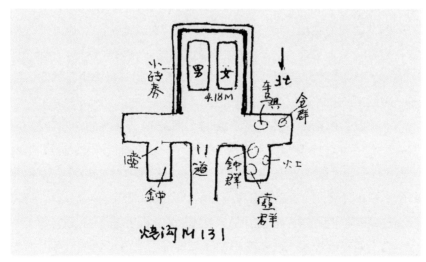

图32 洛阳西汉烧沟M131平面

西汉小型墓

这里讲的小型墓，是指一般的小型墓，排除了刑徒墓、小型殉葬墓。一般小型墓保存不易，保存下来的，发掘了也难以刊露。现知的资料以洛阳涧西区的发现较集中。这种墓多为竖穴或在竖穴一端挖个

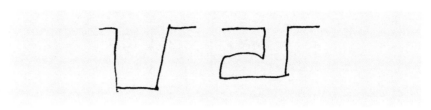

图33 洛阳涧西西汉
两种小型墓剖面

窄小的土洞（图33）。有的有棺，有的无棺。也有以陶棺和瓦片充作棺的。土洞早期多为平顶，晚期多弧形顶。这大概是前者仿木椁、空心砖墓，后者仿小砖券椁。早期墓的随葬品为陶钟、半两钱；晚期墓出现仓、灶等明器和五铢钱。这类墓的主人，不一定都是无土的农民，其中也应包括有少量土地的农民。

与农业有关的遗迹

在西汉遗址中出土不少铁农具，其中最重要的是陕西渭河流域各地的发现和以洛阳一带为中心的黄河中游的发现。山西平陆西汉晚期的壁画墓也提供了一些重要的图像资料。

陕西和河南所出铁农具，大体可分为三大类：起土农具、中耕农具和收割农具（图34）。起土用的锸、铲、镢和以前没有多大变化，但主要的起土工具犁，却有重要的发展。以前的犁只是装在木犁上的较窄的铁口铧。西汉的犁种类已多样化：（1）将原有的铁口铧加宽；（2）发展成整个铁铧；（3）出现舌形铁犁，还加铁口铧；（4）出现了一种新形制的犁，这种犁有的也外加铁口铧 [（3）、（4）另加铁口铧，是为了在犁尖磨圆后，便于更换尖头]；（5）更重要的变化，是使用了犁镜，在犁的上部加了翻土起垄的装置，既便于翻土起垄，又可深耕加快速度；（6）此外还出现了小的耧车，说明播种也有了改进。犁的复杂化，表明当时牛耕方法较普遍，逐步发展了深耕，并加快了播种速度。山西平陆西汉晚期壁画墓出现了一人驭二牛驾犁的图像。犁床上出现了可以调整犁入土深浅的"箭"（镜）。由过去二至三人的耦耕发展成一人使二牛，从而大大节省了劳动力。平陆壁画中还有一人驾一牛拉绳索使用耧犁播种的图像。耧端使用小铧，特别是驾牛使用了绳索，既减轻了牛

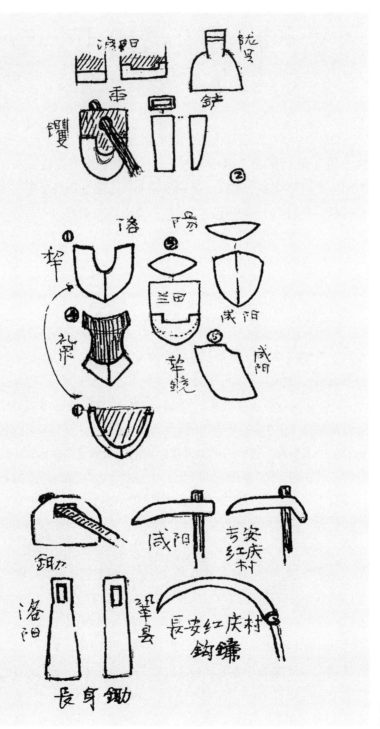

图34　陕西、河南发现的西汉铁农具

图35 山西平陆西汉晚期墓葬壁画中驾牛的图像

的负担,也方便了牛的活动。这样就改进以前二牛三人驾耧而成为一人一牛驾耧(图35,《考古》1959年第9期)。当然这些变化都是在先进地区出现的,其他地区仍然使用落后的方式。就是在先进地区,也还是没有普遍使用。由于起土耕耘工具和方式的改变,中耕和收割的工具也复杂了。中耕的主要工具是锄,过去只是六边形锄板,西汉时除六边形者外,还出现了两种长身锄。作为主要的收获工具的镰刀,除了旧式的外,还出现了刀刃横直带把可更方便安装木柄的样式,还出现了细长弯曲尾部装木柄的钩镰。铁农具的改进和复杂化,充分表明了西汉农业生产力得到了较快的提高。

陕西陇县出土的一种巨铧,这种铧在河北等地也有发现,一般长40厘米左右,重量在9—15公斤(一般铧重7.5公斤左右)。有人认为这种巨铧可能是开沟时使用的。开沟引水是提高农业生产的重要措施,水利工程专用工具的出现,表明当时的水利工程得到了发展。

在咸阳、洛阳、长沙等地的西汉墓中还发现许多农作物实物,种类有稻、大麦、小麦、黍、粟、大豆、麻等(《考古》1979年第2期,烧沟报告)。在陕西渭河入黄河处附近发现的国家粮仓,面积62.3米×25米。内部设施注意了防潮和通风,建筑水平较高(《考古与文物》1982年第6期)。以上情况,都反映出西汉农业生产的状况。

边远地区的农业,虽较中原农业相对先进的地区要落后,但也已有相当的水平。据辽阳三道壕聚落遗址情况,可以知道当地农业生产的状况。铧的数量不多,起土和中耕、收割农具也多是老式的形式。但每一居址中(可能为一家)都有成套铁农具,表明即使是边远地区的农业生产,也已达到相当的水平。

铁官与冶铸遗迹

西汉于郡国设铁官,冶铸铁器。据《汉书·地理志》记载,设铁官约有五十处。现已发现的西汉冶铁遗址有二十处左右,但其中有不少并不在五十处之内,可以想见当时冶铁手工业的兴盛。铁官生产的铁器大都铸出标记,如河南郡铁官所铸铁器,铸出"河"字。属于河南郡的今河南巩县铁生沟冶铁遗址出土的铁铲、铧上铸有"河三",后之"三"字,是河南郡内的编号。现已发现的规模最大的冶铁遗址是巩县铁生沟,其他规模较大的还有郑州古荥镇、南阳瓦房庄、温县招贤村等遗址。现以铁生沟为例说明其冶铁工业情况。

铁生沟遗址位于嵩山脚下,这里有铁矿。已发掘出的西汉各式炼炉十六座。熔炉、锻炉、退火炉和炒钢炉各一座(图36)。炼生铁的窑炉是圆形的,用耐火砖砌筑,炉膛直径0.8—1.8米,残高1米左右。这种炼铁炉可能是从更古老的炼铜竖炉发展来的。附近出有大量的外裹草拌泥的陶制风管残片,这是为炼炉送风用的。附近还发现了不少粉碎矿石用的铁锤、石砧、石夯等工具和大量废弃的矿石粉末,这些迹象表明入炉的矿石是经过粉碎筛选的。这样就可以保证矿石颗粒均匀,从而减少炉内热气流的阻力,充分利用热,节省燃料。铁生沟还发现了石灰石,说明这里炼铁有可能使用石灰石作熔剂,这是提高生铁质量的重要措施。遗址发现的退火炉为长方形,3.47米×0.83米,耐火砖砌筑,可分为熔池、炉膛、炉门和烟道四部分。退火炉是处理生铁,使之柔化的炉子。经过退火处理,可以得到展性铸铁、铸铁脱碳钢和古代球墨铸铁产品。这些先进的铸铁工艺,大约在西汉中晚期的铁官作坊,都可以掌握了。

炒钢炉,是在地面下挖成一个缶状坑作为炉膛,长0.38米、宽0.28米,膛内涂一层耐火泥。遗址中出土的以炒钢原料制成的熟铁器和遗址中出土的高碳钢和熟铁块,就是用炒钢炉将生铁炒炼而成的。炒钢是西汉晚期发展起来的。炒钢是以生铁为原料,可以炒炼出纯净的熟铁(低碳钢),再经锻打渗碳成钢。炒钢还可有控制地将生铁炒到需要的含碳量,生产出适用的高碳钢和中碳钢。炒钢设备简单,建造方便,出现之后,易于推广,又便于大规模生产。生铁炒炼成钢(熟

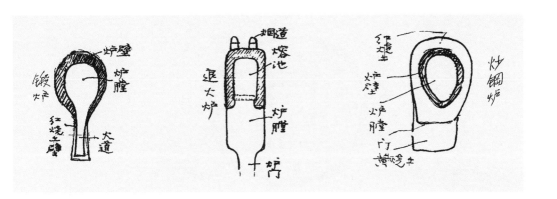

图36 河南巩县铁生沟发现西汉锻炉、退火炉、炒钢炉遗址举例

铁），这种先进技术的推广，改变了冶铁生产的面貌，这在钢铁冶金史上，是具有划时代意义的进步（《考古学报》1978年第1期）。

铜器铸造和铜镜

西汉冶铸铜器的数量还不如铁器，冶铸情况也有不同，即铸造地点并不都和采矿地点在一起。河北兴隆寿王坟发现的西汉铜矿坑只发现冶炼出的10公斤左右的饼形铜锭，但未发现铸造铜器的遗迹。陕西西安出土刻有"汝南"字样的长方形铜锭，可知这批铜锭来自今河南南部。西安发现铜锭的地点在汉长安城外西南隅，应是上林苑的范围。这一带历年多出有"上林"刻铭的精致日用铜器（镏金银、错金银、镶嵌金银饰，甚至有琉璃饰）。满城汉墓发现的精美日用铜器多有"中山内府"刻铭。这些精工的日用铜器反映了西汉为皇室贵族直接控制的铜器作坊，继承了战国铜器加工工艺，并有所发展。现知采炼和铸造地点在一起的，有蜀郡和河东郡，这两个地点都置有工官。蜀郡治成都，今成都北金堂和南部的简阳，都出有铜和传世西汉初"蜀郡西工"铭的铜酒钘。河东治在今山西南部夏县，其地产铜，现尚存有刻东汉铭记的矿坑，传世有河东铭的铜灯很多。一件河东为汤官造铜鼎，有宣帝元康元年（前65年）铭。

西汉铜镜主要产地在南方。传世有"新有善铜出丹阳"铭铜镜，这是王莽时期用丹阳所产铜铸造的铜镜。丹阳在今安徽南部宣城，其地自汉以来即以制造铜镜而出名。西汉皇室和贵族所用日用铜器很精

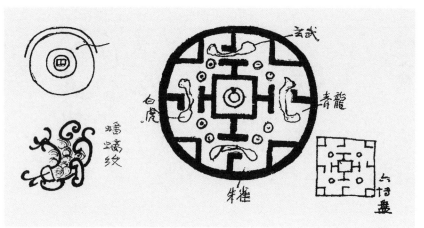

图37 西汉初期蟠螭纹铜镜、晚期规矩（六博）纹铜镜

美，而当时最流行的铜器是铜镜。铜镜背面雕饰纹饰，纹饰多变化。考古工作者根据发现遗迹的年代，已将西汉铜镜的纹饰分了三期，所以铜镜成为西汉断年的重要器物之一（图37）。

前期——汉武帝以前：蟠螭纹、星云纹镜。

中期——武帝至西汉末：出现"见日之光，天下大明"的日光镜和"内清质以昭明"的昭明镜。

晚期——西汉末至王莽时期：流行规矩（六博）四神镜。

漆 器

西汉大中型墓中，大多随葬大量漆器，据发现的情况看，木椁墓内的保存较好。石椁、砖椁墓内的一般保存不易完整，甚至仅存一点痕迹。西汉生产漆器最重要的地点是蜀郡工官。蜀郡出漆，就产地设工官制造。蜀郡漆工有可能是在以前咸阳漆器的影响下兴起的。自20世纪30年代末起，湖南长沙陆续发现了大批漆器，70年代初开始，湖北江陵也发现大批漆器。长沙马王堆三座墓里出土了700多件，其中有些漆器上有"成市顾鉋（镟）"烙印。江陵凤凰山墓群出土600多件漆器，其中有隶书"成市草"字样，成是成都的省文。由于这一发现，可以大体认为历年和近年来江陵、长沙所出漆器主要是蜀郡的产品。漆器的器形有鼎、盒、壶、钫、卮、耳杯、盘、匜、奁、案等，耳杯和盘的数量最多。漆器制造工艺上，西汉早期多为木胎，只有少量的小件器物用夹纻（麻）胎，装饰银扣的也较少。大约从汉武帝以后，上承战国的器类如鼎、盒、钫等少见，耳杯、盘、奁日常用具增多。这些用具一般都使用夹纻胎，装饰银扣、镏金扣的做法日益流行。镶嵌玛瑙、绿松石、珍珠、白玉的工艺技术也出现了。甚至平脱的装饰技法也出现了。武帝以后的生产地点虽然增多不少，但四川仍然是重要的生产地区。根据器形和纹饰推断，朝鲜平壤（当时乐浪郡）发现的西汉晚期漆器，都可能是四川的产品，可见漆器在当时传播的地区是十分广的。

纺织品

纺织品中的丝、麻、毛织物，都不易保存。70年代长沙马王堆和江陵凤凰山西汉早期墓，特别是前者，发现了大批精致的纺织品。这些纺织品主要是放置在竹笥中的随葬品和裹尸衣衾。从纺织工艺的差别来看，有平纹织物、提花织物和刺绣三类。

平纹纺织品，有绢、纱、缣。一般绢做衣物的衬里；细绢做衣物有手套、香囊等。纱是较高级的平纹织物，马王堆曾出土一件素纱单衣，重不到一两。缣是双纬织物，质密。马王堆有用缣做的香囊。

提花织物，有单色的罗、绮和多色的锦。罗织出菱纹，绮的纹饰多对称布局。锦是用彩色丝织出花纹，最复杂的锦花纹是用织出的高低绒圈来表现的。马王堆也曾出土一件这样的特殊的锦。

刺绣，是在平纹或起花织物上再绣出纹饰。这种织物比锦还要华丽多彩。马王堆裹尸衣衾多用绣花，说明这种织物是十分高级的。

对织物进行再加工，还出现了印染技术。马王堆的织物中就有涂染、浸染和镂空板套印（高级印染法）。还有将印染与手工彩绘结合的作品，这应是更高级的印染织物。

纺织原料除了蚕丝之外，马王堆还出了很精细的麻布。

西汉时南方的纺织业并不发达。《汉书·地理志》记载，设有服官的地点有襄邑、临淄。襄邑即今河南睢县，临淄即今之山东临淄。因此马王堆所出的纺织品，有可能是当时中原地区的产品。

西汉时期农业、手工业有关的考古资料，主要是上述几项。当然这些无法反映西汉农业和手工业的全面情况。但从以上几项来看，当时所达到的工艺技术水平，已是相当可观的。关于生产方面的资料，文献中记载是很少的，而且非常不具体。单从文献上，我们是没办法了解到当时的工艺水平的。因此，这方面考古资料的发现，给研究我国的农业史、手工业史都提供了宝贵的崭新的实物资料。

西汉的考古资料，使我们明确以下情况：西汉时期，在继承了秦的基业基础上，又有了新的发展。较普遍地发现铁制农具和冶铁、铸铁分布点的增多，都是十分突出的。在农业和主要手工业生产发展的基础上，其他手工业也有了较快的发展和提高。特别是大批漆器和纺织品的发现，反映了这两种手工业的突出发展。在社会生产力提高、社会财富增多的雄厚物质条件下，出现了不少新的聚落和州县城址。为了防御北方强悍的游牧民族入侵，完善了包括长城在内的一系列边塞设施。秦始皇时出现的大统一的局面，经过西汉二百年的继续建设和发展，逐步巩固下来。我们从西汉时期的考古资料中不难发现，考古资料突出地表现全国各地区的一致性的加强，前面介绍过的农具、货币、瓦当、铜镜以及漆器、纺织品等，都反映了这个问题。这种一致性的构成，正是政治上统一局面逐渐发展巩固的必然结果。

第四节　东汉遗迹

东汉是从光武帝建武元年（公元25年）起，到汉献帝让位给曹丕建立的魏朝的建安二十五年（220年）止，长达190余年。东汉的考古遗迹一般是上承西汉，或者说是西汉的延续。所以我们在本节中仍沿用西汉部分的次序，先讲城址、墓葬，然后讲手工业方面的遗迹。

雒阳城

雒阳即洛阳。汉改洛阳为雒阳，至曹魏时仍复为洛阳。《汉书·地理志》师古注云："汉火行忌水，故去洛'水'而加'隹'。如鱼氏说（鱼豢），则光武以后改为雒字也。"

东汉都城雒阳遗址在今洛阳市东15公里。由于曹魏、西晋和北魏皆建都于东汉雒阳城旧址，所以现存城址遗迹中，情况比较复杂。北魏以后此处城址荒废了，因此现今揭开扰乱地层，就是北魏的文化层。所以近年洛阳城的发掘，都着重于最上面的北魏时代遗迹，压在下面的东汉遗迹，有的还不十分清楚。我们这里讲东汉雒阳城，有很多是根据文献记载和有关的若干遗迹推测的。

东汉雒阳城，是光武帝建武十四年（公元38年）前后，在西汉洛阳城的基础上扩建的（图38）。它北屏邙山，南临洛水，近于长方形。南北约为当时的九里，东西约为当时的六里，所以后世称之为六九城。城为夯筑，东、西、北三面皆有遗迹，南部为洛水冲毁。城墙基部厚度为14—25米，比长安城厚（长安城12—16米）。共有十二个城门，但不像长安城每面三门，而是北面少一门（二门），南面多一门（四门）。每座城门各有三个门道，说明门内的大街也和长安一样是三条平行。大街的宽度一般是40米（长安宽45米左右）。城内的布局，西汉时就有了南宫，光武帝时又加以扩建，作为朝会的地点。朝会的宫殿位于城的南部，这还是沿袭长安城旧制。北宫是汉明帝时营建的，后来又在北宫的东北修了永安宫，北宫的西北修了濯龙园——皇家园林。这样，雒阳城内的皇室宫殿区也和长安一样，占去了很大的面积。值得注意的是，明帝以后雒阳城的北部，全部为皇室占用。洛阳是北高南低，皇室占有区向北部发展是完全可以理解的。这一情况与长安不同，长安南高北低。但雒阳城的布局和以后都城的布局有密切的联系。雒阳城内衙署和贵族、官吏的居住区，分布在南宫的两侧，这样城内一般的居民区占的面积就很小了。居民区主要在城外的东、西、南郊。两个市场，一个在城东（马市），一个在城南（南市），南临洛河。这两个市是在居民区中发展起来的。城内西部有金市，应是主要为雒阳城内上层统治集团服务的市场。在南郊平城门外大街两侧，建有明堂、灵台等礼制性建筑物，这还是沿袭了长安的做法。总之东汉雒阳城的布局，有上承西汉长安的部分，也有和长安不同的安排。最重要的差

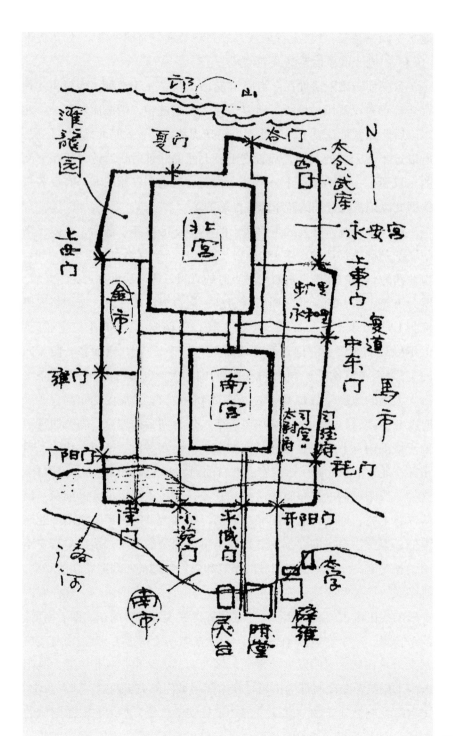

图38　东汉雒阳城布局

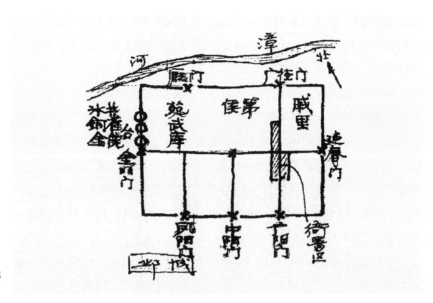

图39 汉末改建的邺城布局

别之处是：宫殿区逐渐由南向北发展和郊区兴建了市场。前者为以后都城内重点建筑移到北方的布局，开创了先例。而后者则反映出东汉都城比西汉都城的经济发展，有了显著的变化。

地方城址和聚落遗迹

东汉地方城址，可以汉末改建的邺城为例（图39，《考古》1960年第10期）。邺城遗址位于河北临漳县西南，是汉献帝建安九年（204年）曹操攻下袁氏盘踞的邺城之后加以改建的。这座城址由于历年漳河的冲刷，地面遗迹已不多。但依据近年的调查和勘探工作的结果，结合文献的有关记载，已可大体复原。邺城建在北濒漳河的一片高地上。邺城东西七里，南北五里，城夯筑。《水经注》记"饰表以砖"，但无法确定是曹操改建时饰砖，还是十六国时饰的砖。城内布局以东西横街划分为南北两大区。北区地势高，北区中间部分是侯第的所在。其东是戚里，为贵族占用区。西部是苑，这个苑有武库、马厩，以及存贮粮、水、盐和燃料的所在。在其西侧的城墙上建有三个高台，实际上是控制全城和瞭望远郊的制高点。这样的苑，实际上应是曹操的大兵营。横街之南划分了四个居民区——里。衙署布置在官的东南隅。

上述的邺城，不是一般的地方城市，是曹操为自己修建的根据地。后来献帝封曹操为魏公、魏王，这里就成了魏国的王都，因此它的布局就具有王都的特点。在这个王都的布局中，我们可以看到以下特点：（1）邺城的北部成了王室的专用区，专用区的西部是苑，衙署设在王室专区的东南。这些都与东汉雒阳城的情况相似；（2）王室的专用区西部的苑与东汉雒阳城的濯龙园相比性质有了变化，即这里既是游乐场所，更重要的是具有兵营的性质。这个特点与汉末战乱的背景是分不开的；（3）扩大了居民区，这是和当时的豪强将领都带领大批部曲有关，也和当时战争着重于掠夺控制人口有关。总之这也是和当时频繁的战乱形势紧密相关的。

东汉聚落遗迹，可以江苏高邮城北邵家沟发掘的东汉晚期的一处聚落遗址为例。该遗址东、南、北三面都遭到破坏，偏西处还保存了约800平方米。从已清理出的400平方米的情况看，这个聚落一度被水淹没，不久又恢复了。发现的遗迹有陶圈叠成的水井和窖穴、灰坑、灰沟等。出土的工具有铁犁铧、铁锤、陶网坠、陶纺轮。伴出的还有核桃、瓜子、鱼骨、麻布等残迹。看来这是一处经营农耕兼营渔捞业的聚落。日用器物有陶缸、钵、甑、壶和灯。还有少量漆器，器形有耳杯、碗等。另外还有竹编器。值得注意的是，出土了近20件青瓷器，有罐、壶、盂（敛口）。高邮南距当时生产瓷器的浙江不远，所以较早地使用了瓷器。出土了不少瓦件，瓦当多为云纹（图40），边缘有铭文的较晚。从而可以知道，这个聚落中有的住房是使用了瓦顶。也出了一枚五铢钱。还出了一件"天帝使者"封泥和道家符箓（道家秘文曰箓）木片。这是了解东汉晚期道教在江淮一带的农村中流行的物证。汉末黄巾道势力强大，能够到处掀起农民革命运动，看来它是有群众基础的，不是偶然发生的。

东汉大中型墓

东汉墓葬，一般已改用砖石建造。其墓葬布局有具廊屋的，也有不具廊屋的。前者已少见，中原地区现知最晚的一座，是河北定县北庄子被推测是东汉中前期和帝永元二年（公元90年）死去的中山简王

图40 江苏高邮邵家沟东汉晚期聚落遗址出土的云纹瓦当

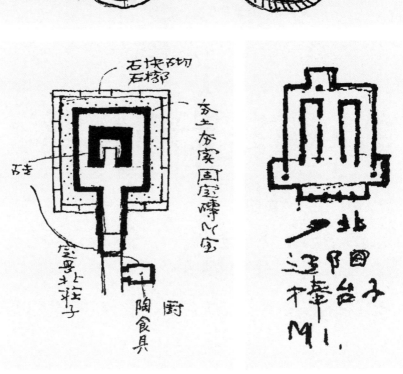

图41 河北定县北庄子东汉中前期大型墓（推测为中山简王刘焉墓）平面（左）

图42 辽宁辽阳棒台子M1石板墓平面（右）

刘焉的墓（图41，《考古学报》1964年第2期）；而在有的边远地区，甚至沿用到汉末，如辽阳一带用石板砌造的大型墓（图42）。东汉在中原地区流行的大型墓是前面讲到的徐州北洞山那样的布局，即无廊屋，只着重发展了中轴线上的墓室。同在河北定县，同是中山王的墓，被推定为熹平三年（174年）死去的中山穆王刘畅墓（M43）就是后一种形式（图43，《文物》1973年第11期）。该墓全部为砖建，起券顶。斜坡墓道之后即为墓门，门内为东、西两耳室，长不过5—6米。西耳室多出鎏金铜车马具，说明该处原放置了木质车，但已朽坏了。

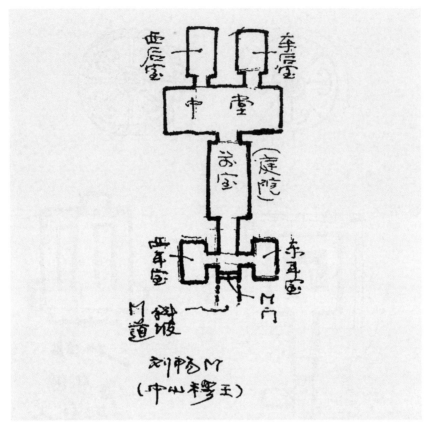

图43 河北定县北陵头东汉晚期大型墓M43（推测为中山穆王刘畅墓）平面

还出了鎏金铜兵器，可能原来是放在车上的。看来这座耳室是一座车库。东耳室也出了一些车马具，可能是从西耳室移动散布到这里的。东耳室主要出陶质饮食器，有壶、盘、耳杯，还有井、灶等明器，东耳室应是庖厨。经过甬道进入一个较宽敞的部位，现在称之为前室。它的两侧有陶俑，骑驼俑、骑羊俑和连枝陶灯等。从列俑情况看，这个部位表示庭院。再往后，报告称为中室的地方，较宽敞，是原来主要放帷帐之处，还应放有铜器，此处即是"堂"的所在。这里出土了不少银缕玉衣片和玉饰，应是盗墓人将尸体从后室中拉出，散落到这里的。两个后室是棺室，存有漆棺残片，还出铁镜19面，其中一件为错金铁镜。还有错金铁刀3件，原来都是棺中之物。错金镜、刀制作精致，精致的错金铁器，是这时流行的。还出土不少五铢钱，其中有

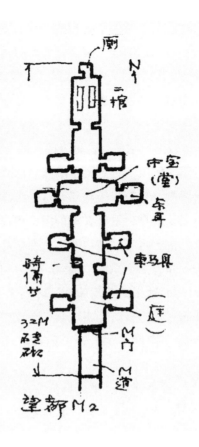

图44 河北望都光和五年（182年）M2（墓主人姓刘）平面

东汉后期的剪轮五铢。这种形式的大型墓，从东汉中后期起，发展很快。有些二千石的地方官吏，也使用了这种墓。现知较复杂的一座是河北望都二号墓（图44）。它是光和五年（182年）太原太守刘某夫妇的墓。该墓自甬道起全长32米，在后室（棺室）之前，又多加了一个墓室，此室之前的墓室较宽敞，应是前室，即"堂"的所在。西侧放有石榻、石案，这里原来应设有帷帐，表示墓主人生活的场所。东耳室有漆器、厨俑（屠夫）、陶灶、陶井等，应是炊厨所在。西耳室放陶器，为罐、壶等容器，好像是存粮的库房和酒库。堂的前面有两重墓室，前面一室原有壁画，画门卒，表示这个部位是进入墓门后的院落。后面一室画有督邮进谒的壁画。督邮是郡的佐吏，掌督察属县事务。这是进入堂以前的部分。从它前部放一骑马石俑看，这里还应是家庭院落，即第二重院落。这两个墓室的耳室，都出有车马饰，说明这里原有车马明器。看来这前面二室都是表示院落的推测或许是不错的。堂之后有两墓室，最后的后室是棺室，原有漆棺2件。棺室之后还有一个小龛，其中放有猪圈，表示是更衣（厕所）的所在。这个墓的布局，堂是会见属吏的所在，其前二重院落，其后是二重内室。如此观之，地下墓葬仿效地上宅第，这里表现得是十分清楚了。

墓早年破坏严重，所出器物主要是陶器。此外还有不易移动的石制器物。陶器都有绿釉。也有朱绘陶器，这是仿漆器的。最前一室和它的西耳室都出有三层陶楼，这是在墓门门后用作瞭望守卫的。墓中的残存铜器都是小件的，也有一些漆器，大部朽坏，只剩下一些金属零件，其中有不少圆扣，知道墓中的漆器，多为扣器。棺室中出土了一件环形柄铁刀和一面铁镜。前后室出了不少五铢，其中有剪轮五铢。中室出了一件砖买地券，这类买地券是东汉中期以后兴起的，它是写给死者，带到地下阴间去的。券上记有年月和墓主人身份、官职。因此，我们知道墓主人为刘姓的太原太守。值得注意的是，墓内出有铜缕玉衣残件。看来到东汉中晚期地方的太守可以用铜缕玉衣（不过未见第二例）。也许墓主人姓刘，是皇室成员，给予特殊待遇的缘故。

以上是东汉大型墓例。东汉中型墓例为烧沟M1008（图45）。这是一座典型的前堂后室的券顶砖室墓。后室双棺出有连弧纹镜、铁刀和五铢钱。棺前置漆案、长方形陶奁等。横长的前室（堂），中部出有铅质车马具，原有明器车马。东侧放有大量陶瓮、罐和圆案、耳杯。好像随葬品放不下了，在东壁和南壁各开了一个土洞，放置有陶罐、壶和灶、井、仓、磨等模型明器和陶鸡、狗、鸭和猪圈。西部较空敞，原应有帷帐。墓门前的墓道分两部分，后部是平的，前部为一段很长的阶梯墓道。这类中型墓，穹隆顶逐渐增多，也有只用砖铺地面的。出土断年器物铜镜的变化，大的趋势是从连弧纹镜向神兽镜发展。连弧纹镜是从西汉的日光、昭明镜发展来的。这些连弧纹镜，有的有"君宜高官""长宜子孙"之类的铭文。神兽镜种类较多，多有纪年铭文，重列式神兽镜较晚，可以迟到东汉末建安年间。

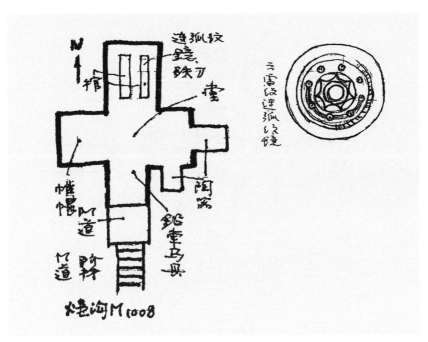

图45 洛阳烧沟东汉中型墓M1008平面及所出连弧纹铜镜

壁画墓与画像石墓

这类墓实际上也是大中型墓。上面讲到的有些大中型墓就有壁画,只不过壁画保存不完整,看不到壁画的全貌而已。东汉壁画墓多发现于河北、山东、内蒙古和辽宁。壁画是在砖室内壁面上做好白粉底子之后,再加以彩绘的。画像石墓多发现于山东、江苏、河南和陕北等地。都是先将砌建墓室的石块(石板)的内侧面(墓室壁面)打磨光滑平整,然后刻画各种形象,之后也同样彩绘。四川也有少量画像石,但更多的是画像砖(砌于墓室壁面上)。画像砖是先在砖坯上模制出图像,然后烧制,嵌镶砖壁时施彩。不过画像石、画像砖上的彩色早已脱落。壁画墓与画像石墓,只是画面制作的技法不同,其内容应是相同的。所以有的墓内既有壁画,又有画像石,如河南密县打虎亭的一、二号墓。因此我们把这两种墓放在一起讲述。壁画墓和画像石墓,其时代较早的,多在前室(堂)壁面上施画。前室横长,面积较大。如山东肥城章帝建初八年(公元83年)张某的画像石墓和山东梁山壁画墓。这两座墓都只有前后室。张某画像石墓是现知东汉最早的画像石

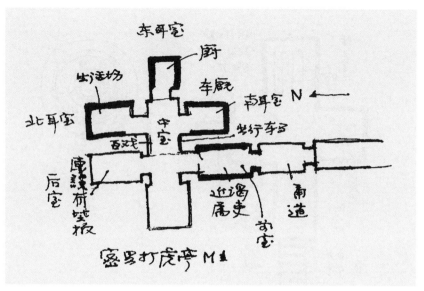

图46 河南密县打虎亭东汉壁画墓M1平面

墓,画像石多用线雕。梁山墓也是东汉较早的壁画墓,用色较为单调。综合这类早期壁画和画像石墓的内容,大约主要是两部分:(1)描述墓主人家居情况,有进谒、属吏、阙楼和歌舞场面;(2)描绘墓主人外出情况,有树下人物、车马出行和游猎场面。

较晚的壁画墓和画像石墓,结构复杂,画面增多。有的几乎将墓内各室都填满了画面。画面使用的彩色也变得复杂了。画像石的雕刻技法也复杂起来,除了线雕外,还出现了减地浮雕,甚至还有高浮雕。壁画墓和画像石墓的内容有两种情况:第一种实际是早期画面内容的扩大,如上述有壁画和画像石墓的密县打虎亭第一、二号墓(图46)。这两座墓结构相同,前、中、后三室和一部分耳室都有画面,但两墓资料都不完全,故我们将二墓综合起来说明:前室前壁画"君车出行",后壁画百戏;后室画墓主人生活场面;东耳室画庖厨;南耳室是车马和厩房;前庭是属吏进谒。第二种是在传统内容之外,增加了新的内容。新增加的内容主要有两种:一是在前庭增加了热闹的打傩画面,如山东沂南画像石墓(图47);二是在前室(堂)和庭的部分,增加了墓主人一生事迹的连环画,如内蒙古和林格尔壁画墓(图48);增加了墓主人内室情况,如沂南画像石墓。增加的新内容还有历史人物

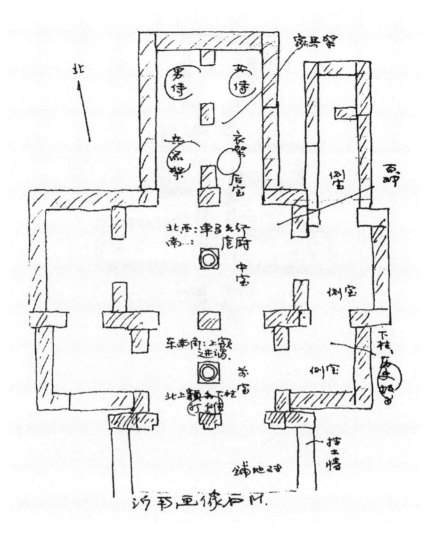

图47 山东沂南画像石墓平面

故事。这种题材在西汉墓中已经出现，但其内容的多样化，则是在东汉中期以后发展起来的。沂南和密县墓都有很多这类内容的画面，而且全都安排在前室（堂）。这三座墓在结构上，值得注意的是，前室（堂）西侧，放置榻、案，即给墓主人施放帷帐的部位，都单独成了一间小室。另外沂南墓使用不少石柱支撑墓顶。这些新的安排，都是东汉晚期出现的，以迄魏晋大中型墓最流行的做法。

大约伴随壁画墓和画像石墓的发现，在墓室前面的地面，往往还

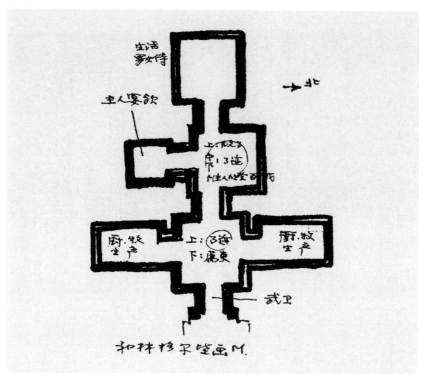

图48　内蒙古和林格尔壁画墓平面

发现石建的享堂遗迹。这类享堂（一座石头建的房子），原来就建在地面上。有名的如山东长清孝堂山，传说是孝子郭巨的石祠（有永建四年，即129年的后人题记，是此类享堂中最早的一个），嘉祥武氏祠（建和元年，147年）和金乡传说是朱鲔石室。这三座享堂都在山东，而且也都在宋代就有人记录下来了，居然一直保存到现在，这是非常不易的。这类石室内部都是由画像石组成的。其内容多为墓主人车马出行、家居生活和历史故事，还有神怪世界等。20世纪60年代在江苏徐州青山泉白集发现了一座画像石墓室、祠堂都较完整的东汉墓（《考古》1981年第2期），画像石的布局已程式化。祠堂内出有陶案、盘和耳杯残片，看来祠堂内原来也放置陶制生活用具。该墓出土东汉晚期的剪轮五铢，墓的年代大约到了东汉末期。

东汉壁画墓和画像石墓保存了大量的图像资料，这是极为难得的历史图卷。尽管它们都是为了描绘、歌颂地方高官和豪强大姓的，但

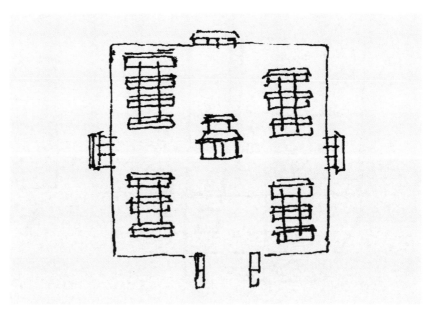

图49 四川成都画像砖上"市"的图像

画面中涉及的生产、生活场景,却是丰富异常。这无疑是复原考古遗迹、研究东汉历史的第一手形象资料。以下我们对这批形象的历史资料,分类做初步的综合介绍:

1. 属于生产活动方面的:在许多壁画墓和画像石墓中,都有描绘庄园生产活动的场面,如牛耕、收割、放牧、渔捞、植桑和井盐生产(四川)等。牛耕中有二牛抬扛式(一人扶犁,陕北绥德),也有一牛拉犁式(滕县)。放牧,在和林格尔壁画上有牧羊、牧牛和牧马。庄园生产中,有造轮、酿酒(嘉祥)和鼓风锻造(滕县)的场面。在人物故事中有纺织形象。江苏铜山洪楼画像石刻出了复杂的织机,有人认为是织锦的机械。和林格尔壁画中有宁城市图,平面方形。四川成都画像砖上的市,也是方形布局,十字街,四面开门,街中是重层的市楼,四隅各有三或四行列肆(图49)。成都西北彭县画像砖还把市内店铺地摊描绘出来。

2. 属于建筑方面的:和林格尔有护乌桓校尉所在的宁城图和繁阳县图(图50)。这两个平面图,正好补充了东汉地方城市的空白。前者约相当于州一级的城,后者是县城。两者除有大小之别外,知道城

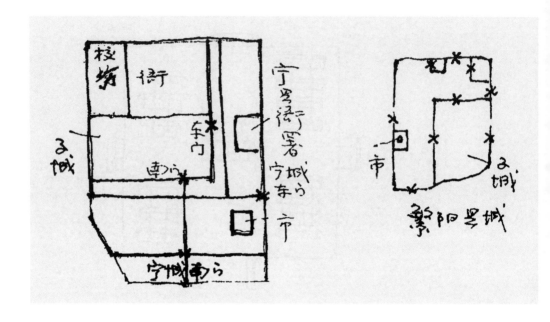

图50 和林格尔壁画墓绘出的宁城和繁阳县城平面

内还有子城。子城是衙署所在地。有市皆傍近城门。画像中还有许多院落布局。这大约都是墓主人生前居住的宅第，如沂南画像石的院落（图51）。院落内外的布局与墓室平面相似，类似的院落也见于四川的画像砖中。推测墓室布局是生人宅第的模仿，这些图像应是有力的旁证。山东诸城孙琮墓的画像石，在一座厅堂之侧刻画了一家塾小院，院内上方刻一房间，老师坐在里面讲述，十几个学生手捧竹简围绕坐于庭中（图52）。成都画像砖和和林格尔壁画中也都有类似的内容，后者榜题是"以授诸生时舍"字样。此外画像石中的重层楼阁、水榭建筑和高起的桥梁都表现了东汉木构建筑有了进一步的发展。

3. 属于人物故事画神仙鬼怪的内容：人物故事选择的对象是古圣先贤、忠臣义士和慈孝节烈。这是汉代推崇儒术以来，统治阶级树立的人物楷模。神仙鬼怪是东汉统治阶级提倡谶纬之学（用阴阳五行附会经义）而兴起的迷信传说。在壁画和画像石中反映的，大体可分为两部分：一部分是天上的神，包括行云驾雾的雷神、雨神，还有以前（西汉）盛行的引导人死后升天的羽人、龙虎和东汉兴起对东王公、西王母的信仰。另一部分是活动在人间的各种鬼怪。为了对付这类鬼怪，

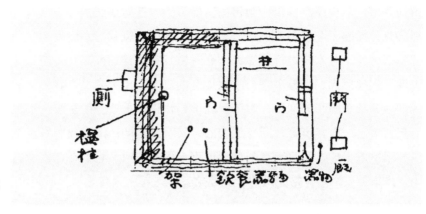

图51 沂南画像石墓刻画的院落

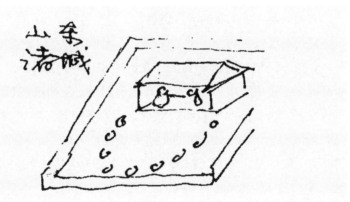

图52 山东诸城孙琮墓画像石刻画的家塾小院

可扮作方相氏施法驱逐，沂南画像石门前庭刻画的打傩图像，就是方相氏持兵器驱除鬼怪的场面。

4. 有关战争的内容：和林格尔壁画及沂南、嘉祥画像石都有描绘激烈的战争场面。有骑兵战斗，也有步兵战争。战争的对象，有的是对少数民族，有的可能是针对反抗的农民。这样生动的形象，在历史文献中是无法表现的，故极为珍贵。

5. 壁画和画像石中的大量内容，是表现墓主人——统治阶级上层，包括官僚、豪强们——的生活。这方面也可分两类：一是墓主人场面很大的出行图像，有数量众多的车队（君车出行）、步从，这类图像有的还包括游猎场面；二是奢侈豪华的家居图像。这类图像往往是墓主人宴饮，多种多样的歌舞、百戏（各种杂耍）。很大场面的炊厨和粮仓酒库。甚至还有催租、缴租的图像。当然还有武装的守卫。这个部分充分反映了东汉中期以后，拥有武装的地方豪强的急剧发展。他们生活奢靡，对农民进行压榨，作恶一方。在这样的残酷背景下，才出现了规模巨大、震撼了整个中原地区的汉末黄巾大起义。我们比较详细地介绍壁画和画像石，为了使同学们认识这批珍贵的东汉的形象历史资料——内容丰富，既有生产的，又有生活的；既有反映东汉技术和艺术水平的，又有丰富的意识形态方面的史料。它们在东汉考古中，是很重要也是非常突出的一个部分。

有关农业、手工业的考古资料

有关东汉农业与手工业的图像，上面已讲过了，这里再做一点补充。介绍一下模型明器和实物。在秦岭和伏牛山脉以南的广大华中、华南地区的东汉墓中，经常随葬有水田明器。陕西汉中东汉初期的一座砖室墓，出土陂池明器和陂池稻田明器各一具。前者28厘米见方，深9厘米，是一座人工修建的小水库明器，里边还塑出蛙、螺、菱叶的形象。陂池稻田明器（图53，《文物》1976年第3期），长方形，60厘米×37厘米，深6.5—10厘米，中间做出坝墙，一边是陂池，底较高，内塑鱼、鳖、蛙、螺、菱角等水生动植物；一边是较低的稻田。稻田分成四块，每块画出纵、横成行的秧苗。坝墙中间做出拱洞，设有闸门。这两件明器表明，汉中地区在东汉初年已出现人工水库，并利用水库蓄水、经营稻田、养殖鱼类和种菱了。广州东汉晚期墓中出土水田模型（图54，《考古》1964年第9期），比上述汉中水田更为复杂。该水田明器长方形，39厘米×29厘米，分为六方，每方内各有一人在劳作，其内容是：（1）犁田，（2）收割，（3）在田埂上磨镰，（4）犁田，（5）插秧，（6）似在脱粒。在田外的右上方，停有一船，船分三舱，前后起翘，长21厘米，有船板与水田相连。这件明器生动地反映了广州地区东汉晚期经营水田的情况：水田用坝围起来；去水田要乘船；水田耕作用犁；使用了插秧的方法；同时表现了耕耘与收获的场面，说明当时已实行了二茬的耕作方法。这些水田明器模型，反映了东汉时期华中、华南地区水稻生产的繁荣景象。由此看来，我

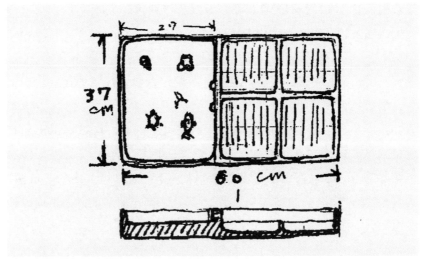

图53 陕西汉中东汉初期砖室墓出土的陶陂池稻田明器

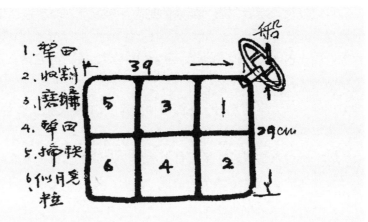

图54 广州东汉晚期墓出土的陶水田明器

国农作物的主要生产区域,至少在公元1、2世纪时,已不仅仅限于黄河流域了。在黄河流域和北方的墓葬中,较普遍地发现猪圈和磨。前者说明重视了积肥,后者说明对谷物加工的普遍。积肥、施肥,是农业增产的重要措施,重视谷物加工,从侧面反映出谷物生产的增多。总之,上述东汉这类模型明器,都可以间接地说明,当时农业生产有了较大幅度的提高,农业在这一阶段有了较大范围的发展。

在手工业遗迹中,冶铁遗迹发现较多。汉宛城遗址内发现的冶铁遗迹,属于西汉中期到东汉晚期。汉宛城在今河南南阳瓦房庄一带。

遗迹的面积达12万平方米，可分为四个作业区，发现了熔铁炉、炒钢炉，还发现了烧造铸铁用的陶范窑（《文物》1960年第1期、1965年第7期）。从遗物观察，这里主要生产铁农具，其中有犁铧、臿、锸等。出土的2件东汉铁器，经分析鉴定，系质地纯正的铸铁脱碳钢件，锸更具有接近近代出现的球墨铸铁组织的特征（《文物》1979年第7期）。东汉炒钢锻造的器具，比西汉有了提高。江苏铜山出土有建初二年（公元77年）易郡工官铭的"五十湅"钢剑（《文物》1974年第12期），山东苍山出土有安帝永初六年（112年）铭的"卅湅"大刀（《考古学报》1975年第2期），都是炒钢作原料加以锻造而成的实物。

反映铸铜方面的资料主要是铸造铜镜。铜镜的纹饰，是从连弧纹向神兽纹发展，后者中较为复杂的是高浮雕，反映当时铜镜铸造技术的提高。连弧纹镜中，多有铭文，以"长宜子孙""君宜高官"最为流行。时间多在东汉中期以前。神兽镜中，环列式神兽镜稍早，镜中有环列的神人瑞兽形象，外缘有竖线和锯齿纹。重列式神兽镜，有较强的方向性，神人多为五列，外围四神（兽）。有铭文带，多带有纪年。流行于东汉末，建安以前（图55）。

以上所讲东汉遗迹，虽然是上承西汉，但是在各个方面都仍有变化。反映农业生产繁荣情况的遗迹，比西汉更为显著了。宛城冶铁遗迹也比巩县的有了进步和发展。画像石和墓室壁画中所描绘的社会生产和社会生活的景象也复杂多了。在城市布局中，注重市场的安排，反映了城市工商业的发展。各地大中型墓的较普遍发现，反映了地方经济的发展。另一方面城市布局中更多地注意防御，上层统治集团居住区域的形成，图像中城市普遍出现子城，都充分地说明这个问题。墓葬中也同样可以反映出这个现象，多层楼阁明器和多重墓室的布局，都是着眼于防御的。防御的对象，看来并不是防御外敌入侵，而是着重于内防的。这也正好和东汉中期以后，各地人民的起义风起云涌，最后酝酿成汉末黄巾大起义的历史背景是相一致的。

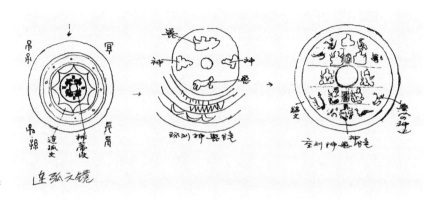

图55 东汉铜镜发展顺序

第五节 边远地区遗迹

相当于秦汉时期的边远地区遗迹,主要是少数民族的遗迹,但也有汉族遗迹。现知较为明确、重要的有:北方匈奴遗迹;东北鲜卑、乌桓遗迹;涉和乐浪遗迹;新疆地区的遗迹;西南云南滇国遗迹和广西广东少数民族遗迹等。边远地区遗迹中还包括比较重要但已不在国境之内的,也择要予以介绍。因为时间的关系,各边远地区的情况,不能一一讲述。我们主要讲北方匈奴遗迹、涉和乐浪遗迹两个问题。其余的请同学参看《新中国的考古发现和研究》,484—494页。

北方匈奴遗迹

秦汉时代的匈奴,游牧于大漠南北,南北各有不止一处的中心地区。北边的最重要的中心地区在今蒙古国乌兰巴托一带。南边最重要的中心地区在今内蒙古呼和浩特及其附近地区。现在先讲南部的遗迹。

匈奴主要的经济活动是游牧。但最晚在前2世纪时,在漠南、漠北都发展了农业。很可能从事经营农业的民族,是被掳掠去的汉族百姓。有了农业就意味着出现了聚落——居民点,出现了较多的墓葬。呼和浩特东北察哈尔右翼后旗二兰虎沟的克里孟营村,曾发现长500米、宽200米的古城址。城北部有建筑遗迹。城内散布汉式的绳纹灰陶片。在此城之东北有一片墓地(《文物参考资料》1957年第4期),

墓地已被破坏，出土的遗物有双耳铜罐（镂）、铜勺，还出土不少原来装在革带上的铜牌饰，镂空成羊、鹿、虎等纹样，这些都是典型的匈奴器物。在呼和浩特西南准格尔旗西沟畔壕赖河南岸发现一处聚落遗址，地表散布大量的轮制灰陶片，有的有波浪纹。在遗迹上还收集到农具铁锄和铁镰、甲片等。聚落遗址的西北有一片墓地，墓地经过发掘，比较清楚。墓为长方形竖穴土坑墓，南北向，无棺椁。葬式为仰身直肢，头朝北。在有的尸体上发现完整的羊骨架和狗的头骨，说明流行殉葬习俗。墓内多出有铜指环、铜扣、铜牌饰（镂空纹饰有卧羊、奔鹿、奔马等）和小铁刀，也出有少量的轮制泥质陶器，有小罐、长颈瓶、敛口瓮等。有的妇女墓内，还出有华丽的黄金头饰。这批墓葬被推定为相当于西汉较早的墓葬。

现知匈奴北部重要的遗迹，都是前49—前48年匈奴第一次南北分裂后南匈奴的遗迹。主要分布在今蒙古国和苏联的南西伯利亚。

在蒙古乌兰巴托北约122公里处的诺颜乌拉（Noin-Vra），1912年就发现了大批墓葬，后来俄国人在这里进行发掘。这批墓葬早年被盗。为了了解较完整的情况，我们综合几座墓的情况加以说明。

在墓圹内置外木椁，顶部由梁木、立柱和大斗承托。内椁置于墓室中部偏后，内椁外有一圈廊屋。内椁顶做法同于外椁。漆棺置于内椁中央，四周也有一匝廊屋。内椁前有一前室部分（图56）。内外椁壁皆挂刺绣毛毯（壁衣），前室和内外椁之间的廊屋地面铺毛毯，内椁顶上和棺下也敷毛毯。棺内尸体裹以丝毛织品，出有各种玉饰、原在革带上的带钩和卧马、马头、牛头等金饰片和立鹿、犁牛的银饰件。棺外出有用绢裹起来的辫发。墓内出有铜器、铜镜、漆器和少量陶器（铜镜为细线兽禽带纹，约在两汉之际流行）。漆耳杯有西汉末建平五年（公元前2年）纪年铭，由此可推测此批匈奴墓的年代应是公元前1世纪后半叶。此外还出土了不少铜车马具，以及木质的鞍和轮，知道这种墓随葬了马车。这批墓值得注意的是出了大批丝毛织物。毛毯上的纹饰有浓厚的西亚甚至希腊的作风。丝织品则在花纹中织出文字，有"新神灵广成寿万年""颂昌万岁宜子孙"等。鞍上覆盖着起绒圈的锦（天鹅绒），这种锦在马王堆汉墓中也发现了。这批

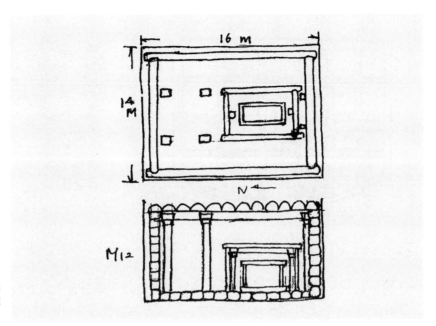

图56 蒙古乌兰巴托北诺颜乌拉M12木椁墓平面、剖面

丝织品当然都是来自中原地区。织物文字中的"新"，是指王莽建立的王朝（公元9—23年）。这批墓应是匈奴贵族的墓葬，其中之较大者可能是匈奴王（单于）墓。

这批墓葬的重要性有如下几点：（1）从墓室的布局看，是仿效汉代列侯的墓制，但从随葬品看，所反映的生活情况，还是匈奴的游牧生活。说明当时匈奴贵族的汉化程度，还是初步的。（2）西方的和中原的器物混同出土于一批墓葬中，这反映出当时中西文化交流的情况。谈到东西文化交流，过去人们大多重视丝绸之路，看重河西路线，认为北方的皮毛路作用不大。看来事实上并非如此，匈奴族在东西文化交流中的重要性，过去是不太清楚的。

苏联境内也发现了同类的木椁墓，地点在靠蒙古的恰克图。其中一座墓规模更大，外椁用石块砌成，长达20米，出土的遗物也与诺颜乌拉相似，但未发现纪年资料，估计其年代也与诺颜乌拉遗址接近。

此外还发现了城址和居住遗址。在恰克图之北，乌兰乌德西南近贝加尔湖处，发现一座夯筑古城。城外是护城濠，城内有居住遗址。

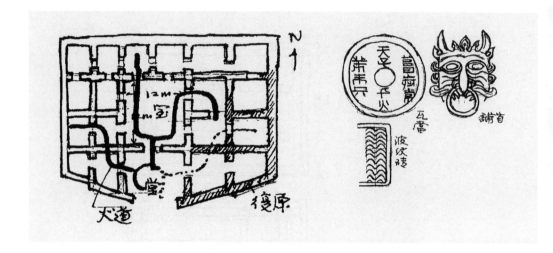

图57 苏联叶尼塞河上游阿巴根南发现的大型遗址平面及所出部分遗物

居住房屋为半穴居式的，三分之一的高度在地下，沿墙有石板砌的火道（取暖用）。出土有家畜骨骼、粮窖、石磨（加工粮食），说明这里有畜牧业生产，同时也有农业生产活动。城内还发现了冶铁的遗迹，出有铁兵器。估计此城内可能有不少被俘的汉族人，在从事农业和手工业活动。

北部另一处重要遗迹，是20世纪40年代初苏联在叶尼塞河上游的阿巴根（Abakan）南发现的大型建筑遗址（图57，《考古学报》1956年第4期）。遗址以中央大厅为中心，大厅12米见方，地面铺有波纹方砖，还出有残板瓦，板瓦上刻有ϒ♫符号，这大约是这个地区（丁零人）使用的字母。瓦当有汉字"天子千秋万岁常乐未央"。汉字不标准，有错误，应是在当地进行仿制的。中央大厅之前似有一前室（堂），中央大厅东、西、北三面各有若干耳室，计18间。前室与其他三面的耳室，构成围绕中央大厅的廊屋。所谓廊屋部分，是不使用瓦的房屋。大厅前部出有铜质兽面衔环铺首2枚，原来应安装在两扇木门之上。衔环的兽面铺首，是汉代习见之物，但这里的铺首深目长鼻，还带有两个尖犄角，显然是当地已经民族化了的形象。在全部建筑物的地面之下发现用石块砌成的暖气通道，烧火的装置大约设在前室。全部建筑物的土墙厚达2米，屋内又有暖气通道，这些特殊的设计，显然是因这里气温太低，冬天生活所必需的。遗址中出土遗物不多，有一柄环首铁刀及铜带扣、波纹绳纹陶片。这座建筑物的布局和所使用的建筑构件，应是当地的工匠模仿汉代居室而制造的。这些居室的主人似乎不是匈奴人，有可能是在匈奴很有地位的汉人。苏联学者推测，可能为汉武帝时降于匈奴的李陵的住处。但瓦当上"常乐未央"的"常"字，是王莽时改的，原来作"长"。因此它的时代不可能远在汉武帝时期，而应限制在王莽时期。王莽时期为公元9—23年，有人推测可能是下嫁匈奴呼韩邪单于王昭君的长女须卜居次（居次，公主）云的宫殿。云和她的丈夫右骨都侯须卜当，正是王莽时期主张与中原和好的人物，因此瓦当上有"天子千秋"之类的祝愿词句，是可以理解的。因此这个推测是有道理的。

东北地区鲜卑乌桓遗迹（略）

涉和乐浪遗迹

匈奴之东为东胡。文献记载属于东胡族的鲜卑，原住在辽河上游的西喇木伦河一带。同属于东胡族的乌桓，文献记载西汉时期乌桓位于鲜卑东南。魏晋时期慕容鲜卑的居地应是乌桓的旧壤，它的东境在今松辽平原的东南，它的西南与汉的辽东、辽西两郡为邻，东汉时乌桓向东又有所扩展。

在乌桓之南是高句丽和涉（濊）。高句丽和涉大约属于同族，高句丽在北，涉在南。高句丽的情况，我们在下一章还要集中介绍。

公元前128年，涉的酋长到辽东郡要求内附，汉武帝特地在涉设了苍海郡。苍海郡的位置大约在朝鲜北部的单单大岭的东部（后来并入乐浪）。朝鲜与中国有久远的关系。汉初燕人卫满率众越过鸭绿江，割据于朝鲜半岛的西北部，建立卫氏王朝。汉武帝时，卫氏阻隔半岛居民与汉王朝的往还通好。前109年，汉武帝派兵灭了卫氏王朝，于前108年建立了玄菟、乐浪、真番、临屯四郡（图58）。此后汉武帝又将以前为涉设立的苍海郡并入乐浪郡。后来由于朝鲜民族（人民）的反抗，废除了南边的真番和临屯，并将玄菟郡向北移。但乐浪郡范围虽然逐步缩小，却一直设置到西晋末公元313年，即4世纪初，被高句

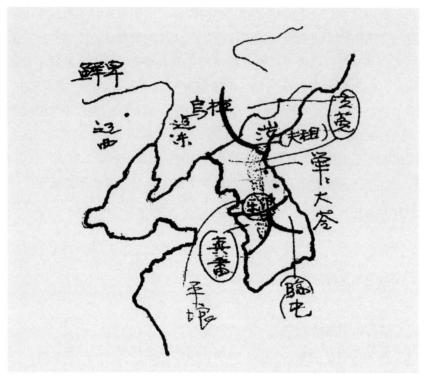

图58 汉武帝灭卫氏王朝后建立四郡的方位

丽侵占后才完全结束。从公元前108年起到被高句丽占领，前后延续近420年时间。

乐浪郡郡城遗址，在今朝鲜平壤市乐浪区土城洞的古城。古城为夯筑，东西长1200米、南北长约1000米，城内出有残瓦，"千秋万岁""乐浪礼官"瓦当，云纹瓦当和"乐浪太守章"封泥，五铢钱、王莽钱等标准的汉代遗物（图59）。

在古城的周围分布有2000余座墓葬，这些墓葬主要有木椁与砖椁两类。第一类有单人和双人木椁墓之别，前者如"夫租薉君"墓。随葬品不多，多有金属器物，器形有铜车马具、细形铜剑、铁短剑等。还出有一枚兽钮银印，印文为"夫租薉君"。汉制，比二千石以上为银印，太守为二千石，比二千石则下太守一级（《汉书·百官公卿表》第七上："凡吏秩比二千石以上，皆银印青绶"）。随葬品与以前辽宁沈阳以南一些少数民族墓葬随葬品多有相似之处。特别是细形铜剑，这种剑无

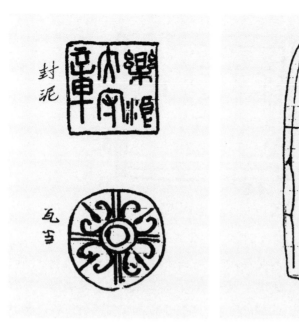
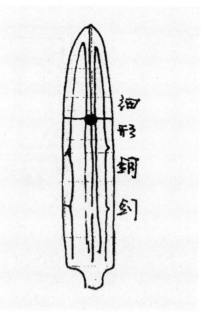

图59 朝鲜平壤乐浪区土城洞古城所出封泥、瓦当（左）

图60 朝鲜夫租薉君木椁墓所出细形铜剑（右）

柄（另装），有较宽大的血槽（图60）。它的前身应与更早的相当于战国初期辽河流域流行的琵琶形铜剑有关。墓中所出印，说明墓主人是薉君，这应是夫租地方附于汉的薉君的墓。

双人木椁墓，时间应略晚。如"夫租长"墓（图61）。这座墓是西汉于夫租设县后的夫租长的墓。出有"夫租长印""高常贤印"两方铜印（汉制，万户以上为令。减万户为长，秩五百石至三百石，铜印）。墓为略呈方形的大木椁墓，内置两具双重棺，应是夫妇合葬墓。每棺之前，置一组漆器和陶器，二棺之左侧，置有车马具和兵器。棺内出有日光镜和细形铜短剑。除了细形铜短剑之外，其他随葬品几乎与当地的另一类墓葬即汉人墓葬没有区别。作为墓主人的"夫租长"高常贤，如果是涉（濊）族的话，这可以说明涉族上层人物的汉化程度是相当迅速的。以上二墓的时代，前者大约是西汉后期，后者出了纪年铭的漆器，纪年是"永始三年"（成帝，前14年），知道它已到了公元前1世纪的西汉末期了。

完全可以肯定是汉人的木椁墓发现较多，较重要的一座是石岩里

图61 朝鲜夫租长高常贤木椁墓平面

219号墓（王根墓）。该墓是双人木椁二重棺，与夫租长墓相似，随葬品除陶器、漆器之外，还出土了一组盉、扁壶和博山炉等铜器。还有一件精工漂亮的革带，此带已朽毁，但带上保存了一件锤、错出龙虎纹样的贴金嵌玛瑙的银装饰物。还有十二件怪兽纹花状饰件。墓内出土了一件龟钮银印"王根信印"。前面说到银印是秩比二千石官吏使用的印章，故可以知道此墓主人，只下郡守一级，有可能是乐浪郡典武职甲卒的郡尉（地方军事长官）。

到东汉时，乐浪也和内地一样，流行了砖椁墓（图62）。较早的砖椁墓，为竖穴内砖砌椁，墓壁垂直，顶部铺木板。较晚出现了平面方形，穹隆顶，四壁出现弧线，有的还有耳室，墓门前出现了墓道的砖椁墓。随葬品陶器增多，出现了灶、井之类模型明器，也出现了釉陶器（黄、绿釉）。铜镜多为规矩镜和连弧纹镜。这种砖室的砖上有许多捺印有纪年铭文，晚的纪年到了3世纪中叶的魏晋时期。

乐浪四百年的影响，不仅限于朝鲜半岛，通过朝鲜半岛还影响了日本。日本公元1世纪以北九州岛为中心的地区，墓葬中出了细形铜剑、铜矛和内弧的铜镜。还出了玻璃器（？）和少量的铁器。相当于东汉时期的墓葬中铜镜种类增多，从规矩镜、神兽镜到画像镜。凡东汉常见的铜镜，几乎都有发现。铁器增多。福冈的贺岛村早年出过"汉委（倭）奴国王"金印，大约即是东汉赠给日本北九州岛统治者的。

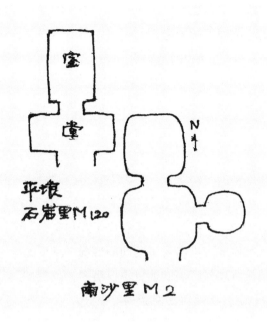

图62 朝鲜平壤石岩里M120砖室墓和南沙里M2砖室墓平面

新疆地区发现的遗迹（略）

西南地区少数民族的遗迹（略）

两广地区的遗迹（略）

第六节　秦汉考古小结

　　开始时，我们强调了秦统一这个分界线，这是中国考古学（上）（下）的分界。在秦统一之前，我国考古学所反映的情况是：各地区文化类型基本上是单独发展的，当然由于各国使节的往来，商业贸易活动，一步步出现了一些各地区之间的共同因素。但是有意识、有安排地发展这个共同因素，则是从秦统一开始的。在秦始皇建立统一的国家之后，又经过两汉时期一系列的强有力的划一部署，在亚洲的东部，才真正出现了这个时期的政治、经济、文化的中心。

从渭河流域中下游到黄河流域的中下游，即咸阳—长安—洛阳一线，是所谓的中原地区的中心区。这个中心区不断向外辐射各方面的共同因素，因而自公元前221年到公元220年东汉灭亡，三国分立，这四百年间，在我国考古学文化上出现了共同因素不断发展的总趋势，也是我国考古学文化第一个一致性发展的时期。这个时期出现了秦汉文明。从它所达到的水平、速度看，都是此前任何一个四百年所不能比拟的。其表现是：

冶铁代替了铸铜，使农具、手工工具得到改进；农业生产中，牛耕普遍使用；纺织、漆木加工、制陶等手工业，都有了改进和发展。

政治上的统一，为商业的发展创造了互利条件。各地区之间的手工业品的交换与流通，也出现了空前的盛况。货币的统一，促进了经济的繁荣。因而城镇与聚落的数目不仅增多，范围扩大，而且在内部的布置上，居民区、市场等都有新的变化。

反映在墓葬上，是等级层次增多；高层次的墓葬仿效地上居室的情况，日益清楚。

由于经济实力的增强，不仅出现了数量较多的城市和大殿堂，也出现了规模巨大的国防工程。伴随国防力量的加强，边远地区的遗迹增多了。这清楚地表明秦汉文明，不断向境外传播，这不仅表现在某些器物的交流，甚至可以看到秦汉王朝所规定的封建等级制的传播遗迹。如上面讲到的苏联境内发现的周绕廊屋的匈奴贵族殿堂和墓葬；朝鲜北部发现的郡城遗迹和沨族酋长的墓葬等。

总之，秦汉考古无论它的内容和外貌，都与秦统一以前的考古有了比较大的区别。这种区别的产生，可以说都是和政治上的统一，文化类型共同因素的不断增加、深化相联系的。

第三章　魏晋南北朝隋唐考古

第一节　概　说

年代、分期与时代特征

从曹魏代东汉的公元220年起，到公元907年唐王朝覆灭，是这一段的总的起讫时间。其间长达680余年，接近700年。这700年的时间内，可以隋灭陈的公元589年为界，分为前后两个阶段。

前段有360多年，其间虽有西晋30多年的短暂统一（灭吴公元280年至西晋亡公元317年），但总的形势是南北分裂的局面。在这段分裂之后，随之又出现了一个更深入的统一时间，即从隋统一到唐朝灭亡，近320年，这是后段。总括起来说，这个阶段的前半是分裂时期，后半是统一时期。两段在政治状况方面的差异，在考古学上的反映，也是十分清晰的。

分裂时期。这个分裂与秦统一前的各地区的单独发展是不同的。因为经历了四百年的统一，形成的这个时期的汉文明，已经巩固下来，所以虽然再度分裂，各地区分别发展自己的特点，但仍有一个共同的因素起作用。所以才能出现另一个共同因素得到发展的新时期。

在分裂时期的南北方，在各自的领域内，都进行着多方面的民族融合和生产技艺的交流。在北方主要是农耕的汉族和北方游牧、畜牧民族的融合、交流。在南方主要是汉族，包括这个阶段大批南迁的汉族和土著民族——主要是以前的百越系统的少数民族——的融合、交流。这种融合交流，无论北方还是南方，都是伴随着暴力进行的，是痛苦的。在我国历史的进程中，这是不可避免的。在这段分裂时期的历史进程中，南北方城市的发展，墓葬习俗的变化，农牧、手工业生产的发展，都有所不同。长时期的分裂，必然阻碍南北方人们之间各方面的正常往还，也阻碍了南北方生产的交流和进一步发展。在秦汉一统的传统意识的强烈影响下，争取政治上的再度统一，成为南北方人民普遍的愿望与要求，这是隋唐一统得以实现的根本原因。

隋唐的一统，绝不是简单地重复一次秦汉的统一，而是在如上所述的汉族与各少数民族融合的基础上出现的。统一之后，在政治、经济、文化诸方面都出现了崭新的内容和面貌，因而隋唐考古就有了自己的特色。如果说魏晋南北朝考古，南北方都还带有某些汉代文明的色彩的话，那么它所孕育的隋唐考古，却以一个全新的模式，出现在中国考古学的舞台上了。新的城市布局出现了，新的墓葬制度建立了。这种新布局、新制度出现的基础——农业、手工业生产，必然也有了新的发展和特色。虽然有关生产新情况的考古发现很有限，也不全面，但还是可以为我们提供许多线索，启示我们去思考和认识。

将分裂的魏晋南北朝和统一的隋唐放在一章里讲述，是因为这两个阶段的考古学有着非常紧密的联系。比较突出的有以下几个方面：

1. 隋唐的政治制度，渊源于南北朝。因而在文化上，它和南北朝的关系是非常密切的。考古发现的各种情况，确有不便割断的趋势。如考古学上两项主要内容——城址和墓葬，魏晋南北朝和隋唐，确实是一脉相承的。而与其前的汉，与以后的宋的关系有很大的不同。

2. 隋唐不同于两汉的一个特点，是主要经济地区的扩大。除了黄河流域，南方的长江流域发展迅速，边远地区的重要性也在增大。这种情况也都是渊源于魏晋南北朝。南方和边远地区考古遗迹的普遍增多和某些手工业遗迹所提供的迹象，都较明确地表明了这个问题。

3. 隋唐是个开放的时代，隋唐的繁荣是与它的开放政策分不开的。许多边境各族，甚至遥远的西亚人、日本人，到唐代为官作宦，彼此并没有"客卿"之感。因而异域的习俗、服饰、工艺器具，不仅不受排斥，还有不少很快为唐朝人吸收、改进，从而丰富了自己。开阔的隋唐风格，实际上是始于南北朝的。关于这方面资料，考古发现越来越多，也将这个问题的研究引向深化。

4. 在人们的思想意识上，魏晋南北朝到隋唐，可以说是佛教泛滥时代。保存到现在的各种佛教遗迹，遍布全国各地，成为这个阶段考古学的重要内容之一。这项重要内容——佛教遗迹，更不好将南北朝与隋唐截然分开。

基于以上原因，我们将这两段合并为一章。将魏晋南北朝与隋唐分开，是强调魏晋南北朝考古的过渡性质。过渡性质，就是说它上承其前，下启其后，自己没有形成本身的特色。如果将两段合在一起，即将魏晋南北朝作为有鲜明特色的隋唐考古的前奏，应该是合适的。

主要参考书

《中国大百科全书·考古卷》"魏晋南北朝考古""隋唐考古"两长条；《新中国的考古发现和研究》第五章《魏晋南北朝时代》和第六章《隋唐至明代》的隋唐部分；考古卷"中国境内发现的东罗马遗物""中国境内发现的中亚与西亚遗物"两中条；《中国史纲要》有关章节；傅芸子《正仓院考古记》；均宜参考。

第二节　魏晋南北朝遗迹

南北方的城址

魏晋南北朝时期，既是南北分裂时期，又是战争频繁的时期，所以这个时期的城址的共同特点是，着眼于军事需要方面的因素多。但由于南北地理形势的不同，政治制度的差异，在城市布局的发展上，也各有特色，先说北方。

魏、西晋、北魏都城洛阳城　这三个朝代的都城，沿袭东汉雒阳城的情况，已大体钻探清楚。魏和西晋洛阳城，可以作为北方前期都城的实例；北魏洛阳城可作为北方后期都城的实例。两者结合，正好可以说明魏晋北朝北方都城布局演变的情况（图63）。

前期，即魏晋时期的洛阳。东汉光武帝建武元年（公元25年）在此建都，雒阳在汉献帝初平元年（190年）迁都长安城时，被焚毁。到曹魏魏文帝曹丕黄初元年（220年）重建洛阳，其间荒废了三十年。

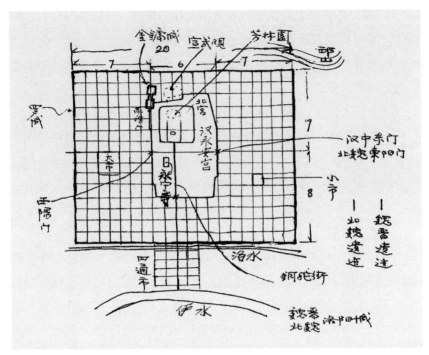

图63 魏晋、北魏洛阳城

曹丕父子重新经营洛阳城时，对东汉的雒阳做了较大的改变。在城内布局上的改变，主要是参照了魏国的王城——邺城。洛阳城的改变，主要有以下几点：

1. 废弃了东汉的南宫和永安宫，将宫殿集中到北宫的范围。这样就结束了秦汉都城遍布宫殿区的旧传统，建立了在都城北部正中部位安排宫城的新格局，这个格局正是邺城的制度。

2. 在城西北隅的跨城内外的高坡上，兴建了相连的小城——金镛城（城墙厚13米）。这处居高建筑的小城，是有明显军事性质的城堡。它的作用和邺城的铜雀、金虎、冰井三台是相同的，即是军事上的制高点。此外，在金镛城之东，城内建芳林园，城外建宣武观，也是沿袭邺城安排禁苑的做法。集中宫殿和兴建金镛城等的目的，显然是为了加强洛阳城的防御。同样原因，魏晋时期对洛阳城的城垣也进行了改进：（1）加宽了洛阳城西、北墙的厚度，北墙最厚处竟达到30米（东汉时的厚度为14—25米）；（2）在城垣的外垣（包括金镛城）都兴建了马面。马面，就是在城垣外侧，每隔一定距离，加筑一座连接城墙的墩台。这样敌兵到了城下，城上可以从三面御敌。马面原来是汉代边塞城堡上的设置，魏晋时期为了增强都城的防守能力，竟也应用到洛阳城。由此可见，洛阳城在这个时期确实越来越军事化了。

后期，北魏迁洛以后的洛阳城。建兴四年（316年），西晋灭亡，洛阳再次毁于战乱。直到北魏孝文帝太和十八年（494年）迁都至此，其间荒废170多年之久。北魏迁都洛阳，是在废墟上重新营建的。孝文帝父子经营洛阳，实际上是重新规划的，因此北魏洛阳城，完全不同于之前的洛阳。

1. 对东汉雒阳城的改造：在汉雒阳城中东门（北魏东阳门）的对面，开了西阳门，二门之间有一条通贯东西的横街，街宽40米，是北魏洛阳城最宽的横街。横街之北地势比较高，到北魏晚期，横街之北几乎全部被皇室征用。横街之南，中间略偏西侧设一条南北向的顺街（其北端正对宫城正门）即铜驼街，街宽41—42米，是洛阳最宽的街道。这样北魏的洛阳城，就出现了中轴线大街与横街相交的丁字形街道布局。这一格局从北魏开始，一直影响到明清城市，如北京城。在铜驼街的两侧，分布着中央衙署、宗庙、社稷等。此外的地段，逐渐被寺院、高官宅第所占据。有名的永宁寺，即在此街的西侧。原来东汉、魏晋洛阳城的范围，成为北魏皇室、高官、衙署、寺院的集中区了。

在北魏洛阳城址，出土不少黑色瓦片。瓦当的纹饰，不见秦汉以来的云纹，而流行两种新的纹饰——兽面瓦当和莲花瓦当（图64）。这种新的瓦当纹饰，一直影响到后来。

2. 在东汉、魏晋洛阳城的外围，兴建了"东西二十里，南北十五里"的外郭城（罗城）。这座外郭城的城垣，经过探查，近年大体了解了它的方位。罗城里布置了一排排整齐的一里见方的"里"。每里四面开门，里内是十字街。这里主要是居民区。这样整齐的居民区，以及居民区占据城市如此大面积的情况，都是以前城市所没有的。这样情况的出现，可能有以下两个原因：一是北魏迁洛之后，在组织上还保留着旧日部落性质的军事编制；二是当时北方中原人口流失情况很严

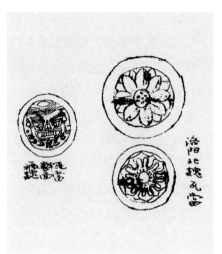
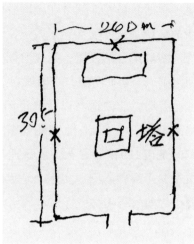

图64 洛阳发现的北魏兽面、莲花瓦当（左）

图65 洛阳北魏永宁寺平面（右）

重，统治者为了保存实力，就必须控制人口。都城是统治者的重要据点，因此就要在都城集中大批住户。以上两种情况，都是带有很大的强制性。因此在都城的规划上，就出现了大面积的居民区和对居民区可以实施严格有效管理的措施。可以想象，方整的里，出入经过里门，既可控制人口流失，又可加强都市对内的防卫。

3. 罗城南垣临洛水，在洛水的南岸设置了四通市，这样市场就可以方便地利用水道进行运输。随后又在洛水与伊水之间，兴建了五排里坊，又可以利用伊水。此外在东部和西部，分别建立市（大市、小市）。合理地安排商业区，是北魏洛阳区别于以前都城的另一特色。组织水运、合理安排市场，也反映了北魏洛阳工商业的繁荣。

4. 孝文帝迁洛规划城市时，就在城内安排了一个国家寺院——永宁寺。寺的遗址已经发掘，寺址在铜驼街两侧的衙署区之西。永宁寺平面长方形，约占半里之地，四面开门，周绕回廊。寺中心是一座九层的高塔，塔后是佛殿。这是已发现的我国最早的一处寺院遗址（图65）。迁洛不久，洛阳城郭内到处广建佛寺。在建城之初，在城内就有计划地安排宗教建筑，可以说北魏洛阳是其开端。

魏晋洛阳到北魏洛阳，可以看出中原北方城市在这个阶段的变化，从突出对外的军事防御，向集中人口、重视内防和发展工商业，以及提倡佛教等方面发展，这些特点都对以后隋唐城市的布局以深刻影响。

这个阶段的南方城市的发展，总的情况虽与中原北方大体相似，但在具体布置上却有很大不同。南方的地势、地形不比中原北方的大平原，而是多丘陵和河流。因此南方城市考虑军防，就势必着眼于丘陵与河流，现存的几座这阶段的南方城市，如建康、鄂城和晋陵都如此。220年孙权修治的武昌城，遗址在今湖北鄂城东，是一座东西长约1000米、南北长500余米的小城。北墙原靠临长江，已圮。南有洋澜湖，东有虎头山（凤凰台），西近西山丘陵，是控制长江中游的重镇。吴黄龙元年（229年）迁都建业，东晋改称建康。建业遗址虽尚未探明，根据文献记载可知："城周廿里十九步。"比鄂城大。其地西沿长江，北靠玄武湖，南临秦淮河，四周山丘环绕。所谓孔明说"龙蟠虎踞"，虎指山，龙指河。左思《吴都赋》说"屯营栉比，解署棋布"，可见建业城的军事性质（图66）。这两处是南方早期城址的情况。

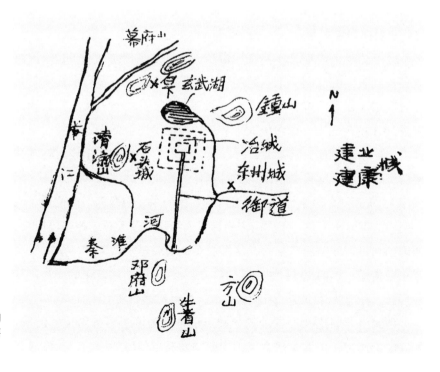

图66 江苏南京南朝建康城及其附近重要遗迹的方位

图67 南京出土的莲花、兽面南朝瓦当

建康在东晋时期的发展是：① 加强了外围据点。北垒幕府山的白下，西有清凉山石头城，东南有东州城。② 加强了城内的防卫。宫城北的苑内起冶城，宫城建重城。③ 扩大了南郊的居住区。宫城南有御道，可直抵秦淮河，进入长江。秦淮河一带，工商杂处，利用水运之便。这一点，北魏兴建洛阳时，郭城南临洛水，设四通市，有可能是参考了建康的布局。建康附近，发现建筑遗址，出土的瓦当有莲花、兽面两种（图67）。建康瓦当早于北魏，看来北魏洛阳瓦当纹饰的变化，也是渊源于南朝。

近年又初步调查了江苏镇江市东的东晋晋陵郡城（图68）。该城原在长江边上的北固山下，是周长600米、接近三角形的小城堡。东晋时向东修建了约3000米的郭城（罗城），原城成了子城。郭城修在海拔30米的土丘上，依山势加工夯筑。将土山内较低平的丘陵区围到郭内，东郭外还有一道城濠宽5—8米，向北似乎与长江相连。郭城外砌砖，砖上多有捺印文字，文字内容有"罗城""罗城砖"，还有"南郭门""东郭门"等字样。后者可以告诉我们东、南两郭门的位置。南郭门内的街道不清楚，东郭门内街道，大约是与今天花山路中段相接。西郭门则可据此路西口推断。这里主要交通线是东西向的，所以发展了东西街道。郭内出土不少青瓷碗、罐、盘口壶、鸡首壶的残片，从器形看，是南朝时期的。表明此城从晋到南朝都在使用。

魏晋南北朝这几处城址的共同点是早期强调了对外对内的防御，较晚时都修建了郭城，注意了工商业的发展。郭城的修建，南方早于

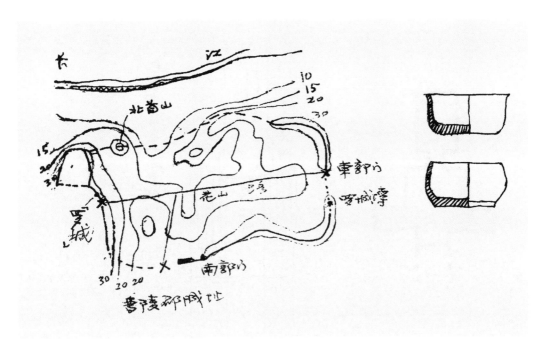

图68 江苏镇江东晋晋陵郡城遗迹及出土的青瓷碗

北方。工商业发展南方也早于北方,有关工商交通的安排,北方大约是参考了南方的设计。南北方城市发展的不同点是:由于地势的原因,北方据平原,南方据河流、山区。北方重点防御北方,所以注意北方的制高点。南方城内注意北方外,也注意它的南方防御。至于北方都城内部布置整齐的里坊,是其独特之处,应与北方的特殊情况(原有的军事制)有关,而与南方不同。

南北方墓葬

南北方墓葬的差异,较之城址情况,更为鲜明。但总的趋势都是比东汉简化了。随葬器物也与汉代逐渐有较大的差别。

1. 北方曹魏西晋大中型墓 曹魏墓发现少,大体还沿袭东汉中型墓的形制。如洛阳涧西16工区前后两室券顶墓(图69),出有正始八年(247年)的铁帐构(帐架部件),与洛阳烧沟M1008大体近似。西晋(265—316年)、北朝墓发现较多。发现的北朝墓从有可靠纪年的大同司马金龙墓延兴四年(474年)算起,到北朝亡(581年)。两晋

212　汉唐宋元考古

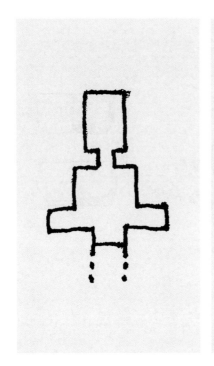
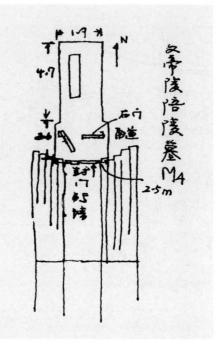

图69　洛阳涧西16工区砖室墓平面（左）

图70　河南偃师晋文帝陵陪陵墓M4平面（右）

之间，有较长的间隔，墓的情况也前后有别，因此可以分为西晋、北朝两期。

　　西晋帝陵的方位，近年已调查清楚。在今河南偃师境内北邙山和乾脯山之两侧。其中的司马昭文帝陵和司马炎武帝陵，都做过勘探。知道两个陵区均有排列整齐的陪陵墓。被推测为陵和陪陵墓，都是具有较长、深且宽的斜坡墓道（两侧皆有土台若干层，这应是便于取土）的土洞墓。只用砖敷地，前有短甬道，墓室长方形。被推测为陵的墓道，都在长36米、宽10米以上。陪葬墓墓道最长不超过23.5米，最宽不超过9.3米。陵和陪陵墓墓室皆为长方形。这是两陵区的一个特点。由于帝陵还没有发掘，详细情况还不清楚。已发掘的两座陪陵墓，其中文帝陪陵，为较晚的西晋墓（图70，《考古》1984年第5期），也是突出墓道工程，但墓室平面多为方形，四壁砌外凸弧线，边长4—5米，有的在墓门内一侧立碑。如元康九年（299年）徐美人墓（图71）。当时还流行祔葬，是在墓室后面建有祔葬的砖室（与汉代墓中

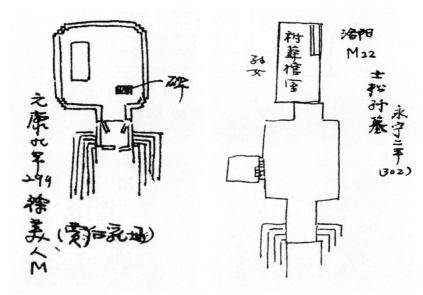

图71 洛阳元康九年（299年）徐美人墓平面（左）

图72 洛阳M22永宁二年（302年）士孙松墓平面（右）

之前后室不同）。如洛阳M22，永宁二年（302年）士孙松墓（图72）。这类晋墓的典型器物有插帐杆用的陶帷帐座，有的做成卧兽形。有空心柱盘（用途不明）、多带盖的樽、唾盂、酱釉小罐、多子槅（榼）等。墓门后有上身穿甲戴盔的武士俑，头上有竖鬃的镇墓兽和牛车（过去的马车不见了），墓室内有一两件男女侍俑和胡俑（高鼻）。以上器物，是汉墓所不见或少见的（图73）。器物中也有沿袭汉代的，如陶家畜，鸡、狗、井、灶、磨、碓、仓等明器。但是墓葬形制和大部分随葬器物，都已与汉墓大不相同了。

2. 北朝大型墓 已发现的北朝大型墓，即皇室、贵族和大官僚的墓。我们主要讲北魏，北魏以后的东、西魏和北齐、北周，大体是延续北魏制度。

北魏帝陵在山西大同右玉和洛阳。经过发掘的只有太和八年（484年）完工的大同方山文明太后永固陵一处（图74）。此墓是前后室砖室墓，上有高大的坟堆。该墓早年多次被盗，遗物无存。

次于帝陵的是王公墓。除特殊情况外，王的墓都是单室砖墓，现存的大墓如洛阳发现的孝昌二年（526年）江阳王元乂墓，墓室7米

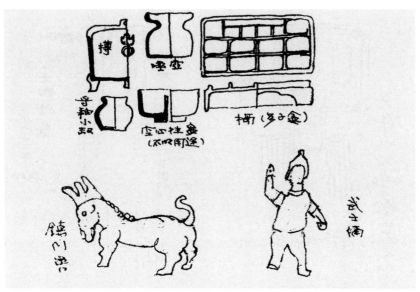

图73 洛阳大中型晋墓常见的随葬明器

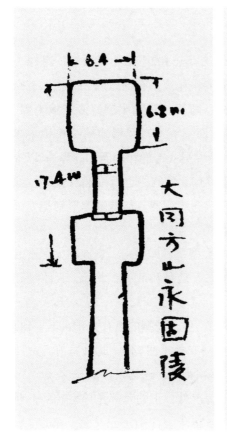
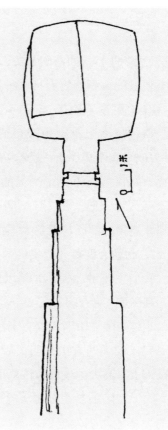

图74 山西大同方山文明太后永固陵墓室平面（左）

图75 山西太原武平元年（570年）东安王娄睿墓平面（右）

见方，是迄今所知最大的王墓。一般王墓在4.5—6.5米见方的范围内，这类墓的墓壁都画有壁画。北魏墓壁画保存比较差，北魏晚期墓的壁画，有的保存比较好。大体上是墓室顶画日月星座，四壁画四神和墓主人家居图像和出行的马、牛车。墓道两壁也画壁画，有的题材是墓主人出猎和归来。东魏、北齐这类墓壁画水平比较高，内容复杂。西魏、北周水平差，内容也简单。山西太原发现北齐武平元年（570年）东安王娄睿墓（图75）的壁画水平最高。该墓墓室上方依方位画出了十二时兽形（十二生肖），这是值得注意的。从北魏晚期起，墓道的后部甬道部分加长，顶部出现天井。特别是关中地区，因为那里的黄土层厚，黏着力强，最多的有3个天井，如宁夏固原北周天和四年（569年）河西公李贤墓（图76）。随葬品这时有了较大的变化，只剩下少量的罐、瓶、井、灶、仓等模型明器。青瓷、釉器（低温瓷）逐渐增多。常见的有长身的鸡首壶、敞口深腹碗，后来又流行高足杯、直口小底深腹碗、盘、瓶、灯、扣盒等（图77，《文物》1983年第10期）（娄睿墓中出土76件）。随葬品中变化突出的是俑急剧增多。这时俑可以比较明确地分为两类：家内侍俑，多在墓室内，大型墓一般有30个

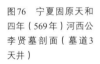

图76 宁夏固原天和四年（569年）河西公李贤墓剖面（墓道3天井）

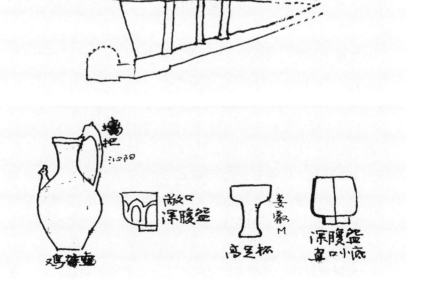

图77 北朝大中型墓常见的随葬器物

图78 北朝大型墓常见的随葬玉佩（是"敛以朝服"的遗物）

左右；仪仗俑，出土的数量多，这类俑多围绕牛车，有武装骑俑和武装立俑，也有属官从吏性质的所谓"文官俑"，最多达600件以上，分别布置在墓门附近、甬道和墓道两侧。突出了武装仪仗，应是这些大型墓的主人拥有武装部曲（家兵）的反映。这些俑中杂有胡人俑，有深目高鼻多须的西方人，也有宽面圆目的北方人，还有虬发的南海黑人。墓室的安排，除上述的随葬器物和俑以外，大型墓都是一棺一椁相套，棺与椁之间已无廊屋部分，实际是类乎前阶段的双重棺。有的用石椁，外壁多线雕，题材有孝子故事，还有羽人龙虎（用石椁的棺床嵌石边，其中多线雕驱邪的怪兽），这是护卫墓主人升天的形象。棺内尸体这时流行"敛以朝服"，朝服已不存，但附属于朝服的各部玉佩（珩、璜、珠）等饰物多保存下来（图78）。当时还流行方形有盝顶盖的墓志。

3. 北朝中型墓 北朝中型墓一般是刺史到县令级的墓，砖或石砌墓室，有方形，边长4米左右。有圆形的，径不超过6米（图79）。随葬品陶器多明器井、灶、家禽畜之类。也有一些朴素的日用瓷器，如盘、杯、深腹碗、鸡首壶等。有俑，俑的数目与官级有关，官大数多，官小数少。最多的数目不超过40件。俑主要是侍俑，围绕牛车的也多为侍俑。山东临淄崔氏M10，出现了嵌在壁上的动物形的十二时俑（北魏末）(《考古学报》1984年第2期），这是现知最早的十二时俑的实例。这类墓的主人，除上述官吏外，还有北朝晚期地方上的一般大族。

4. 北朝小型墓 北朝小型墓的主人，身份当然是低级的。多是

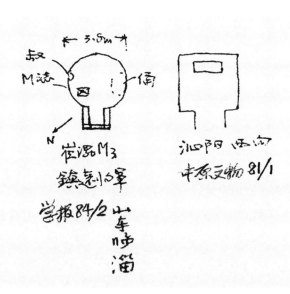

图79 北朝中型墓墓室平面举例

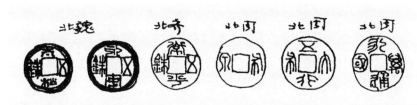

图80 北朝铜钱

土洞墓，数量很少，而且时间都比较晚。随葬品只有一两件陶罐、陶碗之类，常常还有一两枚铜钱。北朝晚期的铜钱随葬，如洛阳涧东和陕西华县的土洞墓，都出有北周铸的五行大布；北周除了铸五行大布，还铸有布泉、永通万国。北齐铸有常平五铢。其前的北魏迁洛以后，铸有宽边的太和五铢、永安五铢。这些钱币，是墓葬断年的好资料（图80）。

5. 南方墓葬 南方墓葬的演变，不像北方那样有西晋与北朝之间能截然划分阶段的情况。如果划分为前后两段，后段的特点在前段的后期也已有较显著的迹象了。这前后段的分界线在东晋初，即4世纪初。大体上前段二百年（3、4世纪），后段二百年（5、6世纪）。南朝陈于公元589年灭亡。

前期即吴、西晋到东晋初。这个阶段还未发现大型墓，中型墓大体还沿袭东汉中型墓的形制，即流行前后室砖室墓。安徽马鞍山市吴赤乌十二年（249年），左大司马右军师当阳侯朱然墓可以为例（《文物》1986年第3期）。此墓早年被盗掘，后室置二棺，其一棺已被移至前室。随葬品尚存140余件。陶器在前室东南角，瓷、漆木器、铜器分布后室和甬道内。随葬品以漆木器最多，占57%，有80余件。漆器多加嵌扣。器物有案、盘、槅、凭几、皮胎耳杯（犀皮耳杯为前所未见之漆器）等。漆器多有精致的漆画。瓷器次之，约30余件，有碗、壶、盘、熏等。此外还有少量陶器，有井、磨等。铜器有鐎斗、炉和铜镜。镜为环列式神兽铜镜和八凤镜。此外还出有两种名片谒和刺（东吴的名刺和谒使用上是有区别的。它是沿袭了汉代的制度，到三国时仍甚流行，且有多次发现，多在南方墓中。谒当于觐见上级时所用。《释名·释书契》："谒，诣也，诣告也。书其姓名于上，以告所至诣者也。""书称刺书，以笔刺纸简之上也……书姓字于奏上曰书刺，作再拜起居字皆达其体，使书尽边，徐引笔书之如画者也。下官刺曰长刺，长书中央一行而下之也。又曰爵里刺，书其官爵及郡县乡里也"）。还出土了大量铜钱，多达6000枚。其中吴铸的有"大泉当千"，蜀铸钱"直百五铢"。另有铸地不明，传为蜀铸的"太平百钱"和"定平一百"（图81）。

前期的后段，出现了一种新型的中型墓——单室近于方形的砖墓，如南京象山7号墓（图82，《文物》1972年第11期）。这是东晋初年，从北方南迁到南方的王氏墓地中的一座。它将西晋北方流行的方形单室、牛车、马、侍俑等北方制度带到南方。此墓未经盗掘，因此我们可以从墓中了解这种单室墓的布局情况：

① 牛车、马、侍俑位于墓门前的甬道内；② 墓室口的两侧各放置一侍俑；③ 墓室的四角置灯；④ 墓室前方部位集中放置随葬品，中间是炉、榻，榻上放墓主人的一套日常生活用具，有凭几、瓷唾盂、瓷盘、耳杯和砚。榻两侧放置瓷制生活用具，有洗、盆、盘口壶、盘和耳杯；⑤ 墓室后部放一列陶仓和盘口壶，是粮和饮料存储之处；⑥ 墓室中部是三棺，中棺为男性，在榻的后方。中棺出有西亚、南洋生产的钻石戒指和玻璃杯。两侧为女棺，出有褐色釉小罐（似放化妆品）

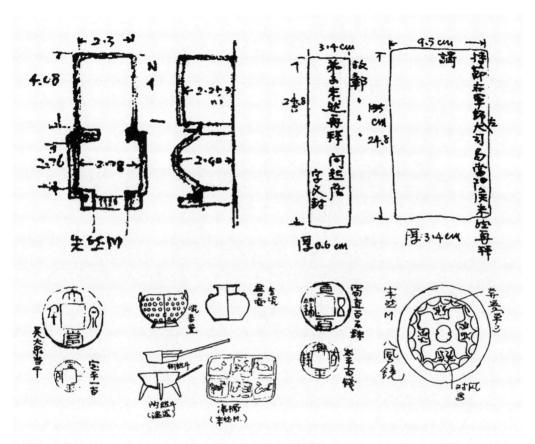

图81 安徽马鞍山吴赤乌十二年（249年）当阳侯朱然墓平面、剖面及所出部分遗物

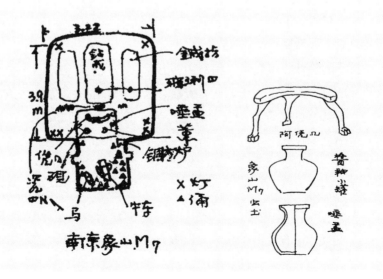

图82 南京东晋象山M7墓室平面及所出部分遗物

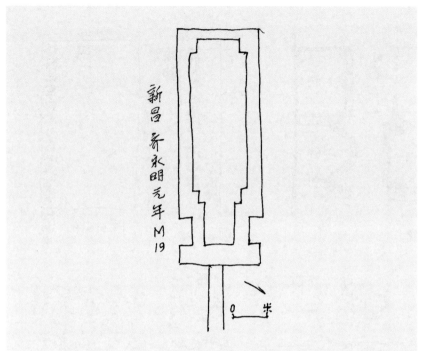

图83 浙江新昌齐永明元年（483年）大岙底村M19墓室平面

和玻璃杯等。

这样的布局和汉墓已有很大的不同：用与晋墓相同的牛车代替了以前的马车；在形制上，取消了前室（堂）和耳室；将以前放在前室（堂）和耳室的随葬品，放到墓室的前部和后部；铜器和漆器稀少了，而代之以大大发展了的瓷器。

出土的酱釉小罐及唾盂和洛阳西晋墓所出同类器物极为相似。而这类墓的墓主人又是南迁的北方大族，因此他们的葬俗应是渊源于北方的。而北方的西晋墓一般都被盗过了，十六国早期墓也没有发现。因而这座墓不仅表明南方墓的特点，从中也多少可以反映北方西晋墓的情况。

后期中型墓。比较多的是全长5—7米的前砌短甬道的长方形墓（图83）和由此发展出的吕字形砖室墓，如武昌何家湾M193（图84）。其前室部分——小长方形墓室，是象山M7墓门前那部分的扩大。这一部分放置的随葬品可以分为两组：左边一组是牛车、马，右边一组

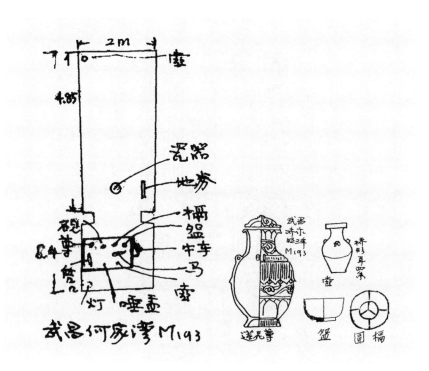

图84 湖北武昌齐永明三年（485年）何家湾M193墓室平面及所出部分遗物

应是以前置于榻上的器物，有凭几、唾壶（盂）、砚（木榻已朽毁）。新出现一尊一壶和圆形榻。用碗代替了以前的耳杯。墓室内左前方放地券，地券之右放瓷壶、盘、碗，后面是棺床，原置二棺，床后右隔置带系的瓷壶。仓已不见。壶体变长，尊上饰以复杂的花纹——仰覆莲和缠枝忍冬。

南方后期（南朝时期），出现单室大型墓。墓全长在13—15米及以上，墓室的长度都在5米以上，有的长达9米以上。这类墓前地面大都有石兽，较小的是王墓，较大的被推定为帝陵。江苏丹阳东北胡桥鹤仙坳南麓发现的大型墓（图85），推定是齐景帝萧道生夫妇合葬墓（修安陵），如不误，则修建时间大约在479—495年。墓室很大，长9米多，修建于山岩之间，十分牢固，但也难逃早年（南朝亡、隋时）被彻底破坏的命运。因此墓中随葬品保存得很少，已无法弄清原来的布局情况。据残迹可知甬道后及墓室前部左右两侧室前部残存几件陶俑。二棺，东棺位置出有铁刀和金玉珠饰，大约是墓主人着朝服入葬的。

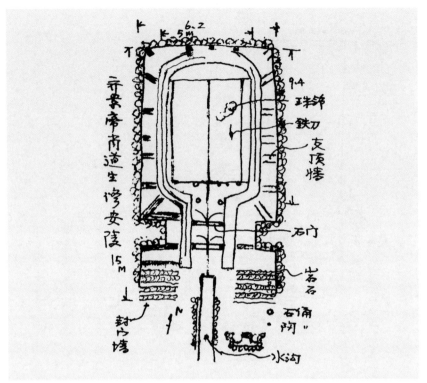

图85 江苏丹阳胡桥南朝大型单室砖墓墓室平面

此墓在结构上有排水设施，在墓室内下部，用砖砌出排水的暗沟，沿墓室四壁和中部铺设，前后有阴井，经甬道正中向前通至墓前的大水坑，长100余米。墓室壁外加筑挡土墙，起加固支撑作用。注意墓的排水问题，是南朝大墓的特殊设施。

此墓最值得注意的是，墓室壁面是用小砖拼砌成的大幅"线雕"画面。画面的布局是：（1）甬道两壁内容是蹲狮，这是护卫墓室的图像；（2）东西两壁布局相同，即分为上、中、下三栏。上栏是羽人、青龙、白虎，后面是飞天，是表现墓主飞升的形象。中栏是竹林七贤和荣启期的形象，这是人物故事题材。南朝绘画这类题材很多，大概是当时上层人物所仰慕的对象，是一些清谈狂放的隐逸人士。下栏是出行的仪仗队，前为武装骑士，次为持兵器的侍卫、鼓吹队伍和执伞盖的近侍。其余壁面，皆砌莲花纹砖。这种大幅拼砌的画像砖，反映了天上和人间的内容。既有汉代流行的升天思想的内容，也有当时佛教流行的因素。如狮子、飞天、莲花，都是与佛教有关的图像。

南方的小型墓，多是2—3米的小型土坑墓。随葬品只有罐、碗之属，前期皆为陶制，后期也改用瓷器。有的也有铜镜和铜钱。南方前期墓多见五铢，后期小墓出有宋铸四铢（宋文帝元嘉七年，430年铸）、陈铸太货六铢（陈宣帝太建十年，578年铸）（图86）。有关铜镜的特点，留待以后手工业遗迹部分介绍。

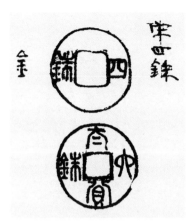

图86　南朝墓所出铜钱

南北方手工业遗迹

这一时期南北方的手工业遗迹，都是冶铸和制瓷，但主要制造品不完全相同，技艺水平也有差异。此外在南方四川的漆器和北方关东地区的纺织品，也都有遗物保存下来。

1. 冶铸遗迹　东汉以来位于山西运城的河东铜矿，在三国时期仍是北方重要的产铜地点。在东汉的矿坑中，发现了曹魏甘露（256—260年）纪年铭刻，表明一直到曹魏末年仍在开采。洛阳附近出土的曹魏皇室作坊"尚方"制的铜用具和铜镜，大约就是使用河东生产的原料。梅原末治《汉三国六朝纪年镜图说》（1942年）图版27—29著录有甘露四年（259年）、甘露五年（260年）"右尚方师作镜"铭的神兽镜即是一例〔朝鲜平壤石岩里M200出土东汉规矩镜有铭"名师作之出雒阳"，见《乐浪汉墓》册一（1974）图72〕。

辽阳西晋墓曾出过晚期形式的规矩镜，铭文中有"同出徐州"的铭文（图87），说明当时徐州也出铜。今徐州利国有铜矿、铁矿遗址，这里铜的质量不如运城，可能是一处民间采铜地点。

在洛阳西渑池发现一处东汉至北魏时期的冶铁遗址，该遗址曾发现一处铁器窖藏，发现有铁农具、工具、兵器和它们的铁范。经过化验，知道这是我国早期钢制利器的一次重要发现。这里发现的镰、斧，有由白口铁铸件脱碳而得的钢，刃口还采取了深碳硬化工艺；还有高

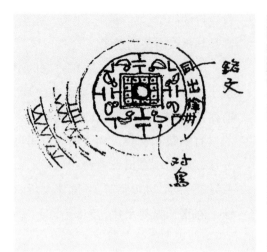
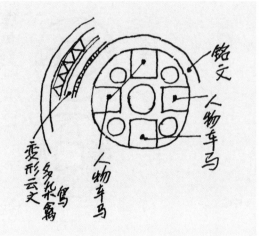

图87 辽宁辽阳西晋墓发现的铜镜（左）

图88 南方发现的纹饰复杂的吴画像镜（右）

强度低硅灰口铁铸的铧范；还在一件斧子的銎部，发现了疑似现代球墨铸铁的球墨组织，它可以代替锻钢。这些高水平的冶铸技术，虽然在汉代已经出现，但这个窖藏可以进一步说明，魏晋北魏时期有了新的改进和推广。冶铸技术的提高，为农业生产的恢复和发展提供了重要条件，也使传统的铜兵器的绝大部分，这时被铁制品代替。铁制身甲的完备与流行，马铠甲的使用等，都出现在此时期，当绝非偶然。这时期进行过不少巨大的石方工程，如魏晋开凿三门峡栈道和一再兴建的褒斜工程，都必须使用大量锐利的铁工具。北魏以来大规模开凿的佛教石窟工程，当时盛行的细密流畅的石雕线画，更是没有锐利的铁工具无法雕刻出来的。

尚方冶铸的遗物，主要是发现了大批的铜镜。当时铜镜的生产，南方比北方精致，数量也多。铸造地点，从铭文可知主要是吴越两地，吴今之苏州，越今之绍兴。这大概是由于吴越自古以来即有铸锻铜剑的传统。两地生产的主要是神兽镜，吴还铸造更为精细的画像镜（图88）。吴的工匠后来又到了武昌，武昌也开始铸镜，生产的是神兽镜。吴铸铜镜中还有一种龙虎镜（钮绕一龙一虎）。龙虎镜更流行于南朝的宋、齐、梁、陈时期。从东汉八凤镜系发展出来的佛像镜，大约也是南方生产的，但它的铸造地点还不十分清楚。

2. 瓷窑遗迹　制瓷手工业，南方比北方发展得快，产量质量也

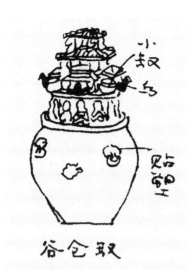

图89 长江下游吴晋墓中随葬的谷仓罐

高。南方有烧制印纹硬陶的基础，在东汉时就发展了釉色青碧的瓷器的制造了。因为南方系统的瓷器釉色主要是各种青色，所以一般称之为青瓷。吴、晋、南朝时期，较高质量的青瓷都产自浙江、江苏和靠近浙江的地区。瓷窑多建在山坡上，窑作长方形，即所谓的"龙窑"。上虞鞍山发现的吴窑，全长13.3米、宽2.2—2.4米，前部有半圆形火膛，中部为有倾斜的券顶窑床，后部有6个排烟孔。在丽水吕布坑发现的南朝窑址，向装烧面积加大、窑室券顶跨度缩小的窄长形式发展。南方龙窑结构的窑室，在南朝时期看来已开始走向定型化了。烧造的器形，由一般的罐、壶、碗，逐渐复杂化，出现了代替铜器的洗和代替漆器的耳杯、盘、榼。还有一种谷仓罐（图89），下边是一个大罐，罐口四周各置一小罐，正中堆塑出房屋形象，并雕出许多飞禽集中在房屋瓦上，在大罐的外侧壁上还贴饰铺首、神兽、佛像等。此器过去称为魂瓶，因在罐内发现粮食，改称为谷仓罐。每墓多为一件，似乎有某种宗教的内涵，待考。此器本身也有变化。东晋时期，许多器物都显著地向高、长发展。南朝晚期烧造的装饰莲花的大尊，有的竟高达80厘米。

北方瓷窑发展较晚，洛阳北魏墓出土的青瓷还是南方的输入品。大约到了6世纪中期，北方的邺城附近和今天的山东地区，才开始生产瓷器。北方系统的瓷窑是圆形的，即所谓的馒头窑。由于胎土、釉料也与南方不同，所以烧出的青瓷有的釉色深，有的则色浅。甚至由于掌握烧成温度不好（偏低），因而出现不少温度较低的黄釉瓷。大约在6世纪晚期，山西太原附近的瓷窑产品，就多这种黄釉器。北方器类较南方简单，但晚期出现数量较多的仿金银器的作品。这可能和喜欢使用金银器的中亚一带的粟特人（北齐有很显赫的粟特人）移居北方的人数较多有关系。

3. 丝织遗物 丝织工艺北方一般比南方水平高。所以当时许多南朝文人都赞咏"北邺之锦"。新疆吐鲁番6世纪中晚期墓里多出经线上织出复杂纹饰的锦和绮,有的织出与佛教艺术有关的纹样,如化生等。较晚时出现的一种绕以联珠纹的对禽、对兽,以联珠纹作装饰,是中亚、西亚一带流行的纹样。化生等佛教纹样,也是当时中亚佛教艺术中常见的题材。这批锦又都发现在新疆,因此有人认为这是北朝专为中亚外销而生产的织锦。

4. 四川漆器 湖北鄂城郭家姥M16吴墓出土了20多件漆器,安徽马鞍山市赤乌十二年(249年)朱然墓出土60多件漆器。这两批漆器中,都有"蜀郡作牢"的漆铭文,因此可知道是四川的产物。这两批漆器无论在制作上还是纹饰上,都与汉代漆器不同。纹饰中多有人物故事画和水荷游鱼。大型漆盘和案,还有宴乐百戏图,这是汉代同类漆器上所不见的。在制作工艺上出现了犀皮漆器(耳杯)(《文物》1986年第3期),在胎上用稠漆堆起高低不平的地子,在地子上刷黑、红、黄不同颜色的漆若干层,然后磨平,露出不同颜色的漆层,使这些不同颜色的漆层形成各种云纹、行云流水、山峦等自然纹样。还出现了漆砂器(砚)。在木胎漆砚的砚池部分,不用石,而以漆调入细砂做成,使之既能磨墨下墨,又减轻了砚的重量。这两种新工艺,也是不见于汉代漆器的。这两种新工艺,前者(犀皮漆器)过去实物仅见于明代,文献也只见于唐代。后者传说宋代已制造,但实物只见于清。这次发现,说明这两种漆工艺三国时期四川已有生产了。

佛教遗迹

年代比较确切的佛教遗迹,出现在魏晋南北朝时期。无论北方、南方所发现的佛像,还和自汉以来对待的神仙像相同,认为它们可以驱邪、护卫。所以它和神仙形象同样地出现在铜镜的带饰和某些带有迷信意义的器物上。大约从晋、十六国起,情况有了变化。首先是作为礼敬和作为宗教崇拜的单件佛像流行了。现存最早的有纪年的实物,北方是后赵建武四年(338年),南方是宋元嘉十四年(437年),都是镏金的铜释迦坐像。南方在5世纪前半还出现了图解某些佛经内容的经变石刻，现知最早的遗物是成都出土的经变石刻，有元嘉二年（425年）铭记。到了5世纪中期以后，南北方的分歧加大了。北方除了兴建佛寺外，还开凿了大批石窟寺（如大同、洛阳、天水、敦煌等地）。南方开凿石窟少，现仅知在南京、浙江新昌两地有遗迹，南方主要是建佛寺。在布局和主要佛像方面也出现了差异。北方的石窟和寺院，大体可以分为佛殿型和塔庙型两类。前者是在山崖凿窟或建殿堂，用以布置佛像，后者是在山崖上或殿内，兴建一个多层的高塔或简化成一个中心柱。佛殿或塔庙，供奉的主要形象是释迦像和弥勒菩萨像。佛像和菩萨像的形象是不同的：佛像头上有肉髻，身上穿袈裟；菩萨头上没有肉髻，头上戴宝冠，上身为袒裸，挂璎珞等饰物。此外还有释迦和多宝佛并坐的形象。到了6世纪才出现阿弥陀佛（个别的出现于5世纪）。南方寺院遗迹尚未发掘，就现存少量的石窟看，只有殿堂型的石窟，没有塔庙。殿堂中的主要佛像除释迦外，还有阿弥陀佛和弥勒佛。南北方佛教建筑的布局和主要形象的不同，反映了当时南北方佛教的差异。北方重苦修成佛；南方则重诵经、施舍，死后往生极乐世界——阿弥陀净土，或对弥勒成佛后世间安宁的向往。后者较易于为人们，特别是上层人物所接受。所以北朝晚期，北方佛教受到南方佛教的强烈影响，在信奉的佛像上也出现了阿弥陀佛和佛装的弥勒。

魏晋南北朝时期，城址、墓葬和其他考古遗迹，有它的一致处：前期的城址都反映了军事的要求；墓葬都趋于简化；手工业都有发展；南北方也都较多地出现佛教遗迹。但南北方的差异也很显著。这个阶段，我们既应注意它们的差异，也要注意它们的一致处。因为这些一致趋势的发展，成为以后促进统一局面逐渐形成的某些重要因素之一。

第三节　隋唐遗迹

大兴—长安城和洛阳城

长安和洛阳，是隋唐时期的两座都城（图90、91）。这两座都城都

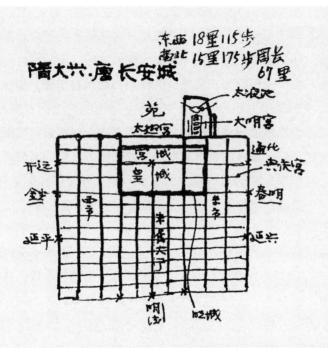

图90 隋大兴、唐长安城

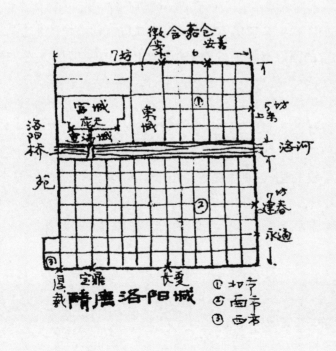

图91 隋唐洛阳城

与秦汉以来的都城不同。秦汉以来的都城，都是在原有城市的基础上建立的，而这两座城都是按照全新的都城规划建设的。这当然有它的客观原因：① 经过长期的战乱，两地的旧城皆已残破了；② 旧城长期使用，城区的水质下降，饮水苦涩；③ 形势不同了，对都城的要求也有了变化。因此当隋将要统一或已统一之后，作为一项重要的王朝规划——开始了新的都城设计。长安隋代名大兴，开皇二年（582年）始建，洛阳于大业元年（605年）建筑。大约在设计兴建之初，就决定了这两座都城有区别，以长安为主，洛阳为次。盛唐时虽然并称西京、东京，但唐初人叫长安为京城，叫洛阳为东都。武则天时常在洛阳，改称为神都。武则天以后又改称东都。到肃宗时，与东都相对，称长安为上都。从唐朝人对这两座都城的称谓，可以看出是有区别的。这个区别反映出两座都城有主次之分。从复原的遗迹看，它们的区别就更为清楚了。其显著的不同点是：

1. 宫城和中央衙署区（皇城）的位置和布局不同。长安布置在北部正中，洛阳则在西北隅。

2. 长安以朱雀大街为界，左右对称布局，洛阳布局不对称。

3. 洛阳将洛河布置在城内，而长安城内没有河道。

4. 洛阳因袭北魏洛阳制度，划分了一里见方的坊（原设计为103坊），而长安的坊有大有小，原设计108坊。

5. 长安的苑置于城北，洛阳的苑置于城西。

两座都城的共同点是：

1. 都注意了宫城的卫护，加强了内防。

2. 扩大了居民区，反映了隋代初年集中人口的要求。居民区——坊——的区划很整齐，坊有四门和十字街（大兴皇城前四排坊例外，只设东西两门和两门间的横街），便于管理和控制。

3. 注意了市场的布局。洛阳市的安排更为合理，反映了工商业发展的要求。

以上这些共同点清楚地反映了，它们都是在北魏洛阳城的启示下而设计的，是参考和改进了北魏洛阳城的布局而出现的新设计。

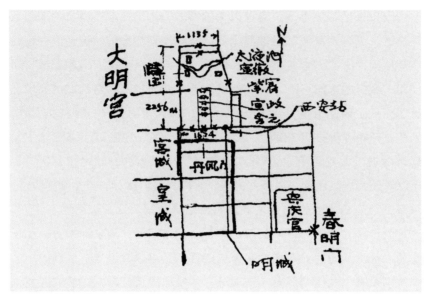

图92 大明宫的位置

宫殿遗址

长安、洛阳的宫殿遗址都进行过考古工作。长安的工作多，发现的重要遗迹也比洛阳多。长安宫殿有三个区域：一是隋建城以来的宫城（太极宫），这里后世破坏较严重。并且现代建筑物密集，故除了钻探以外，只对门址和较小的建筑物进行了清理，主要的宫殿遗址还未发掘。二是兴庆宫，这是唐玄宗即位以前的王邸（潜邸），占1.5坊之地。开元二年（714年）置宫，因主要在兴庆坊，故名兴庆宫。开元十六年（728年）建成，玄宗在这里临朝听政，解放以后西安市扩大了宫的范围，兴建了兴庆公园，兴庆宫的宫殿也未发掘。三是大明宫（图92），在长安城禁苑的东部，其地地势高，唐太宗时即建有宫殿，高宗龙朔二年（662年）正式建宫，高宗、武则天都在这里听政。此后这里实际上成为长安的主要宫殿区——朝会之所。因为它在原宫城之东，所以唐人叫它作东内。大明宫，唐末以后一直荒废，破坏较以上两宫殿为小。所以多年来这里一直有考古发掘。现以大明宫的宫殿为例，讲一些当时宫殿布局和个别殿堂情况。

大明宫平面为南宽北窄，主要宫殿区在南部偏西的龙首岗上。南面的正门为丹凤门，内为正衙含元殿，是大朝之所；其后是宣政殿，

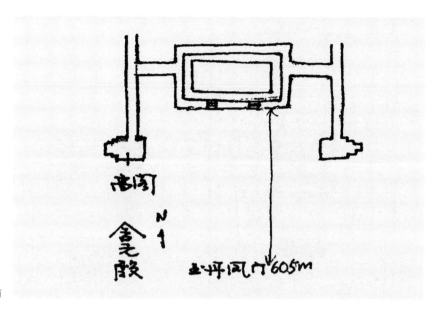

图93　含元殿平面

为常朝之所；再后为紫宸殿，是皇帝的便殿。这是现知比较明确的最早的三殿制度，此制一直延续到明清。大明宫除了这套主要宫殿之外，还分布有很多的宫殿，较大的有太液池西的麟德殿，这是皇帝设宴的大殿。现以含元殿和麟德殿两例，来了解一下唐代盛世宫殿的规模。

含元殿（图93）建于高出地面15.6米的龙首岗南缘，从遗址的布局知道这是一座外绕廊子的长方形重檐建筑。在其前方两侧各立一高阁，有飞廊与大殿左右相连。它的正前方与丹凤门之间有宽敞的庭院。含元殿的布局气派是很宏大的，与北京故宫比较一下，就清楚了。明清的正殿——太和殿，台基高出地面不过7米，连廊算在内面阔十一间，进深五间。其前的院落，长不过188米（从太和殿到太和门）。从太和殿到午门也不过330米。而含元殿面阔十三间，进深六间，台基高出地面15.6米，院落长600多米。相比之下，可见含元殿该是何等壮观雄伟了。麟德殿（图94）是举行宴会用的宫殿，举行宴会使用空间的情况与正式上朝不同，因而它的布局又是另外一种安排。周围环绕长200米和宽120米的回廊的长方形院落，院落中部在两层台基上建起三座殿堂，前殿是单层建筑，11×5间，中、后殿相连，是楼阁

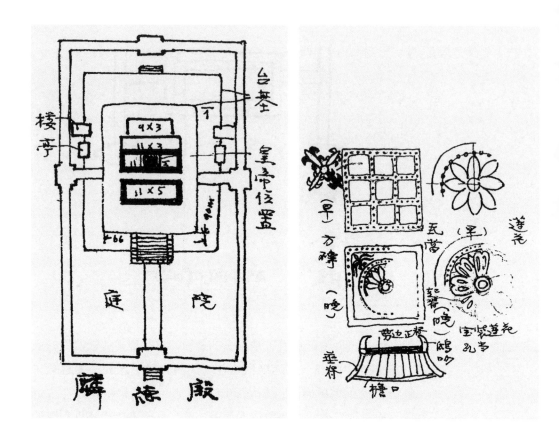

图94 麟德殿平面（左）

图95 含元、麟德两殿出土的方砖、瓦当和殿顶琉璃饰件（右）

建筑。中殿为11×5间，后殿为11×3间。后殿之后还有9×3间的单层建筑。在这三殿的两侧各有一阁一庑的高层建筑，它们的上层与中、后殿的上层有飞廊相通。前殿之前有宽敞的庭院，估计其长至少在50米左右。中殿的中间部位是皇帝的位置，其他房间包括廊屋，即是按身份、等级排列坐席的地方，宽敞的庭院即是音乐歌舞的场所。这是一座宏伟的大会堂，类似的专为宴乐的大会堂，不见于明清的故宫。以上两处宫殿，都是高宗、武则天时期兴建的。可以估计它们是盛唐时期建筑的代表作品。

这两座宫殿遗址，出土了莲花瓦当、方砖等建筑构件。这些建筑构件是盛唐时期的标准作品。值得注意的是，还出土了少数绿琉璃建筑构件，说明当时出现了剪边琉璃屋顶（图95）。

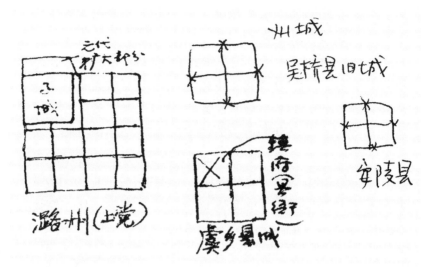

图96 唐代州县城址平面

地方城址

隋唐一统,在都城集中了大批人口和财富。地方城市就难以和都城相比了。根据已知的城址,大体可以看到从隋到盛唐,地方城市的建置似乎都根据一定的制度。这个制度大约是将地方城市分为三个等级,每个等级的城市都是方形或接近方形的平面,内部大体上都区划出若干个一里见方的坊。第一等级是大州府城,第二等级是一般州城,第三等级是县城。这种等级在中原和北方地区,反映得比较明显(图96)。

大州府城:属于一等,城里有十六个坊。最清楚的例子是潞州。潞州城即今山西长治旧城,潞州设大都督府,子城设在西北隅。元代重建时扩展了子城,其原来布局应不向北突出。玄宗即位前在潞州做官,即位后将其原住地(潜邸)建了飞龙宫,即后来的长治县衙。这种十六个坊的大州府城,周长都接近二十里。

一般州城:属于二等。今山西汾阳县城,是沿用唐宋汾州旧城城址。今山东掖县旧城,是沿用唐莱州城址。这两座州城都是四门,十字街,四坊面积,城的周长接近十里。

县城:属于三等。今河北之吴桥县旧城,是沿用唐安陵县城址。山西虞乡镇旧城是沿用唐虞乡县城址。这两座旧县城,都是周长约五华里，即为一坊的面积。也是开四门，十字街。明清的虞乡县衙位于西北隅，这也是沿袭唐代县衙旧地。

从隋唐都城到地方城市，似乎建立了一套以十字街为骨干的里坊制度，作为基层单位。从都城到县城逐步缩小，县城的面积实际只等于都城中的一个坊。这样完整的封建城市体系，是以前所没有的。这既体现了严格的封建等级制度，又反映了中央集权的进一步强化。因此，尽管隋唐城制在以后，随着封建社会的发展，在某些方面有了改变，但总的轮廓在中原、北方则一直保存到我国封建社会的后期。同时也因为这个城市制度体系的完整，给整个东方国家以及边远地区以强烈影响。边远地区的许多政权，争先仿效。

墓葬制度

隋唐封建等级制度，表现在墓葬方面也很显著。隋唐的帝陵没有发掘，但地面布局保存较好。陵前所列石刻，从唐太宗昭陵起才逐步复杂，出现所谓番酋列像和六骏高浮雕。高宗的乾陵更进而布置了石人、石马，颇有仪仗气氛。此后大体沿袭乾陵制度，有的略有增加。总的趋势种类相近，而数量减少。帝陵以外即便是高等级的大墓，也只有石狮、石柱，再次的只具有石羊（三品以上）。三品以下者，则不列石兽。

就地下墓室的已知情况看，大体可以分为五个等级。

第一等级：是前后室弧方形砖室墓。这是一品官以上的墓制，如陕西乾县章怀太子墓（图97），后室5米×5米。

第二等级：是单室弧方形或方形砖室墓。如从一品张士贵墓（图98），后室4.3米×4.05米。无石椁，只设棺床。是一品到三品的大官的墓制。

第三等级：与二等墓形制近似，但有的墓室只砌出砖地面，主室面积也显著缩小到3.46米×3.48米。如正五品的独孤思贞墓（图99），棺床用砖砌，天井两侧小龛减少，面积多在3.5米×3.5米以下。1—5天井，1—5过洞（通道）。这是四、五品官的墓制。

第四等级：是单室方形土洞墓。土洞墓室有的有弧线，有的无弧线。有砖棺床，一般没有小龛，已不用砖铺地，墓室面积大体在2.5米见方。过洞与天井两侧没有小龛，是六至九品官吏和庶人的墓制（图100）。

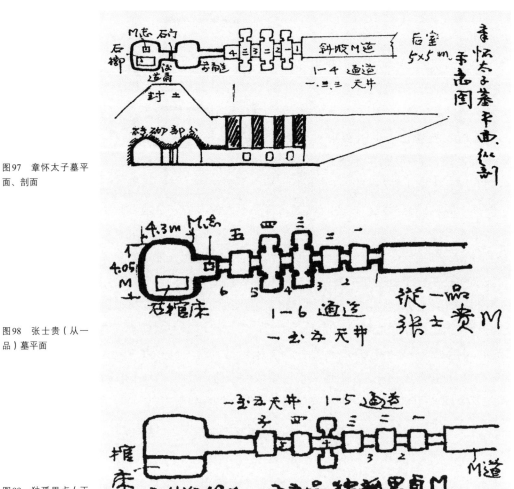

图97 章怀太子墓平面、剖面

图98 张士贵（从一品）墓平面

图99 独孤思贞（正五品）墓平面

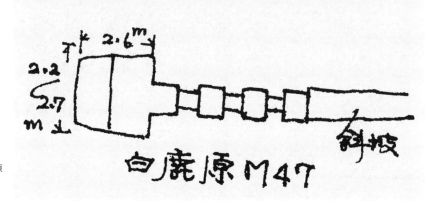

图100 西安白鹿原M47平面

第五等级：单室长方形土洞墓，墓道为竖穴，一侧挖一土洞，内放尸体，墓室面积2.5米×1.7米。墓室内无棺床，无墓志，无墓门。这是一般庶人和穷人的墓（图101）。

隋唐制度规定，上品官吏可以使用下品制度，但下品不得僭上。但制度归制度，事实上在盛唐以前已多僭越情况。到盛唐以后，特别是晚唐时期，制度日益紊乱，许多有权势而官品不大的人和一些地方官吏大多已不拘泥于这个制度了。除墓葬形制外，壁画和随葬品，也是反映墓葬等级的重要内容。壁画画于墓道两侧、天井两侧、墓室四壁和顶。随葬品多置于墓室和小龛内。壁画和随葬品的内容，除反映墓主人身份、等级之外，还比较清楚地反映了时代风尚的差异，即可以据以分期。隋唐墓葬一般可以分为前、中、后三期。前期为隋到唐玄宗以前（6世纪末—8世纪初）；中期是唐玄宗到德宗初（自玄宗开元元年，713—790年左右）；后期是德宗中期以后至唐亡（即9世纪）。每期差不多是一百年左右。三期和各等级墓的壁画情况如下表：

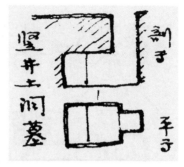

图101　竖井土洞墓平面、剖面举例

		墓道	甬道、天井	墓室
前期	三品以上	青龙白虎引导，与墓主人官职相应的仪仗、牛车、鞍马 更高级的还有打球、游猎等内容	属吏、男女侍从、列戟	女侍、乐舞
	三品以下	青龙、白虎，牛车、鞍马	属吏、男女侍	男女侍、乐舞
中期	三品以上	青龙、白虎、云鹤，牛车、鞍马	男女侍、列戟	男女侍、乐舞、人物屏风、墓主人像
	三品以下	青龙、白虎	鞍马、男女侍、花卉	男女侍、乐舞、人物屏风、墓主人像
后期		无	女侍	翎毛屏风、云鹤屏风

表中所列的属吏、列戟两项，依据属吏本身和墓主人官职不同而差异显著。高宗时规定三品以上服紫，五品以上绯，七品以上绿，九品以上青，庶人黄。二品以上，门前官家为之立戟，天子24，东宫18，一品16，二品14，三品10—12。由列戟也可以看出墓主人的品级。

随葬品因为墓大部分被盗，已不齐全。现存最多的是俑。但也难以统计出准确的数字。现参考文献，估计一个大体的数字。各期和等级的情况，如下表：

前期	三品以上	90—600以上
	三品以下	40—70以上
	庶人	10
中期	三品以上	70以上
	三品以下	20—40
	庶人	15
后期	三品以上	100
	三品以下	50—70
	庶人	25

俑的数量的区别，只是差别的一个方面，更能说明问题的是内容的差别。前期：三品以上，最多的是围绕牛车、马的仪仗俑。高级官吏的仪仗俑中还有较多的武装骑俑。男女侍俑比仪仗俑少，还有乐舞俑。三品以下官吏的墓俑，仪仗俑、侍俑与乐舞俑数目差不多，庶人墓偶有仪仗俑，侍俑是主要内容。中期：总的情况是侍俑增多，乐舞俑之外，出现了游乐性质的俑，如游山俑、骆驼载乐俑，较晚出现了兽首人身的十二时俑。后期：主要是侍俑与十二时俑，新出现的是铁铸的猪和牛。

前、中、后三期各级墓都有镇墓守卫性质的镇墓兽和武士俑。中期十二时俑和后期铁猪、铁牛，也都属于这个性质。除了镇墓守卫性质的俑外，三期各级墓俑内容的变化，与壁画内容变化的情况相似，

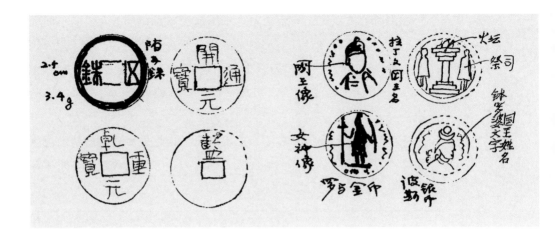

图102 唐墓出土的铜钱及外国铸币

它们共同反映了墓主人生前生活的变化。前期,愈是品级高的墓主人,愈重视表现外出的内容。中期,则改变成重视家居的游乐生活。后期,突出了镇墓守卫内容的俑类,应当是与越来越不安定的社会状况有紧密的联系了。

唐墓绝大多数被盗掘,贵重的随葬品早已不存。现墓中常见的具有断年意义的器物,主要是墓志。没有墓志的,铜钱就是重要的断年根据了(图102)。前期流行的铜钱是隋文帝所铸的"五铢"和武德四年(621年)开始铸造的"开元通宝"。文字改变了过去的篆书,而改用隶书。更重要的是,"开元通宝"改变了以前铸出重量的做法。但规定每十枚重一两,因而出现了"两"下用"钱"来进位的衡法。这个变化一直影响到以后。"开元通宝"是整个唐代流行的货币。中期到肃宗乾元年间(758—760年)铸造的"乾元重宝",这是年号钱。晚期武宗会昌年间(841—846年),有背面铸出地名的"开元通宝",如蓝田县铸的铸一"蓝"字,益州铸的铸"益"字等。在前期的个别墓中,还出有东罗马金币和波斯银币。这两种外国货币,都铸出铸造时在位的国王头像和名字,可以据之考证出铸造的时间。当然这个年代与墓的年代关系不大,它只能说明该墓不能早于铸币年代,但不能断定建墓在铸币后多久。外国铸币,只能帮助考虑墓的年代上限。波斯银币背面铸出火坛和祭司的形象。

图103 初唐壁画中的犁

壁画中的农耕图像

有两幅反映农耕作业情况的重要图像。一幅是贞观四年（630年）陕西三原李寿墓壁画。其中有一人扶犁驾二牛耕地的画，图画中的犁不仅使用了犁镜（壁），而且出现了弯曲的辕。曲辕犁比直辕犁不仅减轻了重量，而且也便于耕作活动。另一幅是敦煌莫高窟445窟（武则天时期洞窟）的壁画。壁画中也是一人扶犁驾二牛耕地。犁又有了改进：辕更加弯曲灵活了，箭这个部件完善了，它可以灵便地调整犁入土的深浅，犁壁与犁铧配合得更紧密了（图103）。这些改进，使我国古代重要的农耕工具——犁，达到了接近成熟完善的阶段。所以这种形式的犁，基本上一直被使用到近代。

初唐时期耕种农具的迅速改进和发展，促进了唐代农业生产（经济）的繁荣。另外我们从敦煌唐代壁画中，还可以看到一些反映生产关系的场面。如445窟的耕作图，在一片农田中，有耕种、有打场（用了连枷）。还画出升斗，准备入仓的内容，有四个农民在场院一角，围坐欲食的内容。还画出一座房屋，里边坐了一个类似监工的人。这样的画面，显然不是一户农家的农事活动，而是描绘了一处庄园。在榆林窟第25窟（属于天宝以后的中唐）壁画中有耕种，有男女扬场，上方画出一个僧人在打坐。有人认为这是一幅反映当时佛寺经济的图画。唐代佛教流行，寺院占有大量土地，这幅壁画内容，即是佛寺派僧人监视在寺院的庄园中从事农业劳作的寺户的图画。以上两幅生产画面，都反映了庄园的形象，可见当时在农业生产中，庄园还占有很大比例。这一点与宋以后日益增多的个体农民经营农业的情况是不相同的。

金属工艺

隋唐的金属工艺，突出的有两种，一是铜镜，一是金银器。这两种金属器物较精致的都制造在晚唐以前，大约都出自官府的作坊，主要是隶属于皇室的少府监中尚署。

铜镜，总的看形制变化大体和墓葬差不多，可以分为三大期。自隋起到唐玄宗以前，镜背面铸兽纹，布局是延续传统做法，很少留有空地。较早的兽纹是四神十二时。到高宗、武则天时期，流行奔兽和海兽葡萄纹，后者盛行于武则天时期。玄宗时逐渐出现了新的布局方法，即镜背出现空地，花纹主要是花鸟，也出现了盘龙和人物。这个时期，是隋唐镜最精致的时期，盛行各种装饰技法："金银背"（包金、银片）、"金银平脱"（用漆粘贴金银人物花鸟）、镶嵌（螺钿、宝石等）和"七宝"（镶嵌琉璃，即景泰蓝的前身）等。这类特技制作的铜镜，我们发现的大多保存不好。日本奈良正仓院藏有一批重要的唐代工艺品，其中有高工艺铜镜。正仓院藏品主要是天宝十五载（756年）日本圣武天皇死后，由光明皇后将天皇生前使用的用品捐献给东大寺供奉卢舍那佛的。这批器物很多都是当时日本遣唐使和留学生从长安、洛阳等地带回去的。

到德宗以后，晚唐铜镜纹饰简单，流行各种花朵，再晚一点，则流行万字纹（卍）镜。

金银器，主要是饮食用的生活器具。这是在中亚、西亚金银器物影响下发展起来的。隋和唐高宗、武则天时期，器形还多为西方流行的样式。有素面的，也有锤鍱出凸起的纹饰，有的花纹布局充满、复杂。纹样中有类似忍冬的纹饰和莲花。到唐玄宗时，西方式样的器形稀少了，器形多盒子、碗、盘等。纹饰向疏朗发展，与同时期的铜镜花纹有相似的风格。这个时期，是金银器丰富多彩的阶段，花纹的主体上多涂金，富丽堂皇，即所谓金花银器。还出现镶嵌工艺，流行七宝镶嵌。到唐德宗以后，西方器形不见了，多为碗、盖碗、大小盘等。花纹上又出现新的繁缛琐碎样式，也出现人物故事内容。金银器总的发展趋势，无论器形和纹饰，都日益东方化了。1986年陕西扶风法门寺发现的一批晚唐懿宗咸通年间（860—873年）的金银器，是很重要的实物，其中有"文思院"铭记，这应是长安官府的产品。器体单薄，纹饰繁琐，镂空技法较多见，这批器物可以与五代、宋初的金银器相联系。

漆木工艺

隋唐时期的漆木器生产，在唐代，特别是盛唐时期（即以玄宗为中心的阶段），器物种类繁多，技艺多彩。突破了以前主要制造中小型用具如杯、盘、案、奁之类的局限，而生产了许多较大型器物和非一般的日常用具，大大扩展了漆木器的种类。精巧的特殊的装饰工艺技术也大大发展了。漆木器不易保存，幸而当时传入日本皇室和寺院的还有一部分保存至今。可以根据这些传世的唐代漆木器，来看唐代漆木工艺。日本所藏其中的精致品，有可能是唐少府监中尚署的出品。其中也有日本当时生产的仿制品。这批漆器种类很多，除小件的碗、皿、盆、盘、胡瓶等器皿外，还有许多家具，比较大的橱子、立柜和屏风。还有较小的各种箱子，各种几、轼（凭几）、胡床（带靠背的大椅子）、放经卷的经盒、下围棋和双陆的局（棋盘）、悬挂镜子的镜架。此外还有乐器，如琴、阮咸、琵琶、笙等。在质地方面，高级的用紫檀木、沉香木，次的用柿木。箱子的质料最多，除木箱之外，还有涂漆的皮箱、葛箱，还有柳箱和蔺箱（葛、蔺皆为多年生草本植物，其茎柔韧，可编织作箱、席）。这批漆木器的装饰十分华丽，有各种绘饰，包括彩绘、金银绘、油绘、漆绘；还有平脱，有木画（用不同颜色的木料拼接成各种图案和形象）；各种镶嵌，有螺钿、玳瑁、水晶、牙雕和拨镂（把象牙染成红、绿等色，再雕出露出本色的纹饰）。屏风上还有鸟毛贴饰纹样的做法。木画、拨镂是当时的新工艺。隋唐时期居室内的情况还和汉代差不多，人们进入屋内都是席地而坐，或者坐在大床上活动，与今天日本旧式房屋布局的情况相类似。所以大型家具不多，中小型活动性的家具较多（活动性是指不固定在一处，用时摆上，不用时撤下）。宋代以后室内流行的家具较多为固定的桌、椅，在唐代还未出现。所以在唐代数量不多的高级的中小型活动型家具，不仅具有实用意义，而且还具有欣赏价值，是制作精巧的工艺品。

织染工艺

日本还保存了不少隋唐时期的织染品，其中大约有不少是唐少府监织染署的产品。近年来新疆、青海相当于隋唐时期的墓葬中也出土了不少当时的织染品。1986年陕西扶风法门寺也出土不少精致的产品，可能是少府监的制品。这些织染品，在一般的织染技术上和汉、六朝相比，我们还很难说有何重大的发明和创造。但在织造工艺和纹饰上，特别是纹饰上，与此前有了很大的差异和变化。从现存的织花遗物上可以看到，出现了在纬线织花的锦。我国是经线织花，在纬线上起花是中亚或西亚畜牧地区发明的短纤维、毛织品上的做法。大约到唐初时期的锦中出现了这种做法，现在一般叫它纬锦以区别于一般经线起花的锦。这种锦的纹饰，可以在织造一段以后改变花样，而经锦的花纹在确定之后，就不能改变了。日本正仓院中发现的狭幅龙纹的缂丝（它是用通经断纬的方法显出纹饰的），这种工艺既可使花纹凸起，且可使纹饰线条运转自如，因此容易产生绘画的效果。所以它是纺织工艺中的高级艺术品。大约也在盛唐时期，在锦的配色方面也出现了新的工艺——晕绸，即表示一种颜色，用深浅不同的丝线，由浅色有层次地进入深色，这样就会出现绚丽的色彩效果。锦上添花的做法，也是这个时期流行起来的。在织出花纹的锦上，再绣出凸起的花朵。这就比锦更为华丽了。此外，织金银线，织鸟毛的做法，也是盛唐时期兴起的。盛唐时期丝织品上织花的工艺越来越丰富多彩了，织花工艺在纹样方面也日益新颖，隋、初唐流行联珠圈中饰以禽兽的纹样。大约到了武则天时期，逐渐发展了缠枝花朵，玄宗以降，发展了各种花卉——折枝花，花卉的发展由莲花到宝相花（变形莲花）、团花，再到带有枝叶的折枝花和花鸟。花朵的多种多样形式，也是出现于盛唐。各种器物上的花纹，有它的共同发展规律。盛唐以降，由于织造工艺发展迅速，所以它所创造的花纹，新式样较多，因而织物花纹的影响就越来越大。同时期和以后，其他器物的花纹，逐渐出现了参考织物花纹的风气。这是我国花纹演变史上的特点之一。

印染，无花纹的织物，可以用印染方法装饰。印染多施于素面无纹的绢、纱上（《文物》1973年第10期）。唐代印染值得注意的是镂板印染技术的发展。其花纹已不限于简单的图案纹饰，出现了生动的人物鸟兽，甚至出现了大幅的艺术品。如正仓院所藏的印染花树对鹿屏风。在工艺方面，有人根据有许多细小纹饰，如其直径在1—3毫米的圆圈推测，这不是雕镂木板所能奏效的，估计已出现镂空纸板。当然这种纸板是用特种纸制成的。文献记载唐代出现了不少纸制品，甚至有以纸制衣者，可见当时制纸工艺有了新发展。在这种情况下，出现特种印染用的纸，是完全可能的。

陶瓷工艺

隋唐之官府陶工属将作监甄官署。官府所用砖瓦和两京地区出土的精致的随葬品，特别是精致的陶俑，应是官府甄官署的产品。自高宗、武则天时期，墓葬中出现盛行于当时的三彩器物，有可能也是兴起于甄官署。三彩是低温施釉器，有很大的吸水性，应属陶器。隋唐是瓷器开始发展的时期，瓷器的发展，应是民间手工业的重要贡献。隋初将北朝以来的关东重镇——邺——摧毁了，将邺的居民迁移到它南面的相州，即今安阳。北朝时邺新兴的制瓷工业也就迁到了安阳。因此，安阳发现了隋的瓷窑遗址，安阳隋墓出现了大批瓷器。安阳隋瓷基本上是青瓷系统，釉色青黄，器形多碗、盘和高足盏、子母盏盘和四系罐（如二碗相对）。在唐初安阳北边的邢州发展了白瓷，窑址分布在今河北临城、内丘一带。不久洛阳附近的巩县也烧造了白瓷。巩县还发现了三彩窑，它大约是唐代烧造三彩的最早的地点，时间可能早到武则天时期。

唐代流行饮茶，盛唐晚期陆羽著《茶经》，他从盛茶的角度评论当时瓷茶具说：越州青瓷上，邢州白瓷次之，还列举了其他青瓷窑的瓷器。由此可知盛唐时瓷器已有青、白两个系统。盛唐时南方的青瓷窑发展很快，产地以越州为主（今绍兴）。大约到了晚唐时，长安附近的耀州窑和河北的定州窑也发展起来了。前者主要烧制青瓷系统瓷器，也烧三彩；后者主要烧制白瓷。到了晚唐时期，越州青瓷质地更佳，当时称为秘色瓷，但很长时期不知秘色器的具体特点。1986年陕西扶风法门寺出土了秘色瓷，是由同出的物账碑上得知的，出土的秘色瓷可以与物账记录吻合。在长安宫殿遗址的盛唐地层中，出土了邢窑系统的白瓷。河北定州在晚唐时也烧制瓷器，窑址在曲阳，曲阳属定州，是邢窑系统的白瓷。制瓷工艺，在唐代已发展出青、白釉两个系统，这两个系统的瓷器各有优点，到了五代、宋以后，又各有新的发展。

佛教遗迹

隋唐佛教遗迹有石窟，也有地面寺院建筑。隋唐石窟主要分布在洛阳以西，洛阳龙门石窟和敦煌莫高窟保存的遗迹较多。隋唐石窟以佛殿窟为主，总的趋势是向模拟地面寺院的佛殿形制布局方面发展。主要佛像位于后壁，如洛阳龙门奉先寺（高宗、武则天时期），即将组像凿在后壁上。盛唐以后，在窟中流行立佛的形制。晚唐时在佛坛的后部出现了背屏。主要佛像除释迦之外，流行阿弥陀佛和弥勒佛。这是信奉阿弥陀净土和弥勒净土的缘故，壁画中也多画出这两种净土变相。另一方面是佛教向民间发展，为了配合僧人宣讲，许多佛经都出现了相应的经变图，可能是僧人讲解某一佛经时，即配合看这个经的变相，看图听讲，当然比单纯的枯燥说教生动吸引人，会起到更好的宣传效果。经变画在晚唐时种类增多，也更为流行。

隋唐时的地面寺院，现存两处，皆在山西五台山，一是南禅寺，一是佛光寺。唐代建筑都只存大殿，其寺院布局情况已不完整。但依据敦煌莫高窟唐代洞窟壁画中的寺院图和现存遗迹，可以大体复原主要院落的布局。佛光寺是一座西向的寺院，主殿面阔七间，坐落在高台之上；高台下面现存一方形殿基，此殿基前左侧有金代补建的文殊殿，相对的右侧应有普贤殿，已被焚毁。再向前正中原为山门位置，现为清建韦陀殿（图104）。佛光主殿的主像是释迦，其两侧左为弥勒佛，右为阿弥陀佛，是表示两种净土的主佛；再两侧分别为文殊与普贤菩萨。南禅寺的布局比较简单，是一座典型的小寺。主殿面阔仅三间，它原来的布局是山门后两侧接以回廊，正面为主殿。主像是释迦，左右有文殊和普贤菩萨。佛像的布局与晚唐石窟中的正壁布局相同。寺院佛像的组合与布局和石窟相同，恰是唐代石窟愈来愈模仿寺

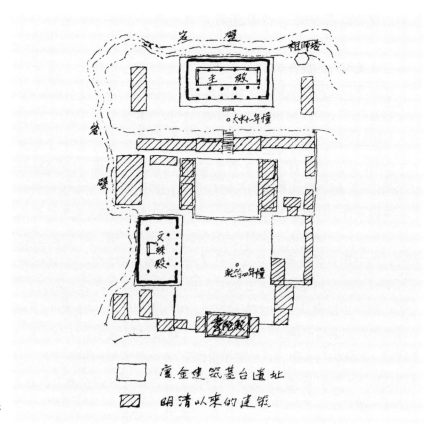

图104 山西五台佛光寺平面

院佛殿的最好例证。

第四节 边远地区的遗迹

这个阶段,边远地区与内地的联系加强了,内地的许多发现,特别是来自西方的器物,如货币、金银器、琉璃器等,是途经边远地区而进入中原的。新疆是个重要地区。由于丝绸之路的畅通,中国的许多器物销往国外,已在国外被发现。居住在边远地区的少数民族,也在急剧地发展,边远地区的考古资料丰富起来,是这个阶段的重要特点。东北的高句丽、渤海,建立了地方政权,在西南藏族和彝族也建立政权——吐蕃和南诏。魏晋南北朝、隋唐时期边远地区的遗迹,主要介绍辽东及现国境外的魏晋墓葬、高句丽遗迹、渤海遗迹、新疆遗迹、青海西藏吐蕃遗迹和云南的南诏遗迹。

辽东及境外的魏晋墓葬

辽东是指辽河以东地区，境外是指今天国境之外。辽东和朝鲜境内，曾发现不少时代明确的魏晋墓葬。这批墓葬大多保存了较早的形制，与中原地区的墓葬不同。

辽阳三道壕发现有"（曹）魏令支（河北迁安）令张……"铭记的石板墓，它的形制是两棺室的左侧有通向后室的通道。棺室前有前室，前室两侧各有一耳室，右耳室较大，存有夫妇宴饮壁画，左耳室较小，存有炊厨壁画。辽阳上王家村一座两晋之际的石板墓，两棺室之前为前室，前室顶抹角叠砌，左右各有耳室，也是左耳室小，右耳室大。右耳室右壁画夫妇宴饮。男主人坐方榻，榻上设帐，帐后有曲屏，主人手执麈尾（麈尾，一种大鹿的尾毛，可做拂尘。两晋士大夫谈玄，多持此物。亦象征权势。晋时说其为"王谢家物"，是有名人物指挥战争所用，高僧讲经亦用之，已非实用物）。左耳室左壁画步骑出行。这座墓还出土一件江浙地区烧造的青瓷虎子，说明辽东通过海上与南方的联系（图105）。

西晋以后，中原北方形成长期割据局面。辽西辽东最初为前燕慕容氏（鲜卑的一支）割据一方，前燕最初还和长江下游的东晋有联系。这时在朝鲜北部汉置的乐浪郡和汉末公孙氏割据乐浪南部所置的带方郡，还在奉东晋正朔的汉人统治之下。乐浪郡治所在今平壤，带方郡治所在开城（板门店），所以这两个地区分布有大量的这一时期的墓葬（图106）。平壤附近现知最迟的晋墓是东晋永和九年（353年）以砖石砌的方形砖室墓。墓砖有铭文"永和九年三月十日辽东、韩、玄菟太守佟利造"，知墓主人大约是慕容氏任命的地方官佟利。在开城附近曾发现一座前后室的砖室墓，墓砖铭文为"使君带方太守张抚夷砖"，"太岁在戊，渔阳（北京密云）张抚夷砖"。太岁在戊即戊申，应是永和四年（348年）。这个张抚夷看来也可能是慕容氏任命的。开城附近最迟的纪年砖墓是东晋元兴三年（404年）。1949年在平壤与开城之间的安岳，发现有永和十三年（357年）铭记的冬寿墓。这是

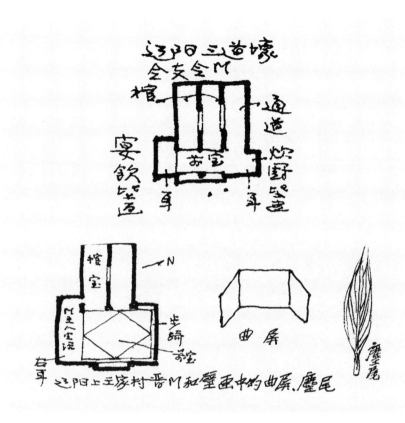

图105 辽阳三道壕魏令支令墓平面、上王家村西晋墓平面和壁画中的曲屏、麈尾

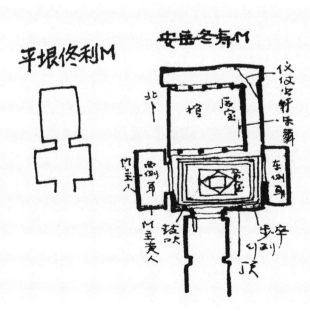

图106 朝鲜平壤、安岳发现有东晋纪年的墓葬平面

一座抹角叠砌顶（三层）的石室壁画墓。后室左侧有通道可通至后室后部。壁面画有250人大场面的车骑仪仗，中间是墓主人坐在牛车上。后室左壁画乐舞，前室前壁画鼓吹出行行列。前室左右各有耳室，左耳室画厨房、马厩；右耳室大，画墓主人夫妇。男主人坐于坐榻上，手执麈尾，榻上画出帷帐、曲屏。这座墓从形制上看，明显是来源于辽东，是前举辽阳石板墓二例的大型化。换言之，它们在形制上是同一系统，规模等级后者要高。在右耳室入口处的南侧，壁面上有墨书铭记：

永和十三年十月戊子朔廿六日
癸丑使持节都督诸军事
平东将军护抚夷校尉乐浪
侯昌黎玄菟带方太守都
□□幽州辽东平郭
□乡敬上里冬寿字
□安年六十九薨官

他的职官比令支令要高得多，也比太守高，可能是慕容氏授予的。冬寿文献记载作佟寿，当时冬姓的冬，可写作佟。冬寿辽东平郭人，原是前燕的司马（军队司令），因前燕王室内讧而于咸康二年（336年）来到朝鲜北部。冬是当时平郭（今锦、抚、海、盖地区）大族，他到这里应是率领了大量的部曲，上述平壤发现的永和九年的佟利墓，大约即是冬寿的族人，随冬寿一起到这里的。从冬寿墓的规模到250人的出行壁画，反映了冬寿在这里势力很大。但是这个时期其东北方的高句丽也强大起来了。高句丽很快与这里的土著联合起来，逐渐排挤外来的汉人。1976年在平壤西南的大安德兴里又发现了一座公元408年汉人大官的墓葬（图107）。墓为前后室砖墓，墓的规模比冬寿墓低一级。这座墓的墨书铭文（14行，154字）：

信都郡信都乡□甘里

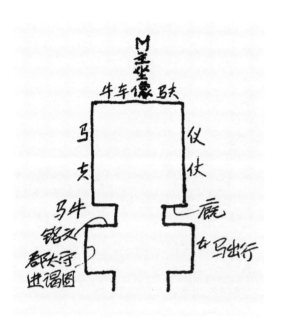

图107 朝鲜大安德兴里高句丽永乐十八年（408年）墓平面

释加文佛弟子□□氏镇仕
位建威将军国小大兄左将军
龙骧将军辽东太守使持
节东夷校尉幽州刺史镇
年七十七薨焉以永乐十八年
太岁在戊申十二月辛酉朔廿五日
乙酉成迁移玉柩周公相地
孔子择日武王选时岁使一
良葬送之后富及七世子孙
番昌仕宦日迁位至侯王
造藏万功日煞牛羊酒宍米粲
不可尽扫旦食盐豉食一椋记
之后世寓寄无绝

铭文告诉我们：① 墓主人名镇，好像是复姓，但已不可辨。是信都（今河北东部冀县）人，也是迁到这里的汉人。② 官衔是幽州刺史，刺史管辖若干个郡。所以壁画中有十多个太守进谒的图像（十三郡太守来朝图）。这个官职最初也可能是慕容氏授予的。③ 官衔中有"小大兄"，是高句丽的官名，纪年也用的是高句丽广开土王的纪年永乐十八年，即东晋义熙四年（408年）。这两点说明高句丽已占据了乐浪、带方，镇是投降高句丽之后，又担任了高句丽的官职。④ 铭文中明确记载墓主人信佛教，但壁画看不到明显的佛教艺术因素，这一点对考察下面要介绍的高句丽墓葬的年代是有启示作用的。看来，从5世纪初起，汉人在朝鲜北部的势力已开始被高句丽消灭了。此后，在朝鲜北部这个类型的墓葬就被高句丽的上层人物所承袭。

高句丽和朝鲜半岛的有关遗迹

文献记载，高句丽是"扶余别种"。扶余、高句丽、涉，大约是比较接近的民族，是通古斯系统中比较近的一支。高句丽大约是在它的原始社会末期从松花江中游沿松花江向南移到浑江和鸭绿江中游一

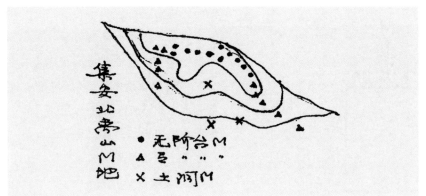

图108　吉林集安北禹山高句丽各类墓的分布方位

带的。现在可以明确的高句丽早期遗迹，主要分布在辽宁桓仁和吉林的集安两地。两地的早期墓葬都是用石块堆砌的积石冢。以集安北禹山的墓地为例（图108）。从山顶到山下分布不同形制的墓，只用石块堆成的近方形的墓坑的墓，分布在山顶的中部；在方形墓坑的四周砌出阶台的墓，分布在两侧，可知前者应早于后者。在下方分布的圆形封土的洞室墓时间更晚。前一种墓随葬品很少，一般只有几件陶器如罐、壶，也出少量的铁器，它们的时代相当于汉代，下限大约在东汉初。有阶台的墓，出土铁器较多，还有马鞍上的铜饰，出有剪轮五铢，时间到东汉后期。圆形封土的洞室墓，出现时间更晚，多发现于集安、平壤。这类墓应是高句丽建都丸都（即今集安）中后期（建都时期是209—427年）和427年迁都平壤以后发展起来的。

壁画洞室墓是高句丽遗迹中最重要的一项，故做重点介绍。大型壁画洞室墓可以分为三期（图109）。

第一期：主室方形，穹隆顶，甬道左右各有一耳室，顶为盝顶。主室后壁画墓主人饮宴，顶画日、月、神仙人物、莲花。左右壁画角抵、舞蹈、出行、狩猎、战斗。从墓主人饮宴画在后壁和出现佛教艺术流行的莲花看，它的时间可以与前述的□□氏镇墓相比较，大约自4、5世纪之际到5世纪后期。即东晋和十六国后期到北魏迁洛前，或南朝的宋、齐时期。

第二期：主室方形，甬道上之二耳室连成前室，流行小盝顶和多层叠涩，作抹角叠砌。主室后壁墓主人饮宴的壁画题材减少了。佛教

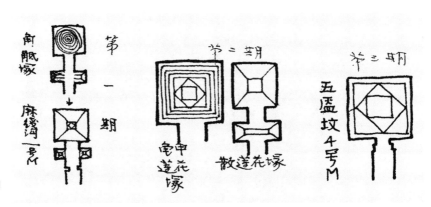

图109 高句丽壁画洞室墓平面举例

艺术因素加重了，出现了飞天、化生和礼佛的形象。莲花画面增多，有的四壁画满莲花。顶上流行四神内容。此期的时间大约自5世纪后期到6世纪前期，相当于北魏晚期和南朝梁中期。

第三期：主室流行大抹角叠砌顶，单室墓。壁画内容流行狰狞的四神。其时间大约自6世纪中期到7世纪中期。即从南北朝晚期到668年（唐总章元年），高句丽为唐与新罗的联军所灭亡。

高句丽也遗留下不少城址，经过考古调查工作的，可知有都城和边城。都城早期的丸都（今集安）和晚期的平壤，都有平原城和山城两座（图110）。丸都的平原城（国内城）是用修整的石块砌建的，略呈长方形，城内北部有建筑遗址，出有瓦件，可能是王宫遗址。山城（山城子山城）则随山势起伏，砌石成不规则的城垣，山城面积大于平原城五六倍。有战事时，王和都城附近的居民进入山城。山城内大的土台，或是王宫遗址。城内出铁兵器残件。边城多分布在通向都城的重要隘口和辽河东侧一线的高地上，石砌形制不规则，和都城的山城相似，但面积较小。到668年高句丽灭亡后，这些城址都随之荒废了。高句丽亡后，辽东复归于唐统治。唐在平壤设立安东都护府，由于朝鲜人民的反抗，677年安东都护府被迫撤回至辽东，朝鲜半岛遂为新罗所统一。

渤海遗迹

渤海，隋唐时又叫靺鞨。文献记载说靺鞨即古之肃慎（《隋书》），

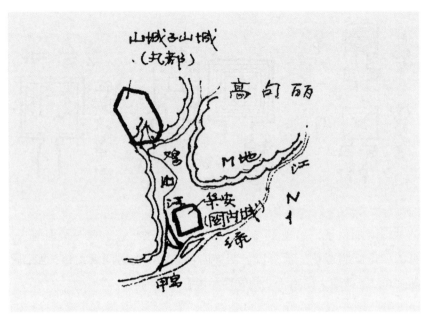

图110 集安高句丽国内城（平原城）和丸都（山城子山城）的位置

它也是通古斯系的一支。这个民族分布在黑龙江流域东部、松花江中游和长白山地区。高句丽灭亡后，不少高句丽境内的人民，北上入渤海。公元698年建立震国，713年（开元元年）改称渤海，926年亡于辽，立国共228年。

渤海城址和墓葬发现不少。主要城址较早的有吉林敦化的敖东城，这里据说是渤海的旧国。从城平面看，它和渤海的其他大城的布局不同，面积窄小，内、子城的位置也不一样。渤海有五个都城，现已确定位置并已做了考古工作的有两处。最主要的是黑龙江宁安的东京城，即上京龙泉府遗址（图111）。另一处是吉林珲春半拉城，它是东京龙原府址。两城的布局基本清楚，都是模仿唐长安城的形制。王城皆在正中北部，正中一线布置宫殿，有的殿内有火炕的设备，这与北方气温低，冬季寒冷有关。所出瓦当为莲花纹，还出有绿色釉瓦件。皆与长安城所出类似。

旧国敦化的主要墓群，分布在牡丹江东岸的六顶山；宁安东京城的主要墓葬群，分布在牡丹江西岸的大朱屯；和龙主要墓葬群，分布在图们江南岸的龙头山。

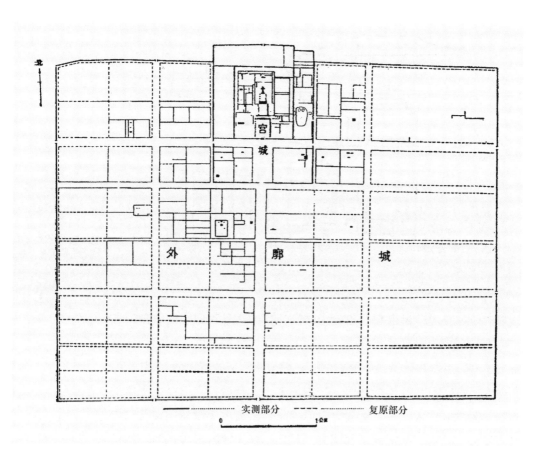

图111 黑龙江宁安渤海上京龙泉府遗址

渤海墓葬，亦有大、中、小型墓之别。

大型墓，建于地下，墓室作长方形或方形。前者如敦化六顶山发现的 IM6，该墓被推测为珍陵。珍陵是渤海第二代王大武艺墓，封土直径 22 米、墓室长 4.55 米、宽 1.7 米。早年被破坏，出土有残花砖，知其为花砖敷地；有壁画残片，知其墓室内原应有壁画；出有残石狮耳部，知近墓口处原置有石狮。后者如六顶山 IM2，即 780 年入葬的贞惠公主墓（大武艺之孙女）。第三代文王大钦茂之第二女，死于宝历四年（唐大历十二年，777 年），宝历七年（唐建中元年）陪葬。此墓方形石室，抹角叠砌顶，青砖敷地。甬道出墓碑和石狮一对，墓室出铁钉，知原有棺（《考古学报》1956 年第 2 期、《社会科学战线》1979 年第 3 期）。同类墓有和龙龙头山发掘的 793 年入葬的贞孝公主墓（图 112）。

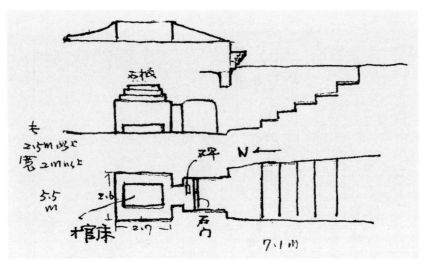

图112 吉林和龙渤海贞孝公主墓平面、剖面

该墓有阶梯墓道，甬道和墓室皆为砖砌，顶为石条和砖叠砌收顶，主室内有砖砌棺床。墓早年被盗，残存陶俑和镏金铜饰件、漆棺片。墓室左、右、后壁和甬道两侧壁有壁画，甬道两侧壁画着甲的武装门卫。墓室左、右壁前方各绘持铁树、按剑的卫士，其后各立三身持乐器的人物，后壁画二人佩弓、箭囊，也似卫士。甬道后部设石门，石门内竖贞孝公主墓碑。墓室的上部建方形基座，座上建方形单层塔。据说此塔1914年才倒塌（《社会科学战线》1982年第1期）。这类大型墓，一派唐风。从墓室结构、石门、棺床、墓碑到壁画内容、人物服饰，都是模拟唐墓。墓上建塔也是当时唐代风气。《旧唐书·德宗诸子传》记，德宗子肃王详死，"诏如西域法，议层砖造塔"。后因谏而止，即是一例。

中型墓，墓室较大型墓为小，一般长2米左右，宽在1—2米。有的有墓道和墓门，长度为1米以下，为积石墓。墓顶形式不明。地面原有封土，多塌落。随葬器物很少。有的以木棺为葬具，出有铁钉。葬者为一人或多人合葬。

小型墓，墓室最小，长1—2米，宽不足1米，无墓道，也未发现棺木痕迹。仅用石板或石块垒成墓室。地面有近于圆形的封土。

大型墓葬明显汉化，着力仿效唐代墓葬形式。而中小型墓，特别

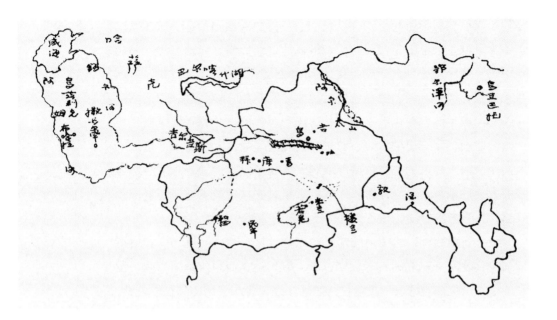

图113 新疆、甘肃和西部境外丝绸之路重要遗迹的分布

是小型墓，应是渤海的一般平民百姓的墓葬，并没有唐化。这种状况和早一点的高句丽，有相似之处。

新疆和西部境外的遗迹

魏晋南北朝、隋唐时期的西域遗迹（图113），和东北地区相似，也可分为两类，一类是汉人遗迹，一类是少数民族遗迹，下面分别讲述。

1. 汉人遗迹 主要分布在新疆中部以东。自汉以来，中原政权设立西域长史于罗布泊西北的楼兰。设戊己校尉于吐鲁番地区。所以汉人遗迹主要分布在这两处。

罗布泊西北有两座用土和红柳枝筑成的古城址。一座在北，此城方形，边长310—330米。此地过去出过魏至前凉时期的汉文文书，不少内容与军士屯田有关。另一座大约在其南约50公里处，城为长方形，南北长170米，东西宽110米。城内曾发现前凉时期西域长史李柏给焉耆王的书信稿。这两座城市遗址，都和魏晋十六国时期的西域长史关系密切。

吐鲁番地区也有两座重要城址。一是吐鲁番东南的哈拉和卓古城，是魏晋戊己校尉治所和十六国以来的高昌郡、高昌国所在。城北发现了不少墓群。最早的是西晋时期，最多的是麹氏高昌时期（500—640年）的。唐贞观十四年（640年）唐灭麹氏高昌，在此设西州，所以当地唐墓亦很多。另一座是吐鲁番西北的雅尔湖古城，这是麹氏高昌和唐交河城址。城北也有墓地，是麹氏和唐代的。吐鲁番地区在魏晋十六国时期，和东边的敦煌、酒泉交通频繁。当地不少汉人都是从河西酒泉、敦煌迁来的，所以墓葬形制大体同于以上两地。唐时当地与长安发生联系，所以当地唐墓大体近似于长安。吐鲁番地区还有佛教石窟，在石窟中曾发现许多少数民族文字的佛经和其他文书。

除上述两处外，唐朝为统治天山以北地区，建立了庭州，其遗迹即在今乌鲁木齐东北的吉木萨尔古城。唐代还在西州与庭州之间，设了一个军事屯田重镇——轮台。其遗址在今乌鲁木齐南的乌拉泊古城。唐代经营西域，重点是在塔里木盆地北缘和天山北麓，所以除吐鲁番以外，这两座城址，都是当时的重要城镇。

2. 少数民族遗迹 这一阶段新疆少数民族的遗迹情况比较复杂。有天山以北游牧民族的突厥系统遗迹；有塔里木盆地周围经营农业为主或经营商业为主的操印欧语系系统的民族遗迹；还有南部吐蕃系统的遗迹。

先讲操印欧语系的少数民族遗迹，大体可分为四个部分。

（1）龟兹、焉耆地区，多城址和佛教遗迹。城址一般有子城，有的还有三重城。有的寺院遗迹，前后曾延续几百年，所以有的规模很大。如库车苏巴什的著名的雀离大寺，位于铜厂河东西两岸。两岸都分区布局，有塔院，有佛堂，有僧房，还有墓塔群，南北连续长度皆在1000米以上。龟兹、焉耆地区，石窟寺院也很多，如拜城的克孜尔石窟、库车的库木吐拉石窟以及焉耆的七格星石窟，都是著名的石窟群。这些寺院和石窟，都是在11世纪以后，伊斯兰教传到这一带时而被废弃的。20世纪初，在上述各地遗址中，清理出大约是6世纪以后，用中亚婆罗谜字母（斜体）书写的龟兹语和焉耆语的佛经和公私文书，这两个语系，据研究关系很近，都属于印欧语系的西方系统。因此知道居住在这里的少数民族，应属于雅利安系统。

（2）于阗（即今和田）为中心的地区。居住遗址多分布在北部的沙漠中。这里也发现一些大约不早于7世纪的，用另外一种婆罗谜字母（直体）书写的印欧语族东伊朗语支语言的佛经和文书。可知这里当时的民族，是属于说东伊朗语的雅利安人。在和田以北的拉瓦克发掘约是6世纪的寺院，是当地发现的最大寺院。中立大塔，周围塑造佛像。近年在和田还发现相当于唐代的墓群，出有彩绘的木棺。

（3）自民丰以东迄若羌地区的鄯善遗迹。民丰发现的大片的居住遗址，保存较好，有较多的完整庭院。出土有各种生活用具、生产工具，所出木雕家具的纹样具有浓厚的西亚风格。几处衙署遗址中，多出大批佉卢文公私文书。佉卢文是公元前后贵霜王朝流行的文字，书写的语言属于犍陀罗语。由于这批文书的发现，初步建立了3—4世纪鄯善王的世系，为鄯善历史提供了第一手资料。和佉卢文书同出的还有同时期的汉文文书。佉卢文字也流行于罗布泊一带，可能是鄯善国通用的文字。鄯善的居民看来也是雅利安系统。鄯善寺院也遍布东西，有塔院，有佛堂。在米兰的一处塔院中，发现的佛教壁画，其中有有翼天人，估计绘于3世纪，这大约是新疆发现的最早的佛教壁画。米兰还发现了规模较大的古代灌溉渠道，分布的范围东西6公里，南北5公里。在附近地段还发现了耕地遗迹和麦粒等，说明在魏晋时期，这里的农业是相当发达的。这大约也和距离不远汉人的屯田活动有关。

（4）在吐鲁番、海头，都曾发现粟特文文书。这是用两河流域的阿拉米亚（Aramaic）字母书写的另一种东伊朗语。使用这种语言的是居住在中亚撒马尔罕和布哈拉一带的粟特人。粟特人善于交际，善于经商，汉唐以来一直是丝绸之路上的重要活动者。在敦煌西边的一处烽燧里，发现几件大约是3世纪的粟特文书信，其一是一位居住在敦煌的粟特人（富商），写给撒马尔罕老家的信，信里提到经战乱，居住在敦煌的粟特人平安无事，但在东方洛阳等地的粟特人都不通消息了。可见当时已有一定数量的粟特人深入内地。粟特人即我们史书中记载的昭武九姓人，他们东来，多以国为姓，以康、安、石、曹、何、史为多。唐初有康艳典在若羌建城，盛唐时敦煌有一个乡住的都是粟特人。文献记录两京地区居住的胡人，大都是粟特人。粟特人还被北方的突厥、回鹘所信任。在魏晋南北朝、隋唐时期，各地发现的西方器物、西方货币等，绝大部分应是他们携带来的。

天山以北游牧民族遗迹。这一阶段天山以北游牧民族的遗迹，主要是柔然、突厥和回鹘。突厥原居于匈奴之北，后来迁徙至天山东部，5世纪中叶游牧到阿尔泰山，不久向东扩展到后来的蒙古地区。567年，突厥与波斯联合，灭了中亚的嚈哒后，居住在中亚的粟特人隶属于突厥。583年，突厥分裂为东、西。两者大约以阿尔泰山为界，其东属东突厥，其西属于西突厥。从苏联的吉尔吉斯、明斯克，经新疆天山以北，一直到内外蒙古，都分布有在地面围竖石块、有的石块还刻出人的形象的大小墓葬，被推测是突厥系统的墓葬。新疆北部和吉尔吉斯一带竖有石人的墓，有很多可能是西突厥人的墓葬。大约从8世纪起，突厥人使用了一种古北欧系统的字母。在蒙古鄂尔浑河流域和苏联米努辛斯克发现的突厥碑，就使用这种文字。鄂尔浑发现的一些突厥可汗纪功碑，有的还刻有汉文。

魏晋南北朝隋唐时期的边远地区的考古资料，反映出这些地区与内地的联系日益加强。在内地发现许多西方的器物，如金银器、玻璃器、货币等，都是经过边远地区，特别是新疆地区传入的。所谓的"丝绸之路"，这个时期正是它的盛期。而我们生产的器物，也较多地在域外发现，也多是经过边远地区向外传播的。所以在边远地区的发现，多和中外文化交流、贸易往还相联系。

这个阶段也是边远地区迅速发展的时期。东北的通古斯系少数民族，建立了高句丽、渤海地方政权；新疆的许多少数民族，自9世纪以来，经过融合，开始形成今天的维吾尔族；今天的藏族和彝族地区，也都建立了地方政权。隋唐时期是中华民族大发展的时期，但是许多少数民族的历史，文献记载很少，绝大部分要通过考古工作来建立。因此从这个阶段起，边远地区的考古工作和资料，显得愈来愈重要了。

青海西藏等地的吐蕃遗迹（略）

云南的南诏遗迹（略）

　　青海、西藏吐蕃遗迹和云南的南诏遗迹可参看《中国大百科全书·民族卷》"吐蕃"和《中国大百科全书·中国历史卷》"南诏"两个长条。

第四章 五代宋辽金元考古

第一节 概 说

年代、分区与时代特征

从五代开始的公元907年至元代灭亡的公元1368年，其间共460多年，包括的朝代有五代十国、宋、辽、金、西夏、大理和元。

这个阶段，从考古学角度来看，存在以下几项极为显著的时代特征：

1. 长城以北和长江以南的各种遗迹急剧增多。前者是这个阶段中许多北方少数民族与汉族之间，在各个方面的交往日益频繁的具体反映；后者是这个阶段南方经济文化进一步发展的结果。以上情况清楚表明，当时的中华民族的活动范围大大地扩展了。这些状况为以后明清两代的发展奠定了基础。

2. 民间手工业遗迹急剧增加。如果说汉唐手工业遗迹主要出自中央和地方的官府作坊，那么五代宋元的手工业遗迹则主要出自民间。这种变化不仅反映到遗物发现地点的扩大上，甚至反映到产品外销、在海外的大量发现上。

3. 手工业产品的增多、地点的扩大等都是商业越来越繁荣的具体表现。这也反映到大小城市的发展、交通工具的发展、新的交通路线的出现上。同时对外贸易活动的增加、海上航线的往返也是证明。

4. 手工业生产和商业的发展，极大地冲击了传统的封建等级制度。在墓葬形制和随葬品方面，反映比较突出。宋元墓葬已和汉唐墓葬等级森严的情况大不相同了。

5. 由于经济的发展，生产关系出现某些松弛。中国封建社会进入后期以后，人们的身份出现某些变化，社会交往愈来愈多，与北方的民族关系日益密切。因而使广大汉族地区的生活习俗、生活习惯也发生变化，这反映在家居室内布局方面，十分明显。

总之，宋元时期的考古面貌，又和隋唐时期大不相同。假如说隋唐时期与两汉不同，那么宋元的变化则更大，变得愈来愈接近于近代了。

主要参考书

除大纲中指出的考古和历史参考资料，这一时期的传世图像资料很多，也极具参考价值。如故宫博物院收藏的北宋张择端的《清明上河图》，画出了北宋汴梁的市井生活图像。王希孟《千里江山图》，画出了北宋村镇景象。《水碓图》《盘车图》画出了宋代生产、交通工具的图像。顾闳中的《韩熙载夜宴图》，画出了五代时期的官僚生活景象，是当时上层人物生活的具体写照。许多南宋小品画，也都从不同侧面画出许多民俗生活画面。胡瓌的《卓歇图》和传为陈居中的《文姬归汉》等画卷，表现了北方少数民族的生活情景。以上这类图像资料，也是我们研究五代宋元考古非常重要的图像参考资料。

第二节　五代两宋遗迹

城市遗迹

关于城市的情况，现举两座城市为例说明。

第一例是汴梁城，即开封（图114）。

到五代时长安和洛阳城皆已残破，所以五代的梁、晋、汉、周和北宋都以唐的汴州为都城，即是说汴梁城是在唐汴州城基础上扩建而成的。此城的扩建和现状，根据文献记载（孟元老《东京梦华录》）、图像（如张择端《清明上河图》）以及近年考古钻探、调查工作，可以做一初步的系统说明。

1. 唐汴州城，城内有子城（是宣武军节度使使署所在地），梁建

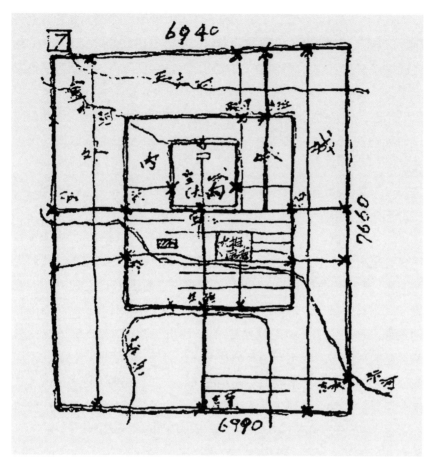

图114 北宋汴梁城

都时将子城改为宫城。北宋初又扩大成皇城,即大内。这个位置到明代,改为周王府。明亡,这里因地势低凹,成为积水区和居民点了。

2. 唐汴州城,五代时沿用,北宋时改称京城。因为当时有了外城,所以又称内城,这座内城就是明清时开封城的位置。

3. 汴州外城(罗城),是周显德二年(955年)修筑的,到北宋熙宁八年至元丰元年(1075—1078年)进行了一次扩建与加固(图中外城,即此次扩建后的状况)。北宋亡,外城逐渐荒废了。经过明清的几次黄河泛滥之后,大都被埋到地面以下了。经过近年的钻探,现在探明的情况是:

(1)外城平面略作长方形(7590/7660米×6940/6990米),城墙夯筑，底宽处达34.2米，有十二座城门，门外建有瓮城，瓮城外侧砌砖。城外绕以濠沟。东南处东水门沿汴河，即《清明上河图》中的城门。

（2）内城位于宋外城内略偏东北，近于方形。周二十里一百九十步。十座城门，四周绕以濠沟。

（3）皇城位于内城北部，但不靠北墙。周长九里，砌砖。城有四门，四周也绕以濠沟。

（4）北宋时于内外城扩建了三条御路：三城的正南门，直线相连，是为汴梁城的中轴线；宣德门与朱雀门之间置州桥。州桥北的东西横街今仍使用；宣德门东侧的南北大街是条丁字街，北宋时异常繁华。以上三条御路，至今依然存在。

（5）北宋扩建时，在汴梁城内，安排了"四水贯都"的水路，故交通方便，利于运输。

（6）汴梁城内，从唐以来的方形的坊，逐渐被长巷胡同替代，从坊变为巷的痕迹还可以看到。

（7）从文献和图像资料，可以知道当时沿街设店铺的情景。这个变化突出地改变了以前城市的面貌。从图像中可以看到，店铺内是一桌二椅摆设家具，人们在室内活动方式也和以前不同了。

从以上几点，我们归纳出主要特点是：汴梁城出现了重城相套的套城，濠沟相套的套濠，说明防御加强了。丁字街的设计，也应是出于同样的考虑。将较多的水道引入城市，将街道发展成长巷式，都是城市商业发展的要求和必然结果。人们生活方式和习惯的改变，主要原因大概也是如此。

第二例，是南宋的平江府城（图115）。

隋唐时的苏州，北宋末年升格为平江府，明初改为苏州府，以后一直叫苏州。今天苏州旧城大体沿袭了南宋平江府城变化不大，这是从保存到现在的一幅南宋绍定二年（1229年）线刻的平江城图得出的。南宋平江城也是在唐城基础上兴建的。唐苏州城重建于乾符二年（875年），南宋改建是在嘉定十七年（1224年），此城遍布河渠，这是我国南方水乡城市的特点。街道与河渠并列，也可以看出从方形坊里向长

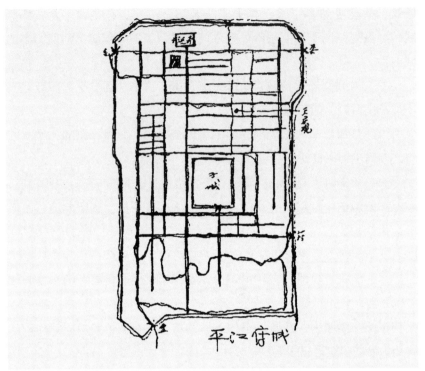

图115 南宋平江府城（苏州）

巷式发展变化的痕迹。城内大体在中间部位建子城。子城是砖建，是府治所在。城垣包砖，外侧有砌砖的马面。城垣之外是城濠。

此城所反映的情况和汴梁相同。如子城在城内中间，是套城形式，加强了防御；注意交通和商业的发展；长巷式的民居布局和套城等时代特点，比汴梁还清楚。图上所表现的是南宋时情况，南宋时南方经济发展很快，此城市图提供了说明具体情况的实证。

五代两宋墓葬

五代的陵墓没有发现，但十国的王陵发现了好几处。较早的有四川成都前蜀国王王建墓，王建死于梁末帝贞明四年（918年）。晚的有南京南唐李昪、李璟父子的两座陵墓。李璟（后主李煜之父）葬时已经到了北宋初年建隆三年（962年）。这两处陵墓都是前、中、后三室，前者为砖砌，后者为石砌。两处墓的顶或为券顶，或为穹隆；棺室或在后室，或在中室；随葬品中或葬石像，或葬陶俑，存在差异。

但墓室皆为三室的制度，却是一致，可能都沿用了唐代帝陵的制度。

宋陵集中于河南巩县。陵区地面布置有石人、石兽，这时的石人石兽已明显地发展到仪仗的阶段了。宋帝陵未发掘，但曾发掘一座皇后陵，是真宗咸平三年（1000年）祔葬太宗陵园的李后墓。另一座是亲王墓，为哲宗元祐九年（1094年）陪葬英宗陵的魏王赵頵墓。这两座仅次于帝陵的墓葬，都是圆形单室砖墓。墓门和墓壁都砌出仿木结构的柱、枋和斗栱，原有壁画已不存。李后墓直径为8米，高在10米以上。魏王墓直径6.5米，高6.5米。以上两组尺寸的差别，可能与等级差别有关。

中原北方宋墓，平面多为方形或多角形砖室墓。边长和对角长在2米到3米左右。墓门、墓室壁都流行砌出仿木结构。墓室壁上画墓主人夫妇对坐饮宴、观看舞乐的场面，这种场面当时称为"开芳宴"。这种墓好像当时的官吏与无官职的人区别不大。河南禹县白沙一座元符二年（1099年）的赵大翁墓，前后两室满绘壁画，是这类墓中较为豪华的墓例，而赵大翁却是个无官职的人物。壁画除了流行上述内容之外，还有肩驮钱串、手捧金银财宝向墓主人进奉的场面。不少壁画中的地面，散布有金银铤。在壁画中突出金银财宝内容，是隋唐时期所罕见的，大概不仅在于这类墓主人是地主，可能还和当时日益繁华的商业活动有关。这类墓的壁画中还画出许多家具，墓主人夫妇一桌二椅的画面极为普遍。此外还有放在地面的盆架、镜架、灯架、衣架、带足的柜子，挂在墙上的剪刀（交股）、香球、尺子、熨斗等。这些内容也都是宋以前壁画墓中所看不到的，反映了居室内部从唐代以来所发生的变化。从前席地坐床的生活方式，正被使用桌椅板凳替代。此外，宋墓中还常见到在后壁安排妇女启门的装饰，这应是女婢从后面进入主室的形象。此外还有孝子故事的图像（有的墓中放石棺，棺外线雕孝子故事）。这类宋墓，一般随葬品很少，只有几件白瓷（好的大约是定窑器）和少量铜钱。有的也有一些侍从性质的男女陶俑。

南方地区，长江下游宋墓，平面多长方形砖室或石室墓。夫妇合葬墓多砌成两室并列、中间加一隔墙的墓室。少数有壁画的，题材也是"开芳宴"。四川的石室墓，多作浮雕，内容也多是"开芳宴"和妇女启门、孝子故事，此外还有四神等。南方墓葬，随葬品一般较多，有漆器、金银器、铜镜、瓷器等。瓷器多为影青（景德镇窑）和青瓷（龙泉窑）。保存较好的墓，还出有丝麻织品，浙江兰溪的南宋墓还出纯棉织成的毯子。长江中上游宋墓，多出厌胜驱邪性质的陶俑，如四神、十二时和各种神煞的形象。

宋代墓葬的突出特点是：大型墓少。中小型墓基本上好像没有什么等级差别。壁画中的内容，有比较浓厚的生活气息。随葬品少，可能和纸明器已开始流行有关。这些都与以前的墓葬有了明显的不同。值得注意的是，北宋中期以后，各地出现了成批的贫民墓，其中北宋末年官府设置的漏泽园的小墓群，不少是火化的罐葬墓。河南、河北、山西、陕西、四川等地的当时一些较大的城镇都有发现。这种墓主要是埋葬城市贫民和流散的士兵，这反映出这阶段农业人口流向城市的状况，同时也从侧面反映出城市工商业发展的结果。

农业手工业遗迹

农业生产遗迹。河南、河北、山东、四川、江苏都发现了宋代的犁铧和犁壁。各地所出犁铧的大小、形制不完全相同，甚至同一地方所出铧、壁也具有不同的形制。这些情况一方面说明使用带壁的犁的牛耕更加普遍；另一方面也说明各地为适应不同的土壤和作物的要求，正在对主要耕具进行研究和改进。三角形的锄，近年各地发现很多。中原北方有上插锄钩的锄，还有钉接在犁架上的耘锄。南方发现适用于水田直装木柄的小锄，扬州还发现了四齿小铁耙。这些锄都是主要的中耕农具（图116）。中耕农具的发展，说明当时注意了中耕这道生产工序。注意中耕，应是追求提高单位产量的有效办法。宋代不仅注意改进农具，更重要的是兴建了大量水利工程，

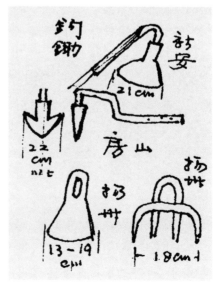

图116 宋代中耕农具举例

特别是南方的围湖造田、立陂灌田的成绩显著。围湖造田的遗迹不易被发现，截流立陂的遗迹在浙江、福建都有遗存。福建莆田的木兰陂，既可以阻截河水用以灌溉，又可以拦挡海潮，防止咸水入侵。这是王安石变法时的著名功绩，它的遗迹至今仍屹立在莆田上屿的木兰溪中（《文物》1978年第1期）。

由于农业工具的改进，兴建水利工程以及其他管理措施的改进，使宋代农业生产水平有了较大的提高。有人根据文献统计，大约到北宋中晚期，即11世纪至12世纪之际，我国南方水稻亩产量一般可达到两石，有的可达到四石，即接近解放前的水平。北方麦、粟亩产大致为一至二石，也和解放前的亩产数相差不多。农业生产有了提高和发展，才能出现繁荣的民间手工业和商业经济的发展。

手工业遗迹。考古发现的五代、两宋的手工业遗迹，主要是瓷器制造，其次是漆器、铜镜和金银器的制造。

五代瓷窑，北方主要是河北曲阳的定窑，窑室为马蹄形，主要烧制白瓷，从发现的碑文记载这里后周时已设有税务来看，当时民窑已很兴盛。五代时南方制瓷业更胜于北方，在今天浙东地区许多地点都发现了五代吴越的龙窑窑址，产品多灰胎青绿釉，装饰技艺多样，画花刻花都很精致，余姚、上林湖的官窑器质量最高。广州西村也发现了五代龙窑，白胎青釉，有一种青釉描黑花的产品较为别致。

到了宋代，瓷器制造遗迹可以说遍布各地。我国瓷土分布极广，当时凡是多瓷土，多燃料（北方为煤，南方为柴），加上交通方便（多可运输的河流）的地方，就有可能发现烧瓷工业遗址。其中主要窑址，除上述五代兴起的烧窑地点不断扩大外，北方还有磁州、汝州、耀州，南方有龙泉、景德镇、建窑等最负盛名。曲阳定窑，宋时立官窑场，除了烧制精致的印花白瓷外，还烧仿漆器的黑定、紫定，仿铜器的绿定。北宋定窑发展了覆烧的技法，大大提高了产量。大约从今河北南部的漳河、卫河流域，南到黄河沿岸，民间烧瓷工业发展起来，其中磁县的观台窑场最大，产品主要是白釉器，其次是黑釉器。白釉多黑花、褐花，还在刻、绘花的基础上，发展了剔花、刻填等技法。这里还出现了专烧瓷枕的瓷窑，其中以押印"张家造"印记的张家窑烧制的质量最高。观台窑的北宋窑址已经发掘，其中规模大的是两个一组。窑室为马蹄形，后部有两个烟道，火膛内存有积煤，因其以煤为燃料，所以窑室较大。窑的前面是工作间遗址。当地既有丰富的瓷土，又有丰富的煤矿，很有可能这里是北方最早用煤烧瓷的地点。燃料改用煤，不仅方便，火力也加大了。这一点也许是这里民间窑业大发展的重要条件之一。河南宝丰（临汝）和陕西耀州都主要烧青瓷，前者是有名的官窑汝窑的所在地，产品质量高，是现知北方最重要的青瓷产地。南方的越窑逐渐被浙南的龙泉所代替。近年对龙泉的大窑等地，进行了发掘。龙窑长25—80米不等，宽1.5—2.8米不等，坡度在10°—18°。窑中部的产品质量好，釉色黄绿色明亮；放在前后部的产品质量差，釉色暗淡，胎质松，甚至开裂。花纹多为刻画，部分器底心部捺有"河滨遗范""金玉满堂"印记。到了南宋，釉色更为鲜艳，出现了仿铜器、玉器的器形，如壶、尊、琮等。还有仿南宋官窑"紫口铁足"的薄胎器。江西景德镇宋时发展较快，以湖田的产品最精致。胎白质细，釉色白中透青，即所谓的影青瓷。这里有覆烧的做法，相传是来源于定窑。建窑在福建建阳水吉镇，以烧制黑釉器著名。此外福建、广东沿海多发现烧制较粗糙的青瓷，这类瓷器多在东南亚发现，知道它的产品主要是为外销。

漆器。王建墓和南唐二陵，出有残漆器，王建墓出的平脱漆器应是四川产品。淮安北宋墓所出漆器有铭记，知是温州、杭州和江宁的产品。武汉墓出有"襄州邢家"和"谢家"制造的漆器。襄州、温州、杭州都是宋代著名的生产漆器的地点（《文物》1979年第3期）。江苏武进南宋墓出有"温州新河金念五郎上牢"花卉人物奁、"丁酉温州五马钟念二郎上牢"戗（戗）金长方盒、"庚申温州丁字桥巷廨七叔上牢"戗金漆盒。江苏金坛南宋墓出有剔犀扇柄。剔犀，是雕漆工艺之一，用两种或两种以上色漆逐层积累至相当厚度，以刀剔刻出花纹，刀口断面则有薄厚不同但有规律的色层。这批温州漆器，反映了宋代漆器的工艺水平。戗金和攒剔多层色漆的工艺，是宋代民间工匠的创造。戗金，是在朱色或黑色漆地上，用针尖或刀锋，镂画出花纹，花纹填漆，然后贴以金、银箔，花纹呈金、银色（详见陶宗仪《辍耕录》)。漆器的花纹题材也和唐代图案式纹饰不同，出现了风俗画这类出自民间的复杂的内容。

铜镜。附有制造者铭记的手工业产品还有铜镜。南宋墓中所出铜镜，多铸有"湖州石家炼铜照子"的印记，也有铸出"建康府茆家"印记的。四川金堂南宋初墓发现有"成都龚家清铜照子"铜镜。湖南宋墓出有"河中府张家真炼铜照子"等。看来当时作为商品的铜镜生产，彼此之间是存在竞争的。

金银器。金银器多出自四川窖藏，器上的铭记为×姓宅第打造的。这些器物是使用者专门向工匠定制的。

手工业遗迹中另一项比较重要的，是鹤壁发现的宋代煤矿。此处煤矿遗址范围与今天鹤壁新矿开采范围大致相当，四条地下巷道总长达500多米，每条都是依据煤层的分布开凿的。每条巷道的开采，是先内后外，逐步后撤，并将地下水引注到废矿区。这样的采煤方式，与近代采煤的方法已很相似了。

宗教遗迹

五代两宋的宗教遗迹，比隋唐时期复杂了。以前主要是佛教遗迹。这时除了佛教遗迹之外，不仅有道教，还有一些地方神祇庙宇的遗迹。佛教遗迹本身也日益复杂起来。不少石窟模仿寺院，更加殿堂化。地面的寺院，可以保存大体完整的真定（今正定）隆兴寺遗址和经过复原的汴梁大相国寺平面为例（图117）。

两座寺院中皆存有一部分唐寺院的旧制。如：以前殿后高阁的安排，将寺院分为前后两部分；隆兴寺周绕回廊的做法；后高阁奉密教之千手眼观音。如汴梁大相国寺平面，大相国寺的钟楼与经藏相对；文殊与普贤阁相对于奉卢舍那佛的资圣大阁之前；山门内之东西塔院和主要建筑两侧皆多列院的制度等。

但亦出现新的变化。如：隆兴寺后部的观音阁前列慈氏阁与转轮藏殿；奉释迦的摩尼殿为十字形平面；佛殿之前建奉高僧的殿堂；大相国寺后阁两侧建筑殿、回廊与阁殿相连，这样的回廊，严格说已不是回廊了。佛殿之前建立了与佛寺无关的仁济、宝奎二侧殿。

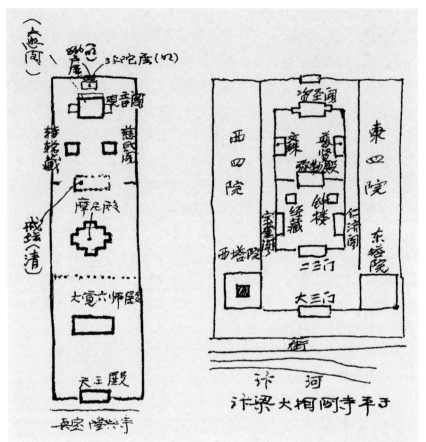

图117 北宋佛寺平面举例

综上各点,值得注意的是:都出现了与观世音有关的殿堂和本寺的高僧殿堂;出现了新的当时流行的建筑形式,如进深加深的层层院落和十字形平面的佛殿,也出现了新的佛具——转轮藏;更值得注意的是,宋中期以后出现的大城市的寺院,逐渐兼有游憩场所的性质愈来愈严重化了。据文献记载,东京大相国寺从北宋中期以后,已成为繁华热闹的商场了。以上三点变化,总的反映是,佛寺世俗化愈来愈深,过去森严的宗教气氛已经愈来愈少了。这种状况与当时城市工商业的发展、市民阶层的兴起有极为密切的关系。

除了佛寺之外,宋代道观建筑也愈来愈多,平江府图上所表现的天庆观,可以为例(图118)。天庆观,即玄妙观,宋代的大殿还存在。它的四周环绕回廊,院落没有佛寺多。但它的世俗化的发展趋势,

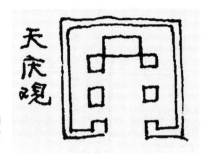

图118 南宋平江府图上的天庆观（苏州玄妙观）

并不下于佛寺。南宋时，那里是苏州异常热闹的商贩集中地。

地方神祇庙宇的遗迹，可以太原晋祠为例。晋祠在宋代主要是祭祀这里的圣母的，北宋兴建的圣母殿还保存完好。晋祠距太原城比较远，它的世俗化，不是发展成商业点，而是逐渐成为太原郊区的一处游憩场所。

五代和两宋的遗迹，不论城址、墓葬、农业手工业遗迹以及宗教遗迹，都和以前不同了。它比较鲜明地反映出封建社会后期的特点。庄园性质的农业经济遗迹，已不甚清晰了。较为普遍地出现了中耕细作的农具；小商品生产的个体手工业行业兴起并发展起来；商业竞争的观念愈来愈清晰、明显；出现了规模较大的煤矿遗迹，煤作为燃料，为某些手工业的进一步发展提供了新的条件。城市发展很快，过去强调政治措施的城市布局，出现了新的变化，封闭式的坊制被破坏了，沿街开设店铺的现象越来越普遍。城市的设计和改建，越来越注意交通运输。出现了初期的市民阶层，城市中不仅开设许多饮食店铺，文献记载还出现了游乐场所——瓦子（有职业艺人在献艺）。过去严肃的宗教寺院日趋世俗化，大的寺院成为游乐场所和商业点。这一系列的变化，也反映到人们的社会关系方面。从考古遗迹看，最突出地表现在墓葬的等级制度上。除了最高一级的皇室贵族的墓较为特殊之外，一般官吏与庶民墓葬的差别看不出来了，甚至出现较大而华丽的非官吏的庶民墓葬。许多较大的城镇附近出现了贫民墓葬群，这种墓群和以前的小墓不同，它是伴随城市的发展而出现的。

第三节 辽代遗迹

自辽太祖耶律阿保机称帝的公元907年至1125年（天祚帝保大五年）辽亡。建立大辽国的契丹族是游牧民族，所以它原本是既无城郭

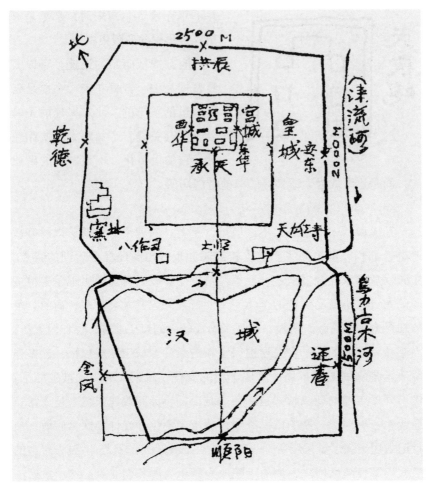

图119 内蒙古巴林左旗（林东）辽上京城址

又无墓葬的。现知的辽代城址和墓葬，多是五代后晋937年割让燕云十六州前后，即是与汉人接触较多之后的遗存。辽的领域内汉人多于契丹人，辽占了燕云十六州以后，在十六州领域内，又多因袭唐、五代的建置，所以辽代遗迹一般有两种情况：一是受到汉文化影响的遗迹，一是沿袭唐、五代的遗迹。无论城址墓葬，还是宗教遗迹，皆如此。

辽代城址

契丹以游牧为主，住毡帐，故无固定居处，无须建城。有者，可以说是在汉文化影响下出现的。现知的辽城址，有都城和地方州县城

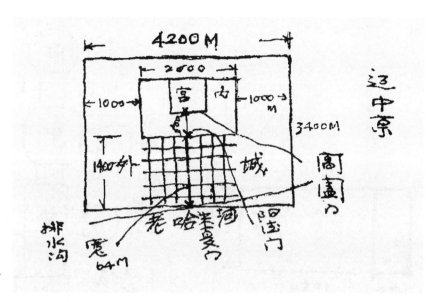

图120　内蒙古宁城县
辽中京城址

之分。文献记载，辽有都城五所，现在较为清楚的有上京、中京、西京和南京四处。

上京遗址（图119），在今内蒙古昭乌达盟北部的巴林左旗（即林东）之南，乌力吉木伦河两岸。城分南北二城，北城建于太祖神册三年（918年），初名皇都，太宗天显元年（926年）扩建郭城。天显十三年（938年）改称上京。

北城四面各开一门，城内正中偏北为宫城，南、西、东各一门。南门外街东有佛寺，街西为八作司遗址，即皇室的手工业区。

南城，即郭城，是汉人等其他民族住地，故又称汉城。北墙即皇城南墙。门址有四。汉城偏南有一横街。横街与北城南街向南延伸的十字交叉处，文献记载是商业区，但已被河水冲刷，无迹可寻。

此城是辽建国初期所建，契丹与汉人分区情况十分清楚。到辽圣宗统和二十五年（1007年）建中京时，文献记载为了"实以汉户"，因而在城市布局上就和上京不同。

中京遗址（图120），遗址在今内蒙古老哈河北岸的宁城县。中京城始建于辽统和二十一年（1003年），到统和二十五年建成。此城有宫城、内城和外城三重。外城平面呈长方形，东西宽4200米，南北

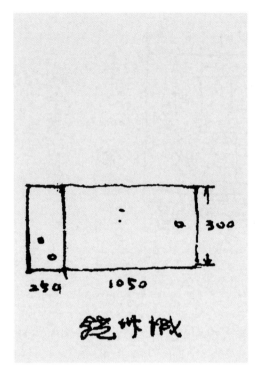
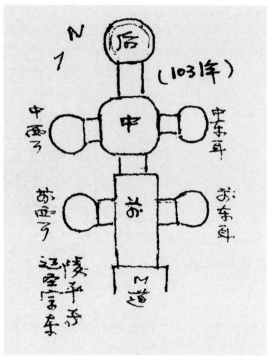

长3400米。外城中南部,中轴大街两侧各有五条横街和三条竖街的遗迹,文献记载这里街两侧各有三个坊,但又没有坊墙遗迹。因此可以推测辽中京的坊,不是唐制的方形,而应和汴梁长巷式布局相仿佛。这里即是"实以汉户"的所在。我们再扩大一点看,宫城、内城和外城中南部,可与汴梁皇城、内城相当。外城其他部分和外城的郊区散存有寺院遗址,居住址很少,可以估计这些部位都是契丹立毡帐的地方。这样就将宫殿和汉人居住的坊保卫起来了。既防御了宫城,也威慑了汉人并可防止汉人的逃亡。

　　西京和南京是因袭唐云州、幽州的旧制度未变。一般的地方城市也有两种情况:位于内蒙古昭乌达盟林西之南,西喇木伦河北岸的辽饶州城址(图121),平面长方形,分为东西两城。此城大约是俘来的汉人所建。另一种地方城,是方形十字街。如河北滦州城。这是延续唐城旧制。此外辽在东北也建有这种城,如黑龙江的泰州城等。

图121　内蒙古林西辽饶州城址(左)

图122　内蒙古巴林右旗辽圣宗陵平面(右)

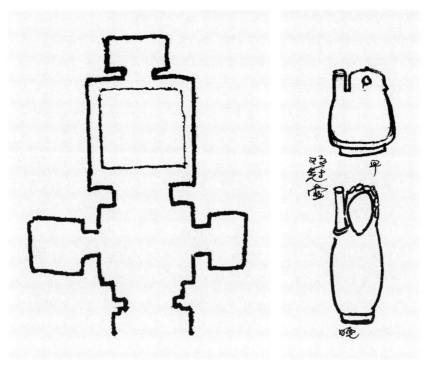

图123 内蒙古赤峰辽应历九年（959年）驸马赠卫国王墓平面（左）

图124 辽墓随葬器物鸡冠壶的演变（右）

辽代墓葬

辽代墓葬也有两种情况，一是受汉文化影响的契丹人墓葬，二是在契丹统治下的汉人的墓葬。前者可分前后两期，其分界在辽圣宗时期，即1031年之前和其后。

前期墓室形制多用砖或石砌成方形或圆形，在制度上等级比较清楚。内蒙古巴林右旗西北的圣宗陵有前、中、后三室及四个耳室。前室平面长方形，余者皆为圆形。长21.2米，最宽处15.5米，最高6.5米（图122）。又如内蒙古赤峰红山盔甲山的辽驸马赠卫国王夫妇合葬墓（图123），形制为前后二室，另加左、右、后三个小室，平面方形或长方形，此墓的年代是应历九年（959年）。又如辽宁朝阳开泰九年（1020年）太尉耿延毅墓，有前后两室，皆为方形平面。以上皆为三室或双室墓，平面方形或圆形。这类辽墓大都砌出仿木结构，也大多画有壁画，内容以侍卫为主。墓室中的主室内建以木椁，内放石棺，石棺多雕刻四神。圣宗庆陵壁画中有表现春夏秋冬四季风光的画面，是表现辽皇室四时捺钵之所的景色。随葬品有陶瓷器，瓷器有白瓷，多刻画有"官""新官"字样。还有耀州的青瓷、景德镇的影青瓷。还常随葬一种辽墓多见的器物——鸡冠壶（早期者为平底单孔）（图124）。此外还多出铁兵器和马具，还常用马、牛、羊牲畜随葬。

圣宗以后，墓葬形制除方形和圆形墓室外，还出现了多角形平面，如兴宗陵，平面就是八角形。墓室内仿木结构的做法依然流行，还出现砌出的桌子、椅子和棂窗。壁画中多画墓主人像。尸体多陈放棺床上，流行戴铜面具和铜丝编织的衣套。随葬品中的瓷器，影青瓷数量增多，出现了黄釉蓝彩的三彩器。武器已少见，马具也仅剩下马镫和马铃随葬。鸡冠壶器形发生变化，且逐渐少见。

汉人墓葬，一般除无木椁外，在墓室形制上差别不大。但壁画内容上，"开芳宴"较多。晚期和北宋墓一样，也出现了孝子故事。流行火葬，小石棺，有的棺上刻陀罗尼经咒。随葬品多陶器，有罐、盘、三足锅等。

辽墓中多出有墓志，契丹人墓有契丹文（有大字与小字）和汉文同志的，而汉人墓志则只用汉文。辽陵中所出帝王的哀册形制与墓志一样，这与唐宋系统玉简形式的哀册是不同的。

佛教遗迹

辽自圣宗以后，佛教盛行。现存辽代佛教遗迹颇多，也可分为两类。一种是以塔为中心的密教寺院遗迹，如辽统和年间兴建于庆州城西北隅的佛寺和山西应县的佛宫寺。两座寺院的主要建筑——塔，都还保存着（前者是辽代多见的砖塔，后者是仅存的一处辽木构多层建筑）。这类寺院都是契丹皇室和贵族兴建的（北京天宁寺即属此类佛寺）。另一种是以佛殿为中心的佛寺，如河北涞水的阁院寺。主殿奉文殊菩萨，这还是因袭唐五台山信仰的佛寺，大约是汉人官吏兴建的。

总观辽代遗迹，两种类型的情况十分显著，这说明终辽一代，契丹民族虽然逐步汉化，但并没有完全放弃他们自己的特点，始终和它统治下的一般汉人有所区别，这一状况和下面要讲到的金代情况是不同的。

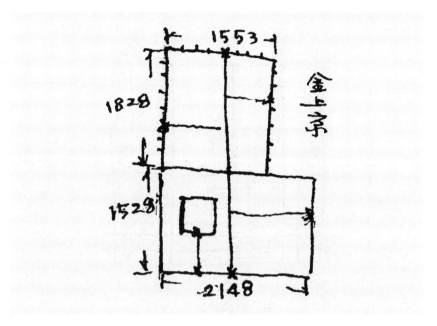

图125 黑龙江阿城
金上京遗址

第四节 金代遗迹

女真是以渔猎为主,又辅以农耕的民族。它和游牧的契丹不同,契丹是没有固定居所的,而女真则不是如此。它的后裔满人也是如此。所以辽(契丹)和金(女真),虽然都是北方少数民族,但他们的生活方式和经济基础是不同的,因而在考古上的遗存也有显著的不同。

金代城址

在金兴起之前,女真人就建有城寨。黑龙江阿城镇的金上京的北城(图125),是金兴起后不久太宗天会二年(1124年)修建的都城。该城西依山,东临阿什河。城为夯土建,北、南、西各有一门,门外建瓮城,城垣有马面。西北部地势高,估计主要建筑物应修在这里。但无子城遗迹。这座城,文献记载一般人皆可穿城而过。

金初,在其原有基层组织基础上,建立了既管生产又管军事的猛安谋克制度。谋克司百户,十谋克为一猛安,司千户。谋克是基层组织,大约即建一个城寨。黑龙江东部、吉林南部的一些山顶或平地上,

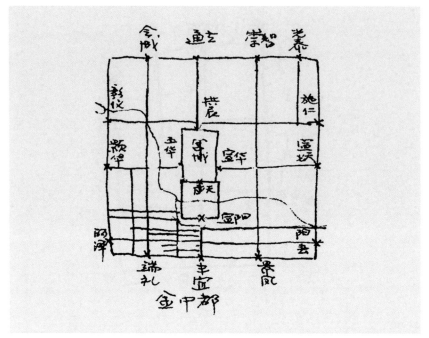

图126 金中都遗址

往往有依据某地自然形状，围起了一个周长约1000多米，土石合砌的小城，设瓮城和马面。城内往往有一两个高起的台地，附近出有瓦片和残铁兵器。这类小城有的出有谋克铜印。如珲春小六道沟周长1500米的山城，出有"莱栏河谋克印"。

海陵王天德四年（1152年），金大举南迁，次年，都城迁到燕京，即金中都（图126）。中都是在唐幽州和辽南京的基础上扩建的。此城在中部建宫城，该处遗迹多出黄绿琉璃瓦件。宫城、皇城与外郭城之正南门在一条中轴线上。钻探情况表明，街道有井字形者，有长巷式者。前者在辽代南京城范围内，为唐里坊式。后者为扩建时所修，是仿汴梁。中都的街道形式、城内的布置、城门的位置等，都可见其仿照汴梁的痕迹。大定元年（1161年）金世宗占领中都，但为了加强北部的防守，于大定年间修建界壕，同时又恢复上京。恢复其实是重建，即在旧上京城之南另建一城，即南城。在南城西部高地上建宫城。宫城内外的布局，也仿效内地的都城，如套城形式（内外城相套），在中轴线上建了多重宫殿（有四重台基）。当公元1152年海陵王大举内迁时，也将大部分猛安谋克

图127 东北金墓出土的三足铁锅

迁到关内,散置于州县之间,自成体系,遗憾的是,有关它们的居住遗迹尚未发现。在猛安谋克大批内迁的同时,又把大批内地汉人迁到东北建立州县。新建在东北的州县遗址发现不少,它们的形制大多按照当时北方沿用唐代制度,如今黑龙江肇东县的八里城,即肇州城(《考古》1960年第2期)。该城方形,周长八里,四门十字街,门有瓮城,城外有马面,绕城有护城河。这类城城内多出铁制农具,农具式样与宋北方常见农具相同,这反映了金代东北方的农业急剧发展了。强制移民当然是痛苦的事,但这批内地移民却对东北的开发做出了贡献。当时东北不仅农业得到了发展,手工业、商业也急剧发展起来。上京附近出土的银镯子上刻出"上京翟家记"和"邢家记"字样,上京城内出土大批铜镜,其中有"梁家青铜记""梁家记"等铭记,看来当时也将内地的工匠迁到这里。当时不仅制造金属器物,并在上京附近的小岭地区还留下了规模较大的开采铁矿和冶铸铁器的遗迹(《考古》1965年第3期)。此外上京和东北许多墓葬中出有定窑器,还多出当时磁州、钧州烧造的新纹饰的瓷器。辽宁抚顺还发现了金的瓷窑遗址。这些都可以说明,辽金以来特别是金代,东北经济的各个方面,都出现了前所未有的新情况。

金代墓葬

金代墓葬,东北和内地的情况不同。东北黑龙江、吉林分布有土坑墓。有的有木棺,有的没有,有的埋入坑内火葬,还有积石墓。后两种情况与渤海一般葬俗有联系。随葬品有桦木桶,三足铁锅是最有特点的器物(图127)。有的墓中出有铁镞、鱼叉、刀,说明墓主人的经济生活中,渔猎还占有一定比重。也出有内地窑烧制的瓷器如定州、耀州、磁州窑瓷器和北宋、金的铜钱。

内地的墓葬主要沿袭北宋晚期的仿木结构砖室墓,雕砖装饰发展迅速,并在墓室的雕饰中发展出小戏台和正在作场的杂剧俑。山西侯

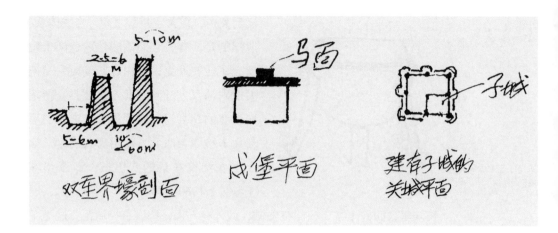

图128 内蒙古金界壕边堡遗迹

马发现的大安二年（1210年）董氏墓可为代表。铭记中记墓主人姓名作董玘坚愻，不像汉人名字。而女真改汉姓的规定中，女真姓木虎的改为董，故可推知此墓是内迁的女真上层人物的墓葬。内迁的猛安谋克散居多地，此墓主人可能就是这类人物。女真人内迁后汉化迅速，城址和墓葬都具体地反映出这个问题。

金代长城遗迹

从金初开始（12世纪前期），北方的蒙古民族就时常向南侵掠，到12世纪后期（大定十一年至承安三年，1171—1198年），金大规模修筑了长城。金代的长城与此前长城不同，因为建在平地上，不仅构筑了高墙堡垒，还在墙外开壕沟，所以叫"界壕边堡"（图128）。界壕边堡有南北两条，皆为夯土修筑。北边的一条，修建时间可能早些，在内蒙古东北部呼伦贝尔盟，西南进入蒙古国，长约700公里；南边一条从嫩江西岸，向西一直修到河套北边的胜州（今托克托）之西北。此条比前者长得多，而且在险要地段修筑了多处复线或是双重城壕，有人估计全长在4000公里以上。城大多保存较好。城的外侧建烽台，间距500—2500米。内侧建关城或戍堡。前者距城较远，有马面、护壕，有的还有子城。后者靠近长城或直接与长城连接。这两条长城都保存较好。金代长城的设备比秦汉长城完备得多，明代长城就吸收了它的优点。金长城是金代防御工程的重要遗迹，它主要防御蒙古人。

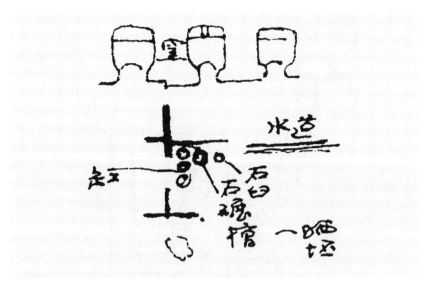

图129 陕西铜川金耀州窑窑场遗址

早期主要是为了上京——根据地——的防御,后来就全面防御金的北部边界了。公元1210年,成吉思汗南侵,驻守长城西段的汪古部(阿剌兀思剔吉忽里)叛金投降,蒙古军队进入长城,又过十几年,公元1234年金被蒙古灭亡。

瓷窑遗址

金代的手工业遗迹中,最突出的是制瓷业,这与当时宋代瓷业的大发展是相联系的。著名的河南禹县烧制的玫瑰釉的钧窑器,就是金代发展起来的。陕西的耀州窑、河北的观台窑(磁州)在金代也有突出发展。磁州窑的白地黑花瓷很流行。耀州的印花青瓷也发展很快。铜川发现的金代耀州窑场遗址(图129),三窑相连、前面建有工作间的布局,与北宋磁州窑相同。它也使用煤作为燃料。

第五节 西夏与大理遗迹

西夏遗迹

8世纪初,原游牧于青海一带的党项人,受到吐蕃的侵扰,迁移到今宁夏、陕北一带。黄巢大起义时,党项曾出兵助唐,为此唐王朝封其

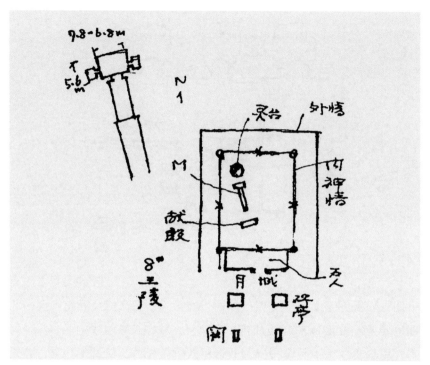

图130　宁夏银川西夏八号王陵和该陵土洞墓室平面

首领拓跋思恭为夏国公，并赐李姓。与汉族杂居以后，他们也发展了农业。北宋时逐渐强大，向西侵占了甘肃和青海东部。公元1038年建夏国，建都兴庆府（兴州），即今宁夏银川。此后成北宋的大患，也成为辽的西部劲敌。辽、北宋亡后，西夏依附于金。蒙古兴起，西夏虽然抗击他们的几次入侵，但终于在公元1227年被蒙古灭亡。这个政权的建立，对宁夏和内蒙古河套以南、陕北地区的经济发展，起了一定的作用。

西夏的主要遗迹有银川市西分布在贺兰山麓的王陵和瓷窑遗址，还有安西、敦煌的佛教石窟。

西夏王陵各有陵园。从已调查、发掘的第八号陵（图130）看，南立双阙，阙中为神道。神道两侧各一碑亭，其北为外神墙、月城和内城。月城内沿神道立石人。内城平面长方形，四面正中开门，四角原建角楼。内城的西北隅建八角塔式灵台，这是西夏陵的特殊之处。土洞墓室建在灵台前方，呈偏长方形，砖敷地面，两侧各开一耳室。墓早年被破坏，遗物仅存一些金银饰片、铜器和陶器碎片。墓室出有鎏金铜甲片、鞍饰等马具。墓道以自然石块、砂土填封，高出地表呈起脊状，这也是特殊之处。王陵多陪葬墓（《文物》1978年第8期）。已发掘的108号陪葬墓，自建围墙，墙内后方有坟堆。墓室置于坟堆之下，围墙前方建有碑亭。墓室呈方形，边长4米，前为阶梯墓道。随葬品有石犬、石马，还出有大量家畜、禽骨骼。其中有完整的幼犬、幼羊。这大约是党项人的葬俗。在陵区东南发现了一大片建筑遗址，估计是祭祀全陵的殿堂遗址（《考古》1986年第1期）。遗址中出了不少高质量的施白釉瓷砖和绿釉瓦件，可以反映出西夏高水平的烧窑技艺。在陵区东的缸瓷井发现了烧砖瓦件的砖窑。烧造褐色瓷砖的窑也在灵武县东面的磁窑堡发现，那里不仅烧瓷砖，还烧制各色釉瓷器。瓷窑的形制和窑具都与陕西铜川金元时期的耀州窑相似，估计在技术方面它可能直接受到耀州窑的影响。

敦煌、安西的西夏石窟遗迹，是佛教遗迹中的重要遗存，保存了大量西夏佛教艺术作品。特别是壁画，在经变画中还描绘了不少西夏的生产活动场面，如农耕、冶铸、锻造等，是十分难得的形象的历史资料。

大理遗迹

在唐南诏地区，宋时由段姓建立了大理国。13世纪前期大理统治阶级内部矛盾激化，分崩离析。1252年，蒙哥汗命忽必烈南侵，以围抄南宋的后路，1253年攻陷大理城，大理亡。从此今云南地区和西藏地区一样，就开始直接划入中原王朝的版图。

在云南大理、楚雄一带发现大理时期的火葬墓。这批火葬墓，用陶罐盛火化的骨骸，墓上有立幢的做法。幢呈扁方柱形，上部刻有莲花，中刻密宗佛像（四臂的尊胜佛母），下有莲花座。现存大理崇圣寺三塔中，两侧的较小的塔是大理时兴建的。中间大塔是南诏时建的，到大理时曾维修过。近年在塔中曾发现不少大理时期的遗物。其中有南宋的湖州镜和成都的刘家镜。塔的平面是八角形。剑川石窟中的石窟与摩崖造像，也是大理开凿的。大理的佛教遗物中还有一件传世的公元1180年张胜温画卷，其中绘了十多种的观世音变相，也是密宗的形象。近年还发现不少大理时的写本佛经，其中也多为密宗佛典。以上佛教文物说明，这里的佛教与中原关系较少，而和西藏的密教关系密切。看来大理与以前的南诏一样，在宗教信仰上是深受其西邻的吐蕃的影响的。这大约可以说明当时大理的社会发展阶段与吐蕃相似，还是封建社会前期的农奴制时代。

第六节 元代遗迹

公元1234年灭金时尚称蒙古，公元1271年建国号称元。至公元1368年元室北奔，其间经历近一百年。元代其势力所及的范围，比以前任何朝代都扩大了。所以中外文化交流的遗迹显得特别突出。

元代城址

现在比较明确的元建城址有都城和王室贵族所建的城址。都城有上都和大都两处。忽必烈即位以前公元1256年所建开平府城，公元1260年忽必烈在此即位，后来改称上都。遗址在今内蒙古锡林郭勒盟正蓝旗闪电河（滦河上游）北岸（图131）。该城为夯土建造，门砌砖。上都范围小，还不具都城的规模。它比较规整，有其自己的特点：外城外部保留了原来的丘陵地形，未设街道，这部分很可能是安排帐幕的；皇城内多池沼，除中轴线外，左右两侧的院落，不是整齐的左右对称布局；内城西北、东北隅各置一佛寺（西北为乾元寺，东北为龙光华严寺）等。上都设计人为刘秉忠。内城总的街道和南部的坊巷布置井字干线，多丁字街，民居为长巷等，都是受到金中都的影响（间接受到汴梁的影响）。

至元三年（1266年）兴建大都（图132），大都城址即明的北京城及其北郊。元大都规模大，南北长约4600米，东西长约6700米。城墙为夯筑，门砌砖。皇城偏南，外城主干的布局多丁字街、长巷式居民区和金水河的安排等，这些都继承了金中都——宋汴梁——的制度。值得注意的是，它根据《周礼·考工记》，对都城做了一些复古的安排：前朝后市，左祖右社。此外，它也有自己的特点，如保留了北部空旷的上都布局做法。布置了北中书省。又如宫城以太液池分界，西

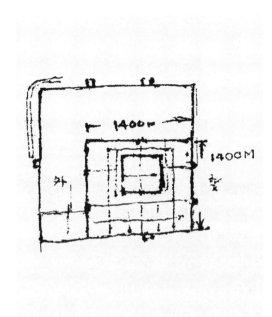
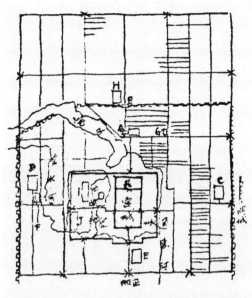

图131 内蒙古锡林郭勒盟正蓝旗元上都遗址（左）

图132 北京元大都城遗址（右）

边布置了太后宫（兴圣宫）和太子宫等。在城内商业区中心，布置了钟鼓楼的做法，据现有资料看，也是从元大都开始明确的。这种较大范围的商业区的设计，是既限制商业区在全城各处发展，但又不把商业区范围限制在一个小圈子内——像过去专设的市——而出现的新的办法。这种在商业区设钟鼓楼的做法，对元以来的北方城市有较大影响。明清北京城（今北京城区）是沿用了元大都的中部以南部分，基本布局未变，街巷和一些重要机构的位置未变，所以今天的北京城是研究沿用旧城址规律的一个好实例。

王室贵族所建城址，其例有至元七年（1270年）元世祖女鲁国公主囊加真所建的应昌府城址。不久，又是应昌路总管的驻所。该城在上都北克什克腾旗境内。该城夯土筑，南、东、西三面有门，皆有瓮城。横街之南为民居，东门内有一儒学遗址，横街北正中一围墙内多有建筑遗址，可能是公主衙，其东一小院，可能是"路"的治所。以上三组建筑物，门内或外各有石狮一对。镇宅狮子的习俗，元代颇流行，大都附近亦多有。贵族所建的城，还有西安城东北的安西王府遗址。建于至元十年（1273年），世祖所封三子安西王忙哥剌所建。夯土筑，略呈长方形，四角有清楚的圆形角楼基，南、东、西各一门，城内略偏北有建筑基址。此外似别无遗迹，当时城内可能多立毡帐。基址中出有阿拉伯数字的幻方和圆形角楼基都是中亚、西亚一带流行的方式（东方做法角楼基是方形）。幻方的出现和角楼基的形制，都反映了西方的影响。两座元贵族所建的城址都不开北门，这是值得注意的现象。

元代墓葬

比较确切的蒙古人墓葬现在不甚清楚。已知的元墓，主要都是汉族或汉化已深的少数民族墓葬。在中原北方，墓大致沿袭金墓制度，砖室墓，仿木构做法，壁画多"开芳宴"和孝子故事。元代重视道士，出现不少道士墓。其墓壁画有的绘出焚香论道和山水云鹤等与道士身份相应的内容。元代中原北方墓中，随葬品中的瓷器，多磁州窑和元代发展起来的钧窑器。

南方元墓多沿南宋墓制，多为券顶砖筑、双室并列形制，多出土漆器和金银器。江西元晚期墓中发现了影青、青花和釉里红瓷器。南方墓多注意尸体的保护措施，棺椁之间有的用石灰加米汁灌注，还有的墓底铺一层松香。

南北各地还发现不少色目人的墓。色目人在元代地位仅次于蒙古人，他们都是来自中亚、西亚乃至欧洲，他们文化水平比蒙古人高，又善于交际经商，有的还带有传布伊斯兰教和也里可温教（基督教）的任务。他们来到中国没有造反作乱的基础，蒙古人对他们很放心，所以朝廷对他们优待，并派他们做官。这些人的墓在南方、北方、西北都有发现。福州、泉州（灵山）、杭州（清波门）和扬州（解放桥）等地都发现了信奉伊斯兰教的色目人的墓，墓的形制都是在地上用石材建成多层台座，上砌一石棺样式，长石条收顶。台座下面砌方形攒尖顶墓室。这类墓有的有墓碑，泉州发现了不少，其中有用阿拉伯文字书写的铭记。信奉伊斯兰教教徒的墓，地面还应有其他建筑，只是上述各地都不存在了，但新疆有的则保存完好。霍城元末至正二十三年（1363年）信伊斯兰教的蒙古贵族（成吉思汗七世孙）吐虎鲁克铁木耳墓，是建在一座砖砌的圆顶墓祠内，祠壁皆用紫、白、蓝色瓷砖

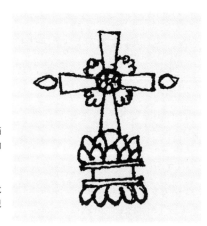

图133 内蒙古百灵庙元代高唐王墓碑上的十字架标记（左）

图134 浙江杭州元代凤凰寺大殿殿顶仰视（右）

镶嵌出各种花纹和阿拉伯文字。这种做法与中亚伊斯兰教墓很相似。在扬州还发现了基督教徒意大利裔人的墓碑（至正二年，1342年和至正四年，1344年），碑文是用拉丁文书写的。另外泉州还发现了皇庆二年（1313年）任景教（基督教的一派）教长的汪古部人失里门的墓碑，碑文是用叙利亚文拼写的突厥语。汪古部从宋代起就居住在内蒙古河套北，为金代防护界壕，蒙古南侵，他们首先降了成吉思汗，所以这个部就被编入蒙古了。汪古部与中亚地区的突厥族关系密切，他们一直是景教的信仰者。在内蒙古百灵庙附近，首先发现了该部的统治者——高唐王阔里吉思——的遗址和墓地，墓地出土了不少叙利亚文的铭刻，还有十字架的标记（图133）。类似的墓地在新疆伊犁和北京南部也都发现过。

宗教遗迹

元代多民族的情况，较隋唐更为复杂。众多的民族在信仰方面也随之复杂化。元政府在这方面又没有什么大的限制，所以遗留下来的宗教遗迹种类也比较多。上面说到色目人信仰伊斯兰教和也里可温教（基督教），这两种元代的宗教遗迹都有遗留。伊斯兰教东来，有陆海两路，目前时代明确的遗存，恰好南北各有一例，即河北定县清真寺和杭州凤凰寺（真教寺）。这两座伊斯兰教寺院，后部的大殿都还是元代遗物，它们都是方形圆顶砖结构（图134）。定县的清真寺大殿砖缝不用石灰浆,用黄土灰浆。凤凰寺大殿四隅用叠涩承托圆顶的做法,从形制到细部都还保存西亚、中亚的风格。也里可温教寺院的完整建筑已不存在,但还保存了一两处遗址。一处是上述汪古部所在地百灵庙发现的,另一处是在房山坨里。两遗址都出有雕十字架的刻石,因为这种寺院最特殊之处是尊奉十字架,所以当时又叫"十字寺"。

元代宗教遗迹最多的还是佛寺。佛寺有两种,一种是上承宋代的汉地佛寺样式,一种是元代兴起的喇嘛教寺院。喇嘛教寺院在内地的遗迹保存下来的主要是白色的喇嘛塔,如北京万安寺塔,即阜成门内的那座白塔。完整的寺院多分布在西藏地区。日喀则东南夏鲁地区的夏鲁寺最为典型,它的主要特点是,许多殿堂组成一座近似方形的大殿之内,其外围还建有一匝礼拜道,卫护森严。这种布局是和当时政教合一的政治形势相结合的,当时那里的各地政权都与寺院关系密切。一座大的寺院,就是那里的政权所在。

道教在元代也得到朝廷的支持。道教分许多派,其中的全真派发展迅速。北京的白云观就是这派道教的主寺之一。但白云观经后代重修,元代遗迹已难看到。当时另一个主寺是山西永济的永乐宫(元称大纯阳万寿宫)。永乐宫中轴建筑基本保存下来了(图135)。它的平面布局是:中轴建筑物层次增多,是唐以后衙署、寺观的通例,但永乐宫发展到四重院落,并设计很长的驰道,也是罕见之例。

元代民间信仰的遗迹也保存不少。从山西汾阳神头的至元二年(1265年)创建、至正七年(1347年)重建的龙王庙的布局(图136,《中国营造学社汇刊》5卷3期),可以看到这类宗教遗迹的一般规律。即突出了对神的献奉,把神更为人间化了。"宴饮""做戏"这类人间享受要求,引进到庙宇。神的世俗化,这是自宋以来各种宗教发展的一般规律。

手工业、商业和海外交通遗迹

考古发现的元代手工业品,在种类上较为特殊的有毡制品,大同元墓和青海诺木洪都有发现。种类有毡帽、靴和毯子。在丝织品中流行以前罕见的"纳石失",即花纹用金线织出,它的实物在北京庆寿寺塔和

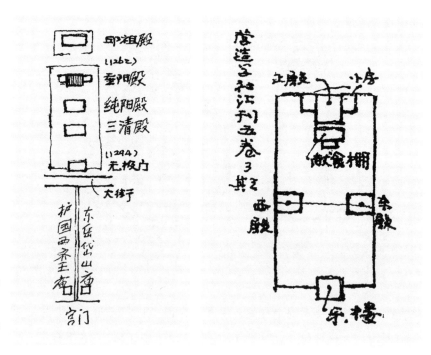

图 135　山西永济元代永乐宫平面（左）

图 136　山西汾阳元代龙王庙布局（右）

青海诺木洪等地都有出土，后者是作为羊皮袍的面子。此外宋代标志着小商品生产和有雇用工匠制造的器物，在元代墓葬中继续被发现。安徽合肥的一处窖藏出有金银器一百多件，有的线雕精致，金银器中有的铭文"庐州丁铺""章仲英造"（《文物》1957年第2期）。江苏苏州吕师孟墓发现金银器四十多件，有的铭文作"闻宣造""囗京六铺"（《文物》1959年第11期）。许多元代瓷窑遗址所出瓷器，刻画出烧瓷人姓氏的情况比宋代更多。元代烧造瓷器比宋代更普遍了。在北方陕西耀州窑、河北磁州窑和南方浙江龙泉窑虽然都继续烧造，但产量质量显著下降。可是江西景德镇窑数量和质量都大大发展了，它不仅烧过去的影青，而且还烧出了釉下彩的青花和釉里红，发展了大型器。

　　元代由于和中亚西亚的钦察汗国、伊利汗国关系密切，和高丽、日本、南洋一带往还频繁，文化交流商业往来都超过了过去任何时代。当时中国输出商品种类很多，但容易保存下来的主要是瓷器，上述一些瓷窑产品在国外都有发现。当时朝鲜、日本喜欢龙泉瓷，日本即保存了不少大型龙泉瓷。西方除喜欢龙泉瓷，更喜欢景德镇的青花，因

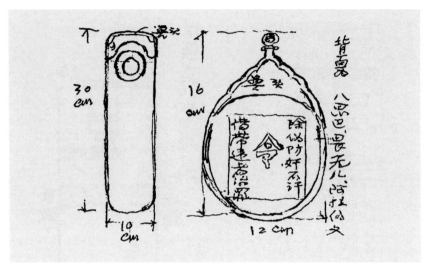

图137　元代符牌两种

此青花大型器在今天的土耳其、伊朗保存很多。中国输出器物的主要口岸之一——福建泉州，发现了一艘尖底型的大海船，这种船与一般内河的平底船不同，它是专为航海用的。此船现残长24.2米，宽9.15米，头尖尾方，平面近于椭圆形，船体用十二道隔板，隔成十三个互不渗水的船舱，舱的深度1.5—2米，专家估计，该船的排水量为370吨。这样规模的大海船，在当时世界上大约也是最大的海船了。海运靠船，除了海上运输，当时陆路（运输）也很繁荣。元代为发展陆路交通，在各交通线都按马行一日程，设置了"站赤"，由官家发给符牌。每站赤凭牌照接待来往人员。这种符牌在中亚、蒙古、西伯利亚、新疆、西藏等地多有发现，是金或银铸造的，有长形牌和圆形牌两种形式（图137）。上面铸出了一个兽头，所以元代人叫它虎头牌。牌中部铸出文字，长牌铸八思巴、畏吾儿文字。圆形牌还有汉字、阿拉伯文。几条重要的陆路交通路线近年都有元代遗物发现，经青海去西藏的中间站诺木洪不仅有元代墓葬，附近还发现了元代的屯田遗迹。还出有元代发行的纸币——宝钞。经伊犁河流域去中亚的中间站阿里麻里发现的元代窖藏，出有青花瓷器和铜器。再向西南去伊利汗的中间站，现在伊朗东北部的尼沙不尔古城和德黑兰古城来依都出有元龙泉和元青花。当时伊利汗国的都城在大不里士，这里当时宫殿使用的瓷砖上面捺印出中国皇室使用的龙和凤的纹样。伊利汗国是中亚—西亚地区文化最高的地区，它是元代最密切的藩国，在元朝无论海、陆往还都很频繁。我们南方沿海的伊斯兰遗迹，即是主要从这里来的人留下的遗迹。它和元朝的皇廷互派工匠，元代大都出土不少白、蓝琉璃砖瓦，大约就是从伊利汗国传来的新技术工艺。新疆若羌西南瓦石峡曾发现烧玻璃器的窑址，从分析它的产品成分，知道是中亚撒马尔罕玻璃系统，撒马尔罕的琉璃手工业又是从伊利汗国传过来的。元代版图大，影响面广，所以在考古发现里可以反映文化交流的遗迹、遗物很多。这里只是画了个轮廓，目的是为了说明元代考古学具有和以前不同的这个特殊点而已。

第五章 总　结

"中国考古学下（汉唐宋元考古）"，到此就讲完了。

从公元前221年秦统一，到1368年元灭亡，约1600年。这十六个世纪，是中国封建社会从初期经过发展繁荣，进入后期的开始阶段。在考古学领域，我们分了三大阶段，即秦汉、魏晋南北朝隋唐和宋元。这三个大阶段的时代特征比较显著，现粗线条地整理小结一下。

中国考古学（下）：汉、唐、宋元考古三个阶段的时代特征

秦汉时期是我国历史进入最初的大统一时代，北到长城以北，南到广东，这样辽阔的大地上，考古遗迹第一次出现了遗物的相似情况，空前显著。这个时期的东方文化，可以拿秦汉文化来概括。从考古遗迹方面看，它主要包括以下三个方面：

1. 以最高统治集团宫室为主要内容的政治性极强的都城遗址；

2. 木椁制度和从木椁向砖石椁转变的墓葬制度，这种墓葬布局特别是木椁形制，实际上是统治阶级地上居室的反映；

3. 铁矿和冶铸遗址的逐渐普遍和铁工具的广泛使用。

另外，卫护巩固统一，必然要加强边防建设，因此有关边防建设的各种遗迹颇为突出，也是这个时期的特点。汉承秦制，两汉继承了秦开创的大一统局面，并不断加以巩固，在考古学上尤其是必然的反映。

魏晋南北朝隋唐时期，魏晋南北朝是汉唐间的过渡，也可以说是隋唐的前奏。过渡或前奏的时间很长，在这个长时期里，完成了我国历史上一个民族大融合的阶段。经过南北各族的融合，在经济政治文化各方面都注入了新的血液，因而才可能出现隋唐的新面貌。隋唐文化大大不同于秦汉文化了。这反映在：

1. 规整的城市出现了，从都城到地方有了一套布局的制度，它们意味着子城的防卫加强了，城市可以容纳较多的居民，但对他们的管理也是严格的；

2. 墓葬形成了一套自己的等级制度；

3. 主要耕地农具——犁——逐渐完善，锻铁工具进一步完备；

4. 出现了许多巨大工程和精致的工艺品，漆器、瓷器成为主要的器物；

5. 佛教广泛传布，佛教遗迹逐渐增多；

6. 在西方金银器的影响下，金银工艺发展，中西文化交流频繁；

7. 南北朝时期特别是隋唐时期文明给予边远地区的影响日益扩大，特别对东北地区的影响显著。这个时期，前段具有过渡性，后段是唐代文明形成时期。

宋元时期，如果说我们以前强调的主要是统治阶级上层资料，那么这个阶段一般人民主要是市民阶层的资料，逐渐丰富起来了；城市商业发展了，《清明上河图》是以市井经商为题材的；出现了大批没有官职的庶民的墓葬和城市游民的墓葬；与生活生产紧密联系的手工业发展了，中耕铁农具增多，瓷器制造繁荣，一般使用的铜镜大量生产，出现了煤矿遗址；海路交通盛况空前，除陆上交通的丝路外，又出现了海上陶瓷之路，大批中亚、西亚乃至欧洲人经由陆海两条线流向东方，不少西方流行的宗教也在东方留下了遗迹。这个阶段又是一个民族大融合的时期，融合的规模和范围超过了上个阶段，通过这个阶段的融合，过去和中原不太密切的地区密切起来了，广大的东北地区、漠北地区、青藏地区和云南地区，都在这个阶段逐步和中原连成一体。这样大范围在政治上的统一，随之而来的是在东方再一次的繁荣。元代只开了头，能够比较充分表现的时期，应当是接着元代的明朝，那就到了接近出现资本主义萌芽的时期了。

这个阶段的宋辽金都是南北分裂时期，其中中原北方的宋，从考古上看是当时的主体。经过近三百年的发展，出现了一个与唐文化有别的另一个新的时代。从这个时代的考古学的反映看，与宋大体同时的辽、金，虽然与宋有不少相似之处，但却又有其自身的特点。到了元代，虽然时间不长，但其自身的特点更显著，可以说开辟了东方的历史上的又一个新时代，同时也给西方历史以很大影响。关于东方的情况，到明清时又继续有发展，在考古学上也另有一个新的面貌。因为时间关系，我们不能多讲了，希望同学们翻阅一下《图说中国历史》7、8两册，可以得到一点感性认识。

复习，前后贯通起来，主要围绕城址、墓葬、农业、手工业、商业五大项，掌握三大段的特点和差异，注意其发展、变化。先注意大的方面，再注意一些重要的具体问题。

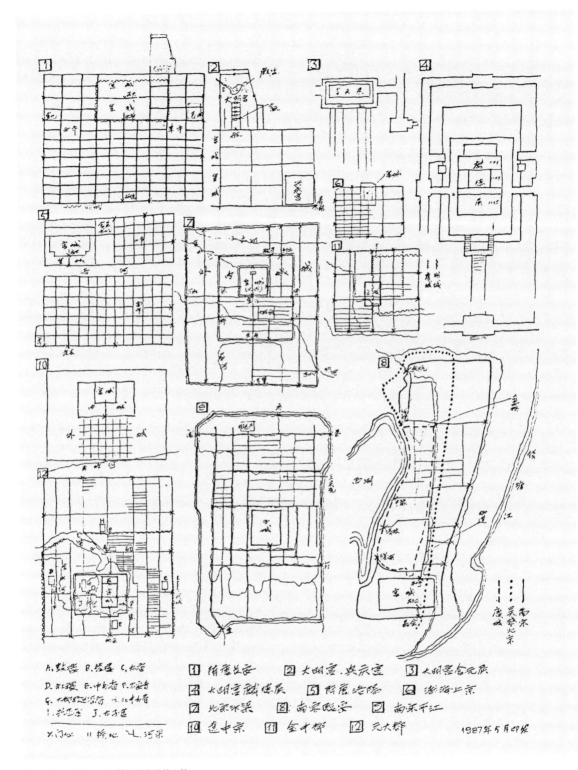

附图　隋唐长安迄元大都等城市布局的比较

张彦远和《历代名画记》

目　次

一　张彦远的家世及其时代 ………… 305

　　1．张氏郡望 ………… 306

　　2．彦远先世 ………… 309

　　3．彦远经历 ………… 310

　　4．张家收藏 ………… 313

二　《历代名画记》的流传与整理 ………… 319

三　《历代名画记》体例与内容 ………… 326

四　《历代名画记》的续作及其他 ………… 336

五　《历代名画记》与考古发现和传世文物 ………… 343

插图目次

图1　张楷墓志拓本（《考古》1994年第9期822页图七）………… 308

图2　清《雍正续修康熙县志》中的猗氏县城图 ………… 316

图3　明万历郧阳刻本《历代名画记》（北京大学图书馆藏）………… 322

图4　明万历金陵刻本《历代名画记》（北京大学图书馆藏）………… 322

图5　山东嘉祥汉墓画像石神怪（《中国历代艺术·绘画编》〔上〕
　　　图37，人民美术出版社，1994年）………… 344

图6　龙门石窟宾阳中洞前壁浮雕《维摩诘经变》中的维摩（《龙门石窟の研究》
　　　图十八，东方文化研究所研究报告，日本东京座右宝刊行会，1941年）………… 345

图7　《女史箴图》局部（《中国绘画全集》〔1〕图二五，
　　　文物出版社，1997年）………… 347

图8　《洛神赋图》局部（《中国绘画全集》〔1〕图四一）………… 347

图9　《列女仁智图》局部（《中国绘画全集》〔1〕图三〇）………… 348

图10　江苏南京西善桥南朝墓"竹林七贤和荣启期"砖画局部（《六朝艺术》图
　　　一六二、一六三，文物出版社，1981年）………… 348

图11　江苏丹阳南朝墓羽人砖画（《六朝艺术》图二一四）………… 349

图12　江苏丹阳南朝墓武士砖画（《六朝艺术》图二〇三）………… 350

图13　山西大同北魏司马金龙墓屏风漆画
　　　（《中国历代艺术·绘画编》〔上〕图67）………… 352

图14　传北魏元谧墓出土孝子棺石刻"丁兰事木母"（《中国画像石全集8·石刻画像》
　　　图六三，河南美术出版社，2000年）………… 353

图15　江苏常州戚家村南朝晚期墓仕女画像砖（《常州南郊戚家村画像砖墓》图一六、
　　　图版壹：3，《文物》1999年第3期）………… 354

图16　1. 河南邓县画像砖"孝子郭巨"（《邓县彩色画象砖墓》图一五，文物出版社，
　　　1958年）………… 354

2. 湖北襄阳贾家冲画像砖"孝子郭巨"(参见《襄阳贾家冲画像砖墓》图九拓本，《江汉考古》1986年第1期)………… 354

图17 1. 洛阳北魏永宁寺遗址出土残塑头部(《北魏洛阳永宁寺》彩版一五∶3，中国大百科全书出版社，1996年)………… 355

2. 洛阳北魏永宁寺遗址出土残塑头部(《北魏洛阳永宁寺》彩版一七∶3，中国大百科全书出版社，1996年)………… 355

图18 洛阳北魏孝子棺石刻"孝子郭巨"
(《中国画像石全集 8·石刻画像》图五四)………… 356

图19 洛阳出土北魏宁懋石室石刻画像
(《中国历代艺术·绘画编》〔上〕图106)………… 356

图20 敦煌莫高窟第285窟西魏壁画中的供养人和纪年铭记(1923年陈万里先生摄，陈万里《西陲壁画集》，良友图书印刷公司，1928年)………… 357

图21 山西太原北齐娄睿墓壁画鞍马(《北齐东安王娄睿墓》彩版三八，文物出版社，2006年)………… 358

图22 《职贡图》局部(《中国绘画全集》〔3〕图二四)………… 359

图23 《步辇图》局部(《中国绘画全集》〔1〕图一三一)………… 360

图24 《历代帝王图》局部(《中国历代艺术·绘画编》〔上〕图116)………… 361

图25 《凌烟阁功臣像》局部石刻拓本………… 361

图26 陕西西安唐执失奉节墓壁画舞伎
(《隋唐文化》250页图5，学林出版社，1990年)………… 362

图27 陕西西安唐李爽墓壁画女侍(《隋唐文化》86页图11)………… 362

图28 陕西唐永泰公主墓壁画女侍
(《中国历代艺术·绘画编》〔上〕图151)………… 362

图29 陕西唐章怀太子墓壁画观鸟捕蝉
(《中国历代艺术·绘画编》〔上〕图145)………… 363

图30 《送子天王图》(《中国绘画史图录》〔上〕图一六〔4〕，题为"释迦降生图卷"，上海人民美术出版社，1984年)………… 364

图31 《朝元仙仗图》局部(《中国人物画经典·北宋卷》56页局部，文物出版社，2005年)………… 365

图32 《八十七神仙图》局部(《北京文物精粹大系·绘画卷》图版1，北京出版社，2002年)………… 365

图33 《照夜白》(《中国历代艺术·绘画编〔上〕》图125)………… 367

图34 《牧马图》(《中国历代艺术·绘画编〔上〕》图124)………… 367

图35　敦煌莫高窟第156窟壁画《张议潮出行图群骑》
　　　（《隋唐文化》282页）………368
图36　《虢国夫人游春图》局部（《中国绘画全集》〔2〕图一二一）………369
图37　《捣练图》局部（《中国绘画全集》〔2〕图一二三）………369
图38　敦煌莫高窟第130窟壁画乐庭瓌夫人供养像（摹本，《敦煌——纪念敦煌藏经洞发现一百周年》81页）………370
图39　河北宣化辽墓壁画仙鹤（《宣化辽墓壁画》图版50，文物出版社，2001年）………372
图40　《放牧图》即《临韦偃牧放图》局部
　　　（《中国绘画全集》〔2〕图九〇）………373
图41　《五牛图》（《中国美术全集·绘画编》〔2〕图版二五，人民美术出版社，1984年）………374
图42　《纨扇仕女图》局部（《中国绘画全集》〔1〕图一四七）………375
图43　《簪花仕女图》局部（《中国绘画全集》〔2〕图三二）………375
图44　《宫中图》局部（《中国人物画经典·五代卷》33页）………376
图45　《水月观音图》（《西域美术》〔2〕《敦煌绘画》Ⅱ图版52-1，日本讲谈社，1982年）………377
图46　新疆吐鲁番阿斯塔那墓群出土花鸟纹锦（《丝绸之路——汉唐织物》图44，文物出版社，1973年）………378

一　张彦远的家世及其时代[*]

《历代名画记》的作者张彦远，官宦家庭出身。《四库全书总目提要·子部艺术类一》于张彦远另一本著作《法书要录》条下，录有一段关于他的身世和事迹：

> 《法书要录》十卷，唐张彦远撰。书首有彦远自序，但署河东郡望。郭若虚《图画见闻志》、晁公武《读书志》亦但称其字曰爱宾，而仕履、时代皆不及详。今以《新唐书》世系表、艺文志、列传与彦远《自序》参考，知彦远乃明皇时宰相嘉贞之元（玄）孙。《序》称高祖河东公即嘉贞，其称曾祖魏国公者为同平章事延赏（案，延赏封魏国公，本传失载），称大父高平公者为同平章事宏（弘）靖，称先公尚书者为桂管观察使文规，《唐书》皆有传……本传称彦远博学有文辞，乾符中至大理寺卿，《艺文志》亦同，而《世系表》作祠部员外郎，则未详孰是也。

《总目提要》在《法书要录》之后，接着著录彦远《历代名画记》云：

> 《历代名画记》十卷，唐张彦远撰。《自序》谓家世藏法书名画，收藏鉴识自谓有一日之长。案《（旧）唐书》称彦远之祖宏（弘）靖

---

[*] 《张彦远和〈历代名画记〉》是 2001 年在北京大学考古系"汉唐考古研究"课中的一项讲题的讲稿。原稿一再修订，字迹杂乱。课后李志荣同志曾就课堂记录整理清抄，并拣选部分有关图版，此次刊布即据李本付印。

家聚书画侔秘府。李绰《尚书故实》亦多记张氏书画名迹，足证《自序》之不诬。故是书述所见闻极为赅备。

《总目提要》这两段文字，是最早整理张家家世历史之作。20世纪30年代迄50年代初，余嘉锡撰《四库提要辨证》，于卷十四《法书要录》条据《旧唐书》《郎官石柱题名》和《唐文粹》所收《三祖大师碑阴记》等，为《总目提要》文字补辑。现依余氏《辨证》所辑和张氏两书中所记事迹及两《唐书》其他纪传的记事以及此外的零散资料，为《总目提要》增补张氏郡望、彦远先世、彦远经历和张家收藏四项如次。

1. 张氏郡望

《法书要录》彦远《自序》署其为河东郡望（即今山西中南部。郡望，一郡之大姓）。除此外，又见《唐文粹》卷六三所录《（舒州山谷寺）三祖大师（镜智）碑阴记》末题："咸通二年（861年）八月，遂与沙门重议刊建。舒州刺史河东张彦远书于碑之阴。"[1]这就是说，他标榜其河东郡望不仅是《法书要录》。所以这一点是不会有错误的。

《新唐书·宰相世系表二》下：

> 河东张氏，本出晋司空华裔孙吒子，隋河东郡丞，自范阳徙居河东猗氏（今山西临猗县境）。

这里提出：张氏郡望并不是河东，而原是从范阳来。彦远高叔祖名嘉祐，在天宝初年亡故。请一位真正的河东郡望柳贲作墓志，柳却题墓志作《唐故左金吾将军范阳张公墓志铭》。墓志铭开头也说："公讳嘉祐，范阳人，相国河东公（嘉贞）季弟。"（《全唐文》卷三五八）张嘉贞即张彦远高祖。可见，玄宗天宝时，真正河东郡望的柳贲还没有承认张家是河东人。不仅在盛唐时，就到中唐宪宗初（9世纪初）时，《新集天下姓望氏族谱》（S.2052）里还把张姓列在幽州范阳郡九姓之中。而"蒲州河东郡出十五姓"中也没有张姓。其后《元和姓纂》也是照旧姓氏书著录无改变，说，张姓，范阳郡望。由此可见，唐朝人有重郡望不轻易改变的传统。唐以后，由于不断地出现大规模的变乱、迁徙，对郡望的传统看法比起中唐以前就逐渐削弱了，所以张彦远在晚唐才自己署为河东郡望。当时大约有以下三个因素：

（1）张家由范阳迁到河东猗氏，到张彦远已历九世，从隋末算起到张彦远写书时止，已有二百五十多年了。

（2）张家从彦远高祖张嘉贞始，三世相唐，张嘉贞又被封为河东侯，于是当时就有人称其为河东公；张家任三品以上官到彦远已五代，家世煊赫。

（3）张家虽然在两京和大州地方做官，猗氏乡里还有旧居，多聚族人。

《雍正猗氏县志》卷一"坊巷里都"条记：

> 邑城内有四坊……三相坊，城内西南地。唐三相旧居故名。

雍正县志所记据云源于旧志。旧志是指万历、康熙的两县志。但是，明清志书记载唐宋事迹必须另有实证，不能轻易相信。

1989年，山东济宁发现了元泰定元年（1324年）张楷墓，墓志载其为唐张嘉贞后裔："公讳楷字道宁，河中猗氏人……父讳普，字大济，金泰和丙寅（六年，1206年）夏五月二十七日诞于邑之三相坊，盖唐中书令张嘉贞暨子延赏、孙弘靖俱佐唐为达官故云。"（《山东济宁发现两座元代墓葬》，《考古》1994年第9期）这块墓志记楷之父普其诞地猗氏三相坊（图1）。因此，我们知道明清《猗氏县志》所记的三相坊，应至晚还有13世纪初的文字根据，所以三相坊地名、地点为唐以来张家旧居所在，就有相信的可能性了。

《雍正猗氏县志》卷六《邱墓》还记载："张嘉贞、张延赏、张弘靖三相墓在城外西南隅。"这一条记录三相家墓在乡里，虽然更重要，但无其他证据，既不见更早的记载，又无实物发现。前引柳贲所作"张嘉祐墓志"讲："（开元）二十九年（741年）十月甲辰终于安邑里（西京东市南）私第……以天宝元年（742年）二月甲辰，迁窆东都汉原。"

图1 张楷墓志拓本
(《考古》1994年第9期822页图七)

嘉祐卒于西京，迁葬东都，因为张家主要府邸在洛阳的思顺里，并没有归葬猗氏。那么如何证明其兄及侄儿、侄孙归葬乡里？所以这条更重要的记载就只能存疑了。

以上旨在说明，北方用明清方志材料所记载的唐宋事迹，引用要慎重，一定要有可靠的旁证方可。

总之，迁徙时间久，家世煊赫，乡里一直保有宅第为族人聚居，这三点可能是彦远改署郡望的根据。彦远改署郡望也正说明当时（晚唐，9世纪中期）对以前不易改变郡望的做法已有某些松动了。所以到10世纪中期的五代后晋时修的《旧唐书·张嘉贞传》就径记：张嘉贞"蒲州猗氏人也"。其实张嘉贞本人在盛唐时是不大可能说自己是河东人的。到了11世纪的北宋，人们对郡望的看法已大不同于唐代，所以欧阳修等人修《新唐书》在《宰相世系表》中，认可了"河东张氏"，同时在《表》和《张嘉贞传》里又交代了其为"范阳旧姓"及"徙居河东","遂家蒲州为猗氏人"这更改郡望的过程。

2. 彦远先世

根据《新唐书·宰相世系表二下》等资料列河东张家世系表如下:

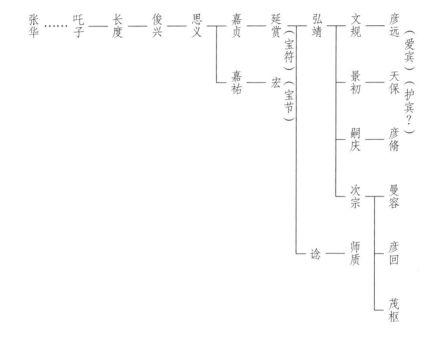

彦远先世的发迹始于张嘉贞。张嘉贞,弱冠应五经举,有文武才。8世纪初武则天后期长安中受知于武后,拜监察御史(正八品下),是个分察百僚的官。不久迁兵部员外郎(兵部是尚书省六部之一,员外郎从六品上;官品虽低但很重要,可以放外任做刺史,然后再调入京城做更重要的官)。开元八年(720年)从并州大都督府长史(从三品)进到中央,做中书侍郎(正三品)、同中书门下平章事,寻任中书令(正二品)。开元十一年免相,封河东侯,故称河东公。开元十七年卒。两《唐书》有传。

嘉贞季弟张嘉祐,弱冠武举及第,出为边府官,有干略;开元时,因嘉贞之请内调,寻拜右金吾将军(从三品);时"兄相弟将一门双美"。后因赃污，外贬浦阳府折冲都尉（正五品）。开元末，任相州刺史（从三品），不久入迁左金吾将军（从三品）。开元二十九年卒。有传附在《张嘉贞传》后。《全唐文》卷三五八收有柳贲撰的墓志。

张延赏，是张嘉贞晚年所得子，原名宝符，天宝初赐名延赏，有文武才。德宗初两度拜相，贞元三年（787年）卒。《新唐书》本传里记："延赏更四镇，所至民颂其爱。"说明他外任四次地方官（河南、淮南、荆南、剑南）。四镇中以大历初年除河南尹知东都留守为最早，"居五年，治行（官吏考察）第一"，张彦远书中多次提到其曾祖魏国公（东都河南古魏地）。但此封爵不见于两《唐书》本传，大概是遗漏了。东都河南古魏地，史称德宗对延赏"待遇厚"，卒后"赠太保，谥曰成肃"，在这种优恤的情况下，追赠一个封爵也不是不可能的。

延赏子弘靖。宪宗元和九年（814年）和穆宗长庆元年（821年）两次拜相；宪宗时封高平（山西晋城）县侯，故被称为高平公。两《唐书》有传。

弘靖子文规。曾刺湖州（浙江吴兴），湖州是上州（从三品）。文规卒于桂管观察使。桂管观察使是州以上道一级的监察使职，大约不低于正三品。正三品即是尚书省各部尚书的官级，彦远称父为尚书，或是因品秩同于尚书的缘故。其传附在《弘靖传》后。

彦远，文规子。最后官职大理卿（大理寺掌折狱详刑，唐九寺之一，大理寺的首席是大理卿，从三品）。

从张嘉贞起，张家任三品以上的官已连续五世。张彦远是在这样一个家世基础上生活、工作过来的。

3. 彦远经历

《四库提要》所记张彦远经历只根据《新唐书·张弘靖附文规传》末记张彦远的两句话："子彦远博学有文辞，乾符中（874—879年）至大理卿。"极为简略。余嘉锡《四库提要辨证》卷十四《法书要录》条广引文献综合彦远一生经历云：

自宣宗大中之初（847年——）由左补阙（从七品上）为主客员外郎（礼部四司之末司，从六品上），寻转祠部（礼部四司之一）。五年（851年）奉诏修《续唐历》（续8世纪中叶代宗大历以后事），疑其以本官兼史馆修撰也。懿宗咸通初（860年——）出为舒州刺史（中下州，正四品下或从五品上）。久之，复入为兵部员外郎（右三部头司）。僖宗乾符二年（875年）累迁至大理卿。《纪》（《僖宗纪》）于四年书以殷僧辨为大理卿，彦远此时或已卒矣。

《辨证》又考证了彦远享年：

《名画记》卷一云："长庆初（821年——）大父出镇幽州，遇朱克融之乱，彦远时未龀岁。"《说文》云："龀，毁齿也，男生八岁而龀。"则彦远当生于元和十年（815年）前后，至乾符四年（877年），六十余岁矣。

考证一个人的生卒年代，总要有根据。"六十余岁矣"，意思是说已经很高龄了，但不可以说是卒年。

至于彦远撰述，《四库提要辨证》卷十五《尚书故实》条有云：

彦远《历代名画记》卷一"叙画之兴废"篇末题：大中元年岁在丁卯（847年）。而其卷三叙（浙西）甘露寺画壁云：顾（恺之）画维摩诘，大中七年今上因访宰臣（令狐绹）此画，遂诏寿州刺史卢简辞求以进。卷十李（渐子）仲和传中亦有今相国令狐公之语（令狐绹大中四年拜相，十三年罢），是其书之成不出宣宗之世（宣宗大中十三年八月卒）。《法书要录》虽不著时代，而《名画记》卷二云：今彦远又别撰集《法书要录》共为二十卷，则二书乃同时所作。

前面讲到张彦远享年时，引余先生《辨证》说到张彦远作《历代名画记》的时间，也兼把《法书要录》时间包括在内，说两书为同时所作。这就是说，张由左补阙历礼部祠部员外郎都在宣宗时。二官官秩虽不高（从七品上、从六品上），但都不是由吏部注拟而是由皇帝亲除，即唐朝所谓"清选官"（或清资官）。左补阙和右拾遗这二官职，是扈从乘舆的谏官，可以面上直言，即直接向皇帝建议。这种官职一般是由地方行政中如县尉或主簿（九品）选拔，这样的官在地方行政中取得许多政治经验，入朝为谏官后，很容易外任要职，再内转为更重要的官职。元和年间，白居易当过左拾遗，出做杭州、苏州刺史，后拜河南尹，接着入为太子少傅，进封冯翊县侯。白居易最后以刑部尚书致仕。

员外郎是尚书省六部二十四司的"长贰"，每司首席叫郎中，长贰是郎中的副手。郎中和员外郎称为郎官，在唐代石刻中，有名的石柱《郎官石柱题名》，即是刊刻其题名的石柱[2]。

郎中和员外郎，他们的职务有人用四句话概括："予会天下之政，上可以封还制诰，下可以升负牧守，居可以优游殿省，出可以察视违尤。"所以郎官的职位虽然品级不高，但清闲而重要，一直为文人士子所重视。

张彦远所在的主客和祠部均属礼部。前者主要掌管二王后和诸蕃方国朝见之事（唐二王后指北周宇文氏和隋朝杨氏后人被当作客人看待。许多朝代都有二王后的问题，唐朝是指这两家。二王后视为正三品待遇）；祠部主要掌管祠祀享祭事宜，如国庙、大山、大水、僧尼、医药等事。这两个司都是清要之职，可知张彦远当时是很悠闲的，所以写出了《历代名画记》和《法书要录》，并参与了大中五年撰成的《续唐历》的工作。另宋人赵希鹄《洞天清禄集》记载张彦远尚有《闲居受用》这本书。赵序谓此书"首载居室斋阁应用而旁及醯、醢、脯、馐之属……"估计也作于此时。此书已佚。

南宋初葛立方《韵语阳秋》记，张彦远咸通初外任舒州刺史时，曾据顾恺之维摩诘的摹本刻石事："近岁京口都圣与来为建康总领，首询（在瓦棺寺遗基兴建的戒坛寺僧）维摩不存之因，寺僧莫能答。因语之曰：'某守南雄，尝有人示石碣，云唐会昌中杜牧尝寄瓦棺维摩摹本于（汝阳太守）陈颖，张彦远刻于郡斋；某因求陈颖之本，又刻于南雄。尚有墨本在箧笥，当以付子，宜刻之戒坛，庶几旧物复归，而观者皆知顾笔神妙，果如此，亦可以为戒坛之异事。'僧乃刻之。"[3]（《韵语阳秋》卷十四）这是唐以后张彦远保存古代名家画迹唯一的一处文献记录，遗憾的是，此彦远刻石并其墨本皆未见其他著录，当然更不知都佚于何时了。

4. 张家收藏

张家自张嘉贞始对书画有爱好。不仅喜爱、收藏，而且自己也善书法。《法书要录》自序中说：

> 彦远家传法书名画，自高祖河东公收藏珍秘；河东公书迹俊异，尤能大书……曾祖魏国公少禀师训，妙合钟（繇）张（芝）尺牍，尤为合作。大父高平公幼学元常（钟繇字），自镇蒲陕迹类子敬（王献之），及处台司乃同逸少（王羲之），书体三变，为时所称。金帛散施之外，悉购图书，古来名迹存于箧笥……先君尚书少耽墨妙，备尽楷模。

《历代名画记》卷一也说："彦远家代好尚，高祖河东公、曾祖魏国公相继鸠集名迹。"卷三还著录了河东公、魏国公、高平公和"河东张氏"的印鉴。张家收藏最富时是在高平公弘靖时。《新唐书·张弘靖传》记"家聚书画侔秘府"，《名画记》卷一载元和十三年（818年）张家敬献皇帝一批书画事：

> 元和十三年高平公镇太原，不能承奉中贵，为监军使内官魏弘简所忌，无以指其瑕，且骤言于宪宗曰：张氏富有书画。遂降宸翰，索其所珍。惶骇不敢缄藏，科简登时进献，乃以钟（繇）、张（芝）、卫（协）、索（靖）真迹各一卷，二王真迹各五卷，魏晋宋齐梁陈隋杂迹各一卷，顾（恺之）、陆（探微）、张（僧繇）、郑（法士）、田（僧亮）、杨（子华）、董（伯仁）、展（子虔）泊

> 国朝名手画合三十卷表上……

可见其所言"家聚书画侔秘府"不是假话。弘靖既是张家收藏最富之时，也是收藏散失时期。除了进献了的精品，剩余的，《名画记》又记：长庆元年（821年），弘靖"出镇幽州，遇朱克融之乱，皆失坠矣。非戎虏所爱，及事定，颇有好事者购得之。彦远时未龀岁（八岁），恨不见家内所宝，其进奉之外，失坠之余，存者才二三轴而已"。

唐末人李绰（亦世家子，与张家交往密切）撰《尚书故实》记载张宾护（曾慥《类说》卷四十五引作"护宾"）尚书口述的张家事迹，尚书"自言四世祖河东公"，可知与彦远同辈，彦远字爱宾，这位尚书字护宾，他们应是兄弟行。《新唐书》"世系表"虽著录了彦远的五位叔伯兄弟名，但无官职和表字，因此不好肯定是谁。余先生《四库提要辨证》认为名与字有相应关系，怀疑护宾"似与（文规弟景初之子）天保之义为近"，但也无法进一步证实。《尚书故实》现存，内记许多张家收藏书画及张护宾本人收藏事迹，由此可知张家从嘉贞到彦远（爱宾）、护宾一代，对书画的收藏、喜爱、鉴赏已历五代了。张家历五世不衰，两《唐书》都有记载。《旧唐书·张延赏传》："延赏东都旧第在思顺里（洛阳南市西南隅，长夏、建春两门交界处）亭馆之丽甲于都城，子孙五代无所加工，时号三相张氏云。"五代不易居更可反映张家五代繁盛赓续的长久。

以上是根据《总目提要》的顺序，订补了张彦远家世等问题。现在还想补充张彦远这一辈以后的情况和因三相坊所涉及的猗氏县城布局问题。

张家五世繁荣后随即走向衰落。《新唐书·张弘靖传》后面附张彦远叔次宗子茂枢事迹云："茂枢字休府，及进士第。天祐中（904—907年）累迁祠部郎中，知制诰，坐柳璨事，贬博昌尉。"（博昌，今山东博兴，沿渤海）柳璨，昭宗、哀帝时相，河东人，与张家是老乡。哀宗天祐二年朱全忠疑柳璨背己，除名论斩。次年朱全忠篡唐建梁。张茂枢因柳被贬以后，史文无征，但可推测不会有什么好结果，因而张家的遭遇也可以想见。从武则天晚年赏识张嘉贞以迄唐末，张家兴盛了近二百年，三相张家的后代，史记"群众甚繁"，有些遗属仍归故里河东猗氏，是可以推断的。《宋史·张藏英传》记藏英"自言唐相嘉贞之后"，曾因逆击契丹之功"宋初迁瀛州团练使……建隆三年（962年）卒于治所……孙鉴，自有传"，藏英一支不知是否出自猗氏故里。前引山东济宁发现的张楷墓志（泰定元年，1324年）记："（楷）父讳普……金泰和丙寅（六年，1206年）……诞于邑（猗氏）之三相坊……金季侨居东平……仕至太常寺太祝，以其子（楷）朝列，公调济州，以禄就养因家焉。配赤盏氏，一子即公也，生于东平之积善坊……皇庆二年（1313年）授朝列大夫大司农丞致仕……泰定改元（1324年）……以疾终，享年八十有二……葬于任城赵村先茔之次。"墓地近今济宁市南郊，知任城金时属济州，张普、楷父子侨居的东平，亦属济州。这样可知13世纪初，河东张家有一支由河中猗氏东迁济州者。至于留居猗氏的张家，检《康熙、雍正猗氏县志》，已无关于张家的记载，但其中《雍正志》卷一"坊巷里都"条记："自明季乱后，东南北三街居民寥落，廛肆俱废，而各乡里都人多逋亡，田半荒芜。"张家星散，大概就出现在明清易代之际。所以今天旧猗氏县城内西南隅保存的三相坊地名和位置应是历史的陈迹。

下面再简述一下猗氏县城的问题。20世纪50年代猗氏县与其西邻临晋县合并，改名临猗，治所设旧猗氏县治。猗氏旧县城据《雍正续修康熙县志》卷前所附县城图（图2），大致如下：

《县志》记县城周七里余，四门，东西两门，内有横街相通，南北两门内竖街都止于上述横街，不相通，北门开于北墙偏西位置，南门开在南墙偏东位置。北门内大街在与其相对的横街之南，还连接一条较窄的街道——坊门南巷，向南直抵南城墙。根据其他中原北方旧城街道改变的规律，推测猗氏城这条从北门向南直抵南城的街道，可能是原来的设计，而现在南门内大街约是后来改建的。这个推测如果不误，那么猗氏城内的原始规划应作十字街安排，这就可能是宋金以前的布局了。《县志》记猗氏县为隋代创设，8世纪80年代唐德宗时，河东节度使马燧为防李怀光之叛兴建土城，以后沿用。16世纪中期，明隆庆初始砌砖，以迄20世纪50年代以前。以上记载从城内现存文

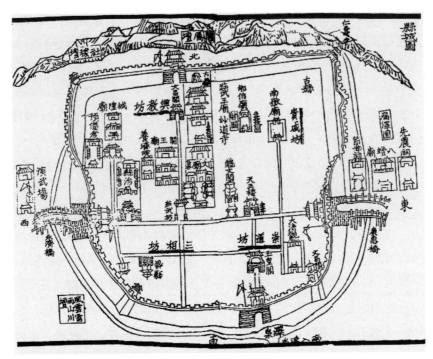

图2 清《雍正续修康熙县志》中的猗氏县城图

物看，是可以相信的。首先城内东北隅偏西，尚存两座唐代方形七层砖塔，东西相峙。其后方即北方，有一处高米余的基台上建有奉祠马燧的庄武王庙，俗称马王庙，庙正殿歇山重檐，康熙重建，但多用旧础，旧础覆盆部分施雕刻，可据此断年。最早者雕盛唐流行的简单的宝装莲瓣，其次是若干种变形的宝装莲瓣，再晚些的雕相对环绕的孔雀，后两种应是北宋、金的遗物。可知清重建庄武王庙是在旧建筑台基上，并利用了旧建筑物的构件而兴建的。从庙内所存碑刻等有纪年的文物可知，该庙始建于晚唐乾符六年（879年），北宋、金一再重建；而始建又是在其前兴建的佛寺的基址上改建的，所以庙前方左右还保有晚唐以前所建的东西双塔和大殿还使用盛唐纹饰的柱础。遗憾的是，这座佛寺原来的名字已失传了。猗氏县城内东北隅有盛唐的大寺院，可推知此城创建应不晚于盛唐。又城内有创建不晚于北宋的天王楼和西塔寺，还有金建的文庙，还分布有北宋和金初的铁人、铁钟和经幢，还有元建的妙道寺，因可知此城宋金元沿用以迄明清。这样就可估计现猗氏旧城的布局至少晚唐以来改变不大，因此前面对城内西南隅的三相坊至晚 13 世纪即已存在的推测，似乎可以向上追溯，说不定从宋金的 13 世纪后半，可上推到晚唐，名称也许有不同，张家旧居的位置可能一直未动。能够对一个唐代家庭的大致方位进行推定，在历史遗迹上也是较罕见的。如果再考虑天王楼旧址位于东西大街的北侧，我们知道相传各地天王楼的兴建，是由于平息安史之乱后，唐肃宗诏令而创建的话，那猗氏县城这样的布局，也许有可能开创于 8 世纪后期了。以上虽然大部是推测，但也不是一点根据也没有的猜想。总之，旧城市保存古迹之悠久，我们是不宜忽视的。但要确实实证则需要此后的考古发掘工作了。

张彦远的家世和时代，我们再总起来看，这是一个比较典型的可以反映唐代特色的官宦大家庭。张家发迹在张嘉贞，他得志于武周晚期，受到武则天赏识，玄宗时嘉贞为相，其弟嘉祐金吾将军，一文一武，光耀门庭；其后延赏相德宗，弘靖相宪宗；弘靖之后还有二世多出三品官职；最后处唐末的枢茂，也还是与相昭宗和哀帝的柳璨关系密切，是随时可入阁的人物，只是因为朱全忠急于篡唐的关系，在唐亡的前一年被贬渤海之滨的博昌而消沉下去。唐建国后，经过高祖、太宗两代和高宗、武则天时期（武德元年迄长安四年，618—704 年）近九十年的统一和平时期，经过这一段较长时间的比较安定的局面，经济恢复发展了，在这个基础上，才能出现文艺的繁荣，从整个文化上看，才出现了上有异于汉六朝、下又不同于五代宋的唐代特征。张家的兴起与繁荣就是出现在这个特定时期，因而张家这几代人物虽然在文化上没有什么突出贡献，但凭借他们的政治地位，鉴定搜集艺术品却是积极下力气的，因而对书画艺术的研究也是高水平的。张彦远撰写这两部书，显然不是出自偶然，而这两书之所以经过千年自然淘汰而流传到现在，也正说明它们不是一般之作，而是可以不朽的传世的作品。

上面主要讲作者的情况，以下就开始讲书的问题。《历代名画记》对唐宋以来的考古工作是颇有用处的。

注 释

[1] 《唐文粹》卷六三《三祖大师碑阴记》:"大历初,彦远曾祖魏国公留守东都兼河南尹,洛阳当孽火之后,寺塔皆为丘墟,迎至嵩山沙门澄沼修建大圣善寺,沼行为禅宗,德为帝师,化灭诏谥大晋,即东山第十祖也。洎镇于蜀,皆有崇饰,在淮南奏三祖大师谥号与塔额,刺史独孤君(及)为之碑,张从申书字。夫禀儒道以理身理人,奉释氏以修心修性,其揆一也。会昌天子灭佛法,塔与碑皆毁……大中初塔复置而碑未立。咸通二年八月,遂与沙门重议刊建。舒州刺史河东张彦远书于碑之阴。"

[2] 在《郎官石柱题名》上可寻找二十四司郎官名及其任职时代。六部二十四司是分列在尚书省正厅的左右,石柱就在左右各立一个;每边三部十二司郎官题名,分左柱和右柱。因为十二司分列两侧,每边还有一个领职机构,左司、右司,于是一共二十六司。元骆天骧《元贞类编长安志》卷一〇:"《唐尚书省郎官厅石记》,左司员外郎陈九言撰序,吴郡张旭书。旭以草书知名,此序独楷字……盖罕见世,则此序尤可贵也。新说曰,兵后《石记》,填在青莲池中。"现只存一左三司(吏、户、礼)题名石,藏陕西西安碑林博物馆,已漫漶不清,现仅可考出三千多人,估计原来完整时有四千六百多人。尽管如此,有三千多人郎官题名也是很重要的史料。在乾嘉时期,赵钺做过考证,很草率。接下来由劳格完成《唐尚书省郎官石柱题名考》二十六卷,为隋唐史研究者所常用。劳著收入《月河精舍丛钞》中。解放后中华书局有排印本,附索引,使用起来方便。解放前岑仲勉先生做了一些增补,补出二百来人,但所补的人中没有什么重要人物。

[3] 据北京大学图书馆藏明正德刻本。参看马采《顾恺之研究·顾恺之的维摩诘》,上海人民美术出版社,1958年。

二 《历代名画记》的流传与整理

唐灭于907年，北宋建国于960年，五代阶段也就五十二三年。张家是在唐灭亡时衰落的。所以张家的故事与收藏盛况在宋初还流传于官宦与文人之间。故北宋初年修《太平御览》（完成于太平兴国八年，983年）和《太平广记》（完成于太平兴国三年，978年）两书时，都引用了《历代名画记》，并且引用很多。前书"画"条下引用二十条；后书在"画"下引用三十七条。仁宗时欧阳修等修《新唐书》，《艺文志》著录了《历代名画记》和《法书要录》，此后两宋关于书目的书都收入此二书。神宗时，熙宁四年（1071年）郭若虚续《名画记》作《图画见闻志》；元丰年间（1078—1085年）朱长文《墨池编》卷六还记录了张彦远"善隶书"。北宋末年，米芾等人奉诏参与编辑的《宣和书谱》卷二十，也记录了张彦远善"八分书"，并且还记载张彦远录前人的诗句著的《彩笺诗集》。米芾《画史》中引用了《历代名画记》。到了南宋，赵希鹄《洞天清禄集》还提到张著《闲居受用》，是讲斋阁布置乃至饮食享用方面的书籍（此书宋以后佚）。

以上书籍包括《历代名画记》，在当时都是以抄本流传，形式主要是卷子。到南宋理宗时（1225—1264年在位）才有临安书棚的"蝴蝶包背装"样的雕版印刷本。南宋1279年亡；出现雕版印刷本已是南宋末年，北方此时已进入蒙古时代（世祖至元八年，1271年，始改蒙古国号为"元"）。

书籍一经雕版印刷即可化身千万，流传方便且广远，同时也才能出现一个大体上的定本。所以一部书有了雕版本就与全凭手抄传世时代大不相同了。因为传抄本不仅要花很多时间抄写，还会出现少抄和漏抄的错误，需要对照勘误，雕版本特别是官定国子监刻本就几乎是定本了，不需要读者校勘了，因为雕版书籍一般经过仔细的校勘。临安时期的书棚雕刻也大体可以这样看，虽然未必有国子监本标准，但同时期的建本（福建书铺刻本）就很难说了。

《历代名画记》宋末有了书棚雕版，此后各种本子大抵直接间接都从书棚本出，因此同出一源的本子一般是不需要再校了。但是对引用刻本以前本子的征引文字言，就另当别论。因刻本以前的本子多是卷子式的抄本。前面讲的《太平广记》《太平御览》等书引用的《历代名画记》，都是引自卷子本的，因此，我们今天用源于宋末书棚本的《历代名画记》，就需要和《广记》《御览》等书的引文对校，它们之间的差别可互补的地方是很多的。如：来源于书棚本的刻本《名画记》卷四"诸葛亮"条："诸葛亮字孔明。彦远按，常璩《华阳国志》云：'亮以南夷之俗难化，乃画夷图以赐夷，夷甚重之。'"刻本这一条删节太多，有的还不大能读通。《太平御览》卷七五一引此条就比较详细："蜀诸葛亮字孔明。《华阳国志》云：南夷其俗征巫鬼好盟诅要之。诸葛亮乃为夷作图，先画天地日月君长城府，次画神龙及牛马驼羊，后画部主吏乘马幡盖远行安邮，又画夷牵牛负酒赍金宝诣之，以赐，夷甚重之。"《御览》这条虽然详细，但又删去了"彦远按"三字，似直接出自《华阳国志》而与张彦远无关。所以二文对校就可以互补缺欠了。

宋理宗时临安书棚雕印的《历代名画记》大概早已不存。但有两个抄本，卷首目录后有"临安府陈道人书籍铺刊行"一行，可知两本都是直接或间接根据临安书棚本抄出。一本现藏北京图书馆，是明抄本，有"武进盛氏所藏"图章，知原是盛宣怀的藏书。盛氏是晚清倡洋务运动兴办实业的人物，民国期间住在上海，建愚斋藏书楼，请当时有名的目录学家缪荃荪为其搜书。明抄本购入估计就在此时，归于北京图书馆时间当在20世纪20年代盛氏衰落之后。另一抄本藏日本九州大学图书馆，无早期藏书章。抄得晚，没有对校过，也许该本源于上本。

临安府陈道人书籍铺当时刊印了一大批书画书籍，每种书都附有

"临安府陈道人书籍铺刊行"一行刊记。目前有此刊记的宋刻本书画书有三种:一种是北宋刘道醇《五代名画补遗》,一本是南宋邓椿的《画继》。这两种书现藏辽宁省博物馆(原是清宫的东西,溥仪带去东北,分散后由辽宁省图书馆收到)。20世纪80年代,中华书局收入《古逸丛书三编》影印出版。白口、左右双边,半叶十一行,行二十字,是为其特征。同样行款的书还有北京图书馆收藏的郭若虚《图画见闻志》,遗憾的是,此书前三卷是抄配,印本的卷首部分已佚,原刊有的陈道人刊记也看不到了,但与此本行款相同的明万历初年(二至三年,1574—1575年)王世贞在郧阳根据陈道人本复刻的《图画见闻志》目录后复刻了这一行刊记。故可以间接为证。说明王氏郧阳本复刻了临安书铺本。万历初年王氏于郧阳刻书画书,据统计至少有十八种,分两套丛书,《王氏书苑》和《王氏画苑》,皆同一款式字数,约俱复刻临安书棚本。《画苑》中有《历代名画记》,经对照,此郧阳刊《画苑》中的《历代名画记》与北图藏盛氏旧藏明抄本相同,更可以直接证明复刻自陈道人本,复刻的时间应在万历二年或三年(1574或1575年)。

王世贞(和严嵩打官司的人)做过不少地方官。离开郧阳后《书苑》《画苑》书版遗失,故郧阳刻本传世相对较少。北大图书馆有一部(图3)。

万历十七年(1589年)王世贞到南京做官,在南京金陵家塾淮南书院又重刻了《王氏书苑》和《王氏画苑》。重刻的《书苑》《画苑》收书十五种,板框比郧阳本略小,每半叶十行,行仍二十字。二书易混,后者流行较广,北大图书馆也有藏本(图4)。后者重刻粗糙,错误较多,远不如直接出自宋本的郧阳刻本[1]。

以后到明朝崇祯末年,毛晋汲古阁刻《津逮祕书》和清嘉庆张海鹏刻《学津讨原》都收了《历代名画记》。这两个本子对《历代名画记》有许多订正,但未交代出处。这两部丛书好找,前者收入《丛书集成初编》,后者由涵芬楼影印。因为毛本时间早,所以一般用《津逮》本。两本虽文字通顺,但有的并不一定是原文。所以用时可和王氏刻本、《太平御览》、《太平广记》等书的引文对勘一下,王氏本源自宋本,《御览》《广记》引文前面谈过尚是抄自卷子本,来源可靠,但

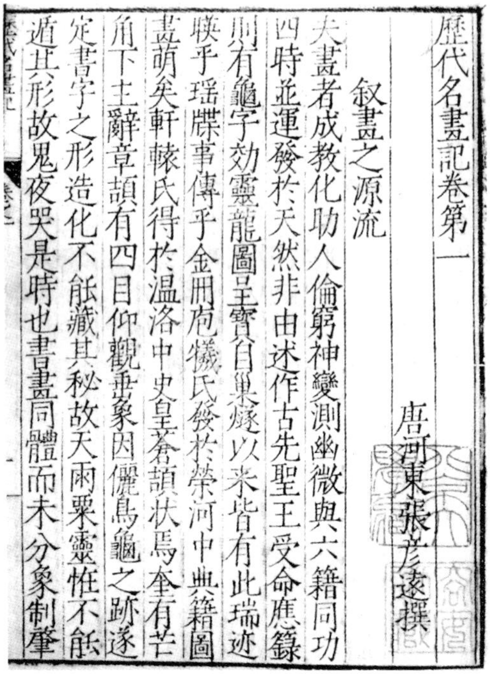

歷代名畫記卷第一

唐河東張彥遠撰

敘畫之源流

夫畫者成教化助人倫窮神變測幽微與六籍同功四時並運發於天然非由述作古先聖王受命應籙則有龜字效靈龍圖呈寶自巢燧以來皆有此瑞迹暎乎瑤牒事傳乎金冊庖犧氏發於滎河中典籍圖畫萌矣軒轅氏得於溫洛中史皇蒼頡狀焉奎有芒角下主辭章頡有四目仰觀垂象因儷鳥龜之跡遂定書字之形造化不能藏其秘故天雨粟靈怪不能遁其形故鬼夜哭是時也書畫同體而未分象制肇

图3　明万历郧阳刻本《历代名画记》（北京大学图书馆藏）

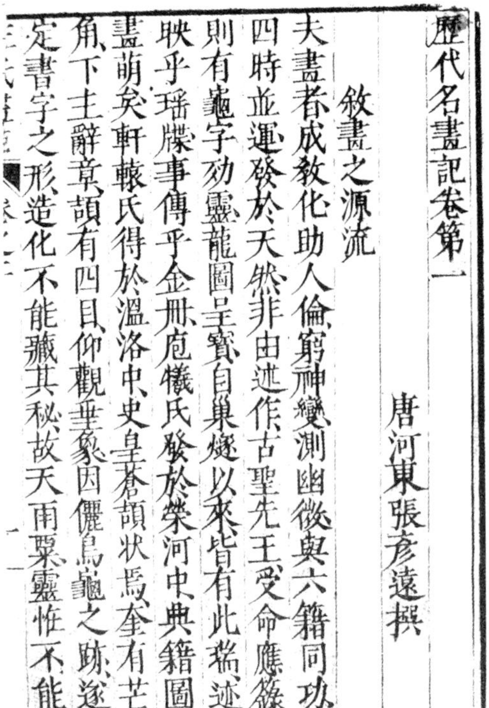

歷代名畫記卷第一

唐河東張彥遠撰

敘畫之源流

夫畫者成教化助人倫窮神變測幽微與六籍同功四時並運發於天然非由述作古先聖王受命應籙則有龜字效靈龍圖呈寶自巢燧以來皆有此瑞迹映乎瑤牒事傳乎金冊庖犧氏發於滎河中典籍圖畫萌矣軒轅氏得於溫洛中史皇蒼頡狀焉奎有芒角下主辭章頡有四目仰觀垂象因儷鳥龜之跡遂定書字之形造化不能藏其秘故天雨粟靈怪不能

图4　明万历金陵刻本《历代名画记》（北京大学图书馆藏）

皆互有讹误，所以对勘时也要择善而从，并须作出注文，说明取舍。

四库本，《总目提要》说明用的是两江总督采进本。采进本是什么本没有交代。从《总目》文字和对校的结果，知是根据《津逮秘书》，但经过四库馆臣的校正篡改。各四库本都不相同，现可利用影印的文渊阁本和北图的文津阁本、现存兰州图书馆的文澜阁本对照。相比之下一般说应是文渊阁本较好。

使用四库本要慎重。只要不是四库独有的书籍，最好不用四库本，找四库根据的原本或与其无关的其他本。当然四库本是可备查的，也是比较方便的。

下面列一个《历代名画记》版本顺序：

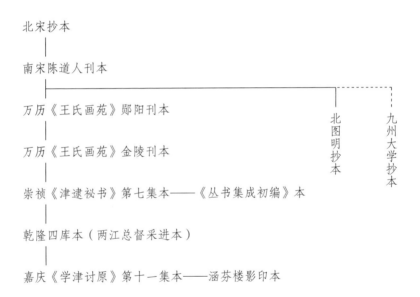

重视《历代名画记》，清代以来一般说是从《四库提要》开始的。近人余嘉锡《辨证》有关子目之外，道光周中孚《郑堂读书记》和近人余绍宋《书画书录解题》也都有所论述。但上述文字都属书录性质，真正注重全书的整理则是从20世纪中期开始的。日本京都大学的小野胜年把《历代名画记》全书翻译成日文并作了校注，1938年收入岩波文库。小野胜年是日本的中国历史考古学者，《历代名画记译注》是其早年的著作，不是很好。

"文革"前的60年代，上海和北京的人民美术出版社各出了点校本。1964年，上海人美出俞剑华点校本。俞剑华，华东美术史专家，一位老先生。根据书前凡例，知其撰就于1959年。此本有注释。卷四至十即画家传记部分，还从有关书籍中增补了一些传人的事迹和按语，便于读者参考。

　　1963年，北京人民美术出版社出版了秦仲文、黄苗子点校本。这二位都是画家。两位合作重点是对校了三种刻本，即王氏金陵本、《津逮祕书》本和《学津讨原》本；排印疏朗便于看原文。日本人长广敏雄在京都大学领导《历代名画记》讨论班后，整理集体讨论研究的成果，这个日译本的注释较详，1977年收入平凡社的《东洋文库》。此书和上述小野胜年的校注都未附原文，无原文对照，不好了解其汉文水平，不便于中国人使用。1981年，日本中央公论美术出版的谷口铁雄《校本历代名画记》就原文汇校，使用本子较多。但四库本没用影印文渊阁本是个缺点。就目前讲，谷口本较好，这与谷口曾参加京都大学《历代名画记》讨论班有关。同时此本还附有《索引》和另一《名画记》节录本《名画猎精》的文字。

　　下面谈谈《名画猎精》。

　　《四库全书总目提要》在《历代名画记》下面有这样一段文字："晁公武《读书志》别载彦远《名画猎精》六卷，记历代画工名姓，自史皇以降至唐朝，及论画法并装褙裱轴之式，鉴别阅玩之方。毛晋刻是书跋谓：'彦远自序止云《历代名画记》，不及此书，意其大略相似。'"周中孚《郑堂读书记》判断此书为《历代名画记》之初稿。他说："盖其初稿曰《名画猎精》，后续成历代小传，另编为是记……其初稿本虽不载入史志，而别自流传。晁氏因得以志之尔。"至于晁公武著录《名画猎精》六卷，而《历代名画记》除历代小传部分止为三卷者，余嘉锡在《辨证》中推测："《名画猎精》本六卷，今只三卷者，盖彦远既续作小传，因并其卷帙载入书首，改题此名耳。"周中孚与余氏解释大体可以解释二书的因果关系。我们从明朝末年宛委山房本《说郛》所收《名画猎精》的文字知（涵芬楼《说郛》没有《名画猎精》）这本摘录本亦有可取之处。比如"论用笔"一段，可以校《历代名画记》卷二"论顾陆张吴用笔"中一些不甚通畅的文字：

《历代名画记》卷二"论顾陆张吴用笔"	《名画猎精》"论用笔"
顾恺之之迹……调格逸易	顾恺之笔迹……调高格逸
顾陆之神不可见其盼际（兮加目字边为恶视之意）	顾陆之神不可见其涯际

看来，"别自"流传的初稿，对后来一再刊印现存的所谓"正本"的校订，也还是有些用处的。

注　释

[1] 参看张玉范《〈王氏画苑〉的两种明刻本》，刊《北京大学学报》（哲学社会科学版），1989年第5期。

三 《历代名画记》体例与内容

从考古发现和文献记载都可证明战国西汉时期书和画出现了繁荣的盛况，表现在上层统治阶级的遗址里尤为显著。如存世的秦石鼓、刻石和咸阳宫殿遗址发现的壁画、秦始皇陵陪葬俑群与西汉墓葬壁画等，这些都是很重要的实物遗迹。东汉时期更扩大了普及面，现存各地的汉碑和洛阳石经以及各地墓葬壁画（包括大量画像石、画像砖），其数量都是空前的。个体石雕也成熟起来。魏晋沿袭了东汉以来的传统；东晋南迁江南，此风随附上层人士又盛于南方。北魏孝文帝迁洛前后，北魏汉化程度愈来愈深，北朝开始出现巨大的书画遗迹。画塑同源，与雕造也关系密切，同时由于汉以来与境外交往已很久了，逐渐受到西方雕刻艺术的影响，5世纪末北中国雕塑艺术才更复杂起来。6世纪中期以来墓葬壁画和俑制作的水平显著提高。关于画论和画史的著作这时也出现了，特别是在当时被认为是正统所在的南朝。《历代名画记》所记和常引用的《述画记》作者孙畅之，是刘宋人之入魏者（一般说是后魏孙畅之），此书已佚。已佚论画的书还有梁武帝的《画评》。现存最早的这类书籍是南齐谢赫的《古画品录》和梁陈时人的《续画品》（题陈姚最撰。前面写"题"，表示有问题，不一定靠得住）。唐贞观间（7世纪中期）裴孝源著《贞观公私画录》和《贞观公私画史》（可能原是两部书），多是根据《梁太清目》编写的（太清是梁武帝萧衍的最后一个纪年，547—549年）。《梁太清目》的重点是论述唐以前的作品，因可推知裴著两书是上承南朝的系统。

上述这些品评著录绘画的著作和评论文章的刘勰《文心雕龙》、评论韵文的钟嵘《诗品》都出现在宋末迄陈初，即5世纪末到6世纪中的八十多年间，这点是值得我们注意的。这一阶段的中心是齐梁时期，最关键的是梁武帝的时代（502—549年），也就是北魏人认为"正朔礼仪之国"的大梁时代（《续高僧传·法贞传》），这也就是北周的庾信《哀江南赋》里所说"五十年中江表无事"的阶段。在这阶段出现这些著作不是偶然的，其中共同的因素值得我们注意。

裴孝源时代前后（7世纪中期前后）距《历代名画记》的时代之间，还有一些著作：刘整、顾况《画评》（《新志》作《画拾遗》），李嗣真《续画品录》（《新志》作《画后品》），窦蒙《画拾遗录》。这些书都没有传本，不知其详。但从《历代名画记》说这些书"率皆浅薄漏略，不越数纸"（当时的书卷子装，前纸和后纸粘连成卷，不能记叶数），可知这些书字数不多，内容贫乏，非系统之作，与《历代名画记》显然有很大的差距。这差距正好说明开元以前和以后，由于绘画等艺术的快速发展，分析绘画和总结的著作也跟着发生了巨大的变化。当然同时的其他艺术和文学等方面的著述也大体差同。

《历代名画记》，十卷。前三卷是总论的性质，主要讲画学和画论，后七卷是按年代顺序写的画家传记，有如史书的列传。

《历代名画记》在前三卷，列了十五个子目。对这十五个子目的解释，可参考美术史家俞剑华《历代名画记》的注释和导言。我们也从我们的需要出发做一些简单的介绍。

卷一开卷是第一子目《叙画之源流》。从画的作用开始讲绘画的出现和原始绘画，然后进一步从历史事实反复论述绘画助教化的功能比文字作用大。因而用以说明绘画源流之久远与流脉之绵长。

第二子目《叙画之兴废》。简述历代绘画作品的聚集、鉴赏、流失的大概；然后着重叙述张家世代对书画的爱好和收藏；最后说明撰写本书的经过和希望。第一、二两子目前后紧密联系，合起来可看作《历代名画记》的一篇内容较充实之自序。

第三子目《叙历代能画人名》。列372位能画人的姓名，从上古到贞元末即9世纪初故去的王默。人名的顺序和这本书卷四到卷十的列传前后顺序同，应当是卷四到卷十的目录。因此，周中孚和余嘉锡都认为最初的《历代名画记》只有前三卷。该书最初只是在书中罗列画人姓名而无画人传记，卷四到卷十的画人传记部分是以后补上去的。补传后也未把画人姓名移到后面传记之前，就显得不连贯了。这个推测看来是可能的。秦仲文、黄苗子校点本为读者阅读方便，把第三子目挪到卷四传记前面，就把周、余等人的推测给架空了。改变古书传统的次序是整理古籍的大忌。其实，宋以前古书的叙目大都放在书的最后，或分散在每卷之前，并不把全部目次置于书前，商务印书馆影印百衲本前四史的《汉书》用的南宋复刻景祐国子监本，即是如此安排的（总目在最后，卷目在同卷最前），没有一股脑儿放在前面的。如果《历代名画记》传记部分真有目录的话，也不会如黄苗子、秦仲文本另作一卷列在传记之前的。

　　第四子目《论画六法》。这是张彦远对谢赫"画有六法：一曰气韵生动，二曰骨法用笔，三曰应物象形，四曰随类赋彩，五曰经营位置，六曰传模移写"的议论。一曰气韵生动就是讲传神；二曰骨法用笔讲线条，所以说工画者多善书；三曰应物象形就是讲形似；四曰随类赋彩讲上彩。前二项就是说"气韵不周空陈形似，笔力未遒空善赋彩"，这样都"谓非妙也"。以上四项是讲画人的功力的。五曰经营位置，讲布局，就是讲整幅画面的设计；六曰传模移写，讲临摹前人的绘画，或照着描或抄画，张说这虽为"画家末事"，但为初学所必需。谢赫提出的六法和彦远的阐述都着重在人物的画法。彦远在阐述中将绘画分为四个时期："上古之画，迹简意淡而雅正（《说郛·名画猎精》作'迹简而意淡'），顾、陆之流是也"；"中古之画，细密精致而臻丽（《说郛·名画猎精》作'细密而精微〔致〕'），展、郑之流是也"；"近代之画，焕（《猎精》作'绚'）烂而求备"；"今人之画，错乱而无旨，众工之迹是也"。这四个时期，上古指东晋南北朝刘宋时期；中古指南北朝中晚期和隋；近代指初盛唐，从阎立本到吴道子的时代。"今人"指张彦远前不久和张彦远自己的早年时期，即唐肃宗以后的中唐时期，亦即代、德、宪、穆时期（8世纪中晚期到9世纪30年代）。前三个时期是人物画的盛期。肃宗以来众技杂陈，各种题材都有，人物画多沿袭传统，所以张彦远对今人之画评论说："然今人之画粗善写貌，得其形似而无其气韵；具其彩色而失其笔法，岂曰画也！

呜呼！今之人，斯艺之不至也。"是议论肃宗以后的人物画之衰落。在第四子目，为了区别古今画法的不同还举出一些具体事物。如"古之嫔擘纤而胸束，古之马喙尖而腹细，古之台阁竦峙，古之服饰容曳"。当时的事物由于时间不同而形象不同，这点是值得注意的。此处所说的"古"，应是指前面说的"上古"，即东晋刘宋时期的形象，和我们在考古发现中看到的这时期的人物形象倒是相似的，这说明他看到许多魏晋六朝时的真迹，所以才可以写出。

第五子目《论画山水树石》。是讲画山水树石前后的变化。张彦远在这一子目里说："魏晋以降，名迹在人间者，皆见之矣。""其画山水则群峰之势，若钿饰犀栉，或水不容泛，或人大于山，率皆附以树石映带其地，列植之状则若伸臂布指。详古人之意，专在显其所长而不守于俗变也。国初二阎擅美匠学，杨展精意宫观，渐变所附。尚犹状石则务于雕透，如冰澌斧刃；绘树则刷脉镂叶，多栖梧菀柳。"这些形象我们可以在北魏迁洛以后洛阳北魏大中型墓葬中出土的孝子石棺线雕画上看到，也可以在敦煌莫高窟北魏、北周的壁画上看到。上述这些情况出现显著变化，张说"山水之变始于吴（道子），成于二李（思训、昭道父子）"，变化的时间在开元时期。"树石之状妙于韦鹍、穷于张通（即张璪，字文通，韦、张二人处在天宝以后的代、德两朝）。"由此可知，山水树石之变晚于人物，树石又晚于山水。综上二子目可知，绘画的主题即人物、山水之大变化是在8世纪中晚期的中唐中期元和（806—820年）以前。

以上为卷一内容。下面第六子目在卷二。《叙师资传授、南北时代》分两部分。前部分讲东晋以来迄于彦远所谓的近代重要画家的师资传授（师承）；后部分"论衣服、车舆、士风、人物，年代各异，南北有殊"，并举例说明。这一部分值得注意，可以据此类推。是判断作品年代和作者所在地区的重要参考资料。

第七子目《论顾、陆、张、吴用笔》。用笔即前述谢赫六法中的骨法用笔，亦即线条勾勒，所以题中一再强调"书画用笔同法"。张彦远分析这四个人的用笔，说顾、陆二人画线条"紧劲联绵，循环超忽"，紧劲循环，连绵不断，属"密体"；张、吴"钩戟利剑""离披点画"，勾勒快速，点线清晰，属"疏体"，密疏二体皆臻妙境。其实这是用笔的两个发展阶段。前者重神，后者脱俗。脱俗就是进入了一个全新的境界。这可能和南朝中晚期、隋至盛唐人物形象一天比一天健壮和流行画大面积壁画等有关系。这变化张开其端，吴发展之。所以张彦远说"国朝吴道玄古今独步"。其实这一子目是讲上古、中古、近代用笔的变化史。

第八子目《论画体工用拓写》。这题不太好解释。宋本系统的《画苑》本无"体"字，也不好解。我想可以如俞剑华先生那样理解为三个内容：画体、工用、拓写。画体，从重墨不重彩——"运墨而五色具，谓之得意；意在五色则物象乖也"——来讲画体，然后将画列为五等："自然者为上品之上（自然最上），神者为上品之中（失于自然而后神次之），妙者为上品之下（失于神而后妙次之），精者为中品之上（失于神而后精更次之），谨而细者为中品之中（精之为病也成谨细）。余今立此五等，以包六法，以贯众妙……"并认为，不能分辨此五等则没法论画了。讲工用即是强调"工欲善其事，必先利其器"，首先选好作画的质地——齐纨吴练。然后选名地所出的颜色和调色所用的各种胶漆姑汁和绝刃食竹之毫（高地食竹鼠的毫）等。后又论及"吹云""泼墨"都"不谓之画，不堪仿效"。又援引《淮南子》云："宋人善画，吴人善冶（张注：冶，赋色也），不亦然乎？"说明他本人重中原古法，对南方赋彩有所评论。拓写，是讲用蜡纸拓写保存真迹的办法。说明当时画用绢、摹写用纸的情况，纸施脂可以透明。最后议论说，摹写再好终不及创意之妙。注文中还提到"顾恺之有摹拓妙法"，但未细讲，另在顾传内引恺之《魏晋胜流画赞》中记有摹画要点，可参看。不过这一段未经校核，恐有脱讹，难以卒读。可参看俞先生的注。

第九子目《论名价品第》。用有人请教张彦远为自古名画估价开始，讲画估事。张说："画估与书估不同，书即约字以言价，画则无涯以定名。"因为"书则逡巡可成，画非岁月可就……"，然后把画分"三古以定贵贱"。以后汉、三国为上古，晋宋为中古，齐、梁、后魏、北齐、陈、后周为下古，隋及国初为近代。三古、近代中名家之作可以往前提。张举例说:"凡人间藏蓄,必当有顾、陆、张、吴著名卷轴,方可言有图画,若言有书籍,岂可无九经三史。顾、陆、张、吴为正经,杨、郑、董、展为三史,其诸杂迹为百家(等而下之)。"至于具体价值,张以当时流行的屏风画一片或一扇为准,列举了近代名家作品的价格,"董伯仁、展子虔、郑法士、杨子华、孙尚子、阎立本、吴道玄屏风一片值金二万,次者售一万五千。其杨契丹、田僧亮、郑法轮、乙僧、阎立德一扇值金一万"。又记"合作"(精品之作)之价高,可见当时也不只看画家的人名论价。另外,还以专业画得名的画家,其专业作品是重于世,如说"韦鹖以画马得名,人物未必为人所贵",所以说画无定价,要以求画人之好恶而定。

为什么画估以屏风为准?这涉及当时室内布局问题。从汉到盛唐,屋里没有固定的隔断,坐卧席地。讲究人家才卧床坐榻(小床或矮床),因此室内的家具只有围着床榻的屏风和帷幛,榻围着屏风,床围着帷幛。作为绘画这种装饰,在室内除了在壁面上作画外,隋以前多在屏风作画;隋代以后才逐渐扩展到帷幛上。所以张彦远说:"自隋已前多画屏风,未知有画幛,故以屏风为准也。"日本正仓院收藏许多唐代的东西,由当时(8世纪)的遣唐使带回。其古文书中记载,圣武天皇死后,皇后将他的遗物施给佛寺的清单上,另外还有大臣施舍的清单,有人统计,正仓院这类清单内记当时收藏的屏风多达一百零三件,每件以四扇至六扇计,当时正仓院所藏的唐代屏风竟有四百至六百扇。可见日本当时的上层宅第也盛行使用屏风,显然这是效仿唐代的风尚。这就是为什么当时拿屏风估价的原因。

第十子目《论鉴识收藏购求阅玩》。大体分两部分,前一部分混讲鉴识收藏购求,后一部分重点讲"阅玩",前后联系紧密。开题时讲"夫识书人多识画,自古蓄聚宝玩之家,固亦多矣。则有收藏而未能鉴识,鉴识而不善阅玩者;阅玩而不能装褫(裱),装褫而殊亡诠次者。此皆好事者之病也"。讲好事者要专业化而有资格方可称为好事者,否则不够资格。具备上面三种条件才有益于书画。并言贞观、开元为收藏的盛世,并讲了两个时代的故事。这些故事中值得注意的是"开元中有胡商穆聿别识图书,遂直集贤"。集贤是集贤殿书院的简称,隶中书省。该院本是搜集校正书籍的地方，设有书直和画直两个官管书和管画。一个胡商居然可以直集贤，这是很值得注意的。穆是昭武九姓中之一姓，是中亚粟特人。说明当时这些人在唐代文化中与唐关系密切，有不可忽视的因素。又如"贞元初"有卖书画者，往来公卿之家，张说他家就从这样人物中"买得真迹不少"。又记录当时不少名人、高官都收藏了许多书画，如"韩侍郎愈……中书令晋公裴度、李太尉德裕"等也收藏书画，而这些都是正史所不载的。此目后面并提出阅玩书画时应注意的事例及张彦远谈自己的书画癖。这些都是唐代保存书画文物的重要史料。

使用一本重要的书，要对其有了解，否则会出问题。对历史考古来讲，此书很重要。许多信息是正史所没有的。有些史料还是很重要的。如"行商"买卖字画的情况，极为有趣。看来经营文化商品是很有来源的。大家看此书最好看俞剑华的本子。俞老先生的书虽注释烦琐一些，但因为人家是画家，从专业角度上别具只眼，对我们是很有帮助的。

以上为卷二内容，以下属卷三。

第十一子目《叙自古跋尾押署》、第十二子目《叙古今公私印记》。可以和《法书要录》有关部分合观，可以互相补校。从这两子目的内容可知：

1. 自晋宋至国初御府收聚的绘画，只有鉴识人的押署跋尾，没有印记。从举例的情况看，最后例是武德初（618年—　）秦王府（即李世民王府）跋尾。

2. 贞观时（627—649年）出现了"贞观"御府的印记，也出现了整装（装褫）者的记录。

3. 钤鉴藏者私人印记，相传以东晋周觊为最早，开元以后，公私家印逐渐盛行。

4. 押署跋尾之制，开元时（713—741年）仍盛。为了各种原因隐去以前的收藏情况，而出现割掉前人押署跋尾的做法也始行于此时。

5. 张彦远时代因鉴识验证而重视跋尾押署和公私印记，可见收藏之风开元以后特别到9世纪才大盛起来。

第十三子目《论装背褾轴》。先讲装背即装褫，刘宋时始重装背，然后依次讲装背方法、最佳季节、选置工料设备和装背前对古画的清理等事。之后讲褾轴。在褾轴下，先讲书画内轴的轴身、轴首，后讲褾，即书画卷的最前接褾的领端，最后附讲领端的带。张举贞观开元内府图书一例："用白檀身、紫檀首、紫罗褾、织成带（用后来缂丝的技法织出花纹、文字的丝带）。"张主张应当讲求褾轴，并驳斥了书画失毁并不因于褾轴华丽。

第十四子目《记两京外州寺观壁画》。先记上都长安，后记东都洛阳，最后记浙西甘露寺（在今镇江）保存的寺观壁画。

上都记了四十二座佛寺、六座道观和四处官署的部分壁画。东都记了十一座佛寺、两座道观的部分壁画。其中记录较详的在上都的有：

慈恩寺，长安左街晋昌坊东半部，高宗为母立，玄奘在此译经，会昌未毁。

兴唐寺，左街大宁坊，位大明、兴庆两宫间，太平公主为武太后立，后置玄宗像，与吐蕃会盟之寺，会昌毁，后复立。

安国寺，左街长乐坊东半部，大明宫前左侧，睿宗在藩旧宅，玄宗拆寝殿，于寺建弥勒佛殿，会昌毁，复立，后为密宗寺院。

千福寺，右街安宝坊，章怀太子宅舍为寺，会昌毁，复立，颜真卿多宝塔铭立此。

在东都的有：

弘道观，定鼎门街东修文坊，尽一坊之地。原雍王宅，王升储，立此观。

敬爱寺，建春门内，中宗为高宗武后建。彦远记此寺甚详。

大云寺，上东门街南毓材坊，会昌中废。

以上都属大型寺观，都著录了大量隋唐名家壁画。

浙西甘露寺，系李德裕官浙西时建。会昌毁佛时甘露不毁，李移建康一带寺院中自东晋以来的一部分著名画家所绘壁画如顾恺之、戴安道、陆探微、张僧繇、展子虔和唐代韩幹、吴道子等的作品嵌置于此寺各殿堂的壁面。此寺遗址在今镇江城东北江滨北团山后峰，其地原有李德裕所建铁塔，20世纪中叶后发掘塔基，发现了舍利棺。

彦远在记各寺观的壁画时，附带也记录了一些塑像和塑工姓名，这些都是今天研究唐和唐以前石窟壁画、塑像的重要参考资料。此外，在记录壁画塑像时，大都牵涉到它所在的殿堂及在殿堂内的位置，因而也出现了寺观布局和造像组织的记录，这对了解唐和以前的寺观的规模体制等都有一定的重要性。

第十五子目《述古之秘画珍图》。这子目列举了百余项唐以前迄初唐的重要珍秘图画的名目，从这批名目中，可以了解我国古代图像作品的丰富内容，有天文、气象、地形、地图、兵法攻战、民俗、圣贤、祭祀、仪仗、各种器物、祥瑞、宫室、职贡、相马禽、医药（本草）、古代传说等。值得注意的是，有许多可以增补《隋书·经籍志》的内容。

从卷四迄卷十《叙历代能画人名》，列"自轩辕至唐会昌凡三百七十一人"。这七卷传记，综合观之，有以下四点应予注意：

1. 前五卷（卷四至卷八）列唐以前画家一百六十四人。每个传记都记载了他们的特长和名作，还有重要的评论。唐以前的传记大部分都注明了出处。还有些根据宋以来已佚的。

2. 前五卷唐以前的画家各代又各有重点：晋顾恺之为重点，传中录有顾著的《论画》《魏晋胜流画赞》《画云台山记》三篇文章，是研究顾恺之的重要资料，也是研究东晋绘画的重要资料。刘宋的重点是陆探微。萧梁的重点是张僧繇。在卷五的最后即戴逵、颙父子传后，张彦远总结了一段，自汉明帝以来以迄唐代佛画的变化，特别是论述戴氏父子的佛教作品之后说："其后北齐曹仲达，梁朝张僧繇，唐朝吴道玄、周昉各有损益，圣贤盼蠁（俞剑华谓'盼'为'肸'。肸蠁，《汉书·司马相如传》师古注：'盛作也'），有足动人，璎珞天衣创意各异，至今刻画之家列其模范，曰曹曰张曰吴曰周，斯万古不易矣。"这是今天研讨佛教考古值得重视的论点。

3. 卷九、十列唐代画家二百零七人。卷九皆开元以前的擅长人物的画家，其中重点是传张僧繇这一派的，主要有二阎（立本、立德）和吴道子以及吴的弟子们。张彦远一家重视吴派画家，彦远叔祖谂曾撰有《吴画说》，惜已不传。绘画自汉魏以来主要画人物，开元时变化较大，首先作为人物陪衬的山水开始独立，开元天宝间（713—756年）

的宗室画家李思训兄弟父子叔侄一家（高叔祖郇王祎的三世孙李思训及其子昭道，思训兄思诲及其子林甫）皆精此道，影响不小，所以彦远在列李氏传记之后，多列善画山水之名家。

4. 卷十多录杂画画家，主要多是开元以迄彦远同时的画家。所谓杂画，其内容也多是原人物画中作为背景陪衬的题材，开元以来它们蔚附庸成大国，画面上逐渐取消了人物自成一格了。除了山水成家的之外，树石、花鸟、马牛、松竹也各有名家。传统的人物画中也有了显著变化，复杂化了，如出现了鞍马、番马和楼阁界画等内容和专擅佛画的专家。佛画中还有擅长画菩萨和天王的专家。

从卷四到卷十虽然是画家传记，实际也是一部绘画题材演变的记录。研究汉唐考古的同志要注意从中汲取有用的资料——因为它的作者还是出自晚唐鉴识绘画世家，他的论据应该是很有深度的。

四 《历代名画记》的续作及其他

记录绘画（包括大批壁画）兼记雕塑和寺观布局的书籍，是自汉唐迄宋元考古的重要参考文献，因为汉唐宋元阶段的地下墓葬和地上的宗教建筑（包括石窟寺）都有大量壁画和壁画装饰，以及供养人的形象。而这阶段记录绘画的书籍所著录的艺术家又大都绘制壁画，有的还兼作雕塑。《历代名画记》是这类书的开山之作，上面已大体对这本书做了一些介绍，希望大家能和自己的专业结合起来，仔细阅读这本书。

据《历代名画记》卷一所记彦远于大中元年（847年）所写的卷一"叙画之兴废"条讲，此书"自史皇至今大唐会昌元年（841年）凡三百七十余人"。这是说他的书收录画人传记止于会昌元年，即止于会昌五年八月废佛毁寺之前，但书中所记却说到了废佛以后的事迹，如记浙西甘露寺大中七年的事。总之，彦远书写到9世纪中期。此后有郭若虚《图画见闻志》和邓椿《画继》赓续之作。

《图画见闻志》作者郭若虚，太原人，也出身于爱好书画的世家。据该书自序称，他的祖父、父亲和他自己都是精鉴别、喜收藏绘画的人物。他的祖父官至司徒，但未写出名字，有人翻检史籍也未肯定这个姓郭的司徒公是谁。陆心源《仪顾堂题跋》卷九推测可能是真宗郭后的兄弟行。若虚本人，据劳格《读书杂识》考证是皇亲，他尚仁宗叔父孙女永安县主，相王允弼的女婿，熙宁三年（1070年）任供备库使，有的书作西京左藏库副使，掌管"四方财赋之人"。八年转文思院副使［文思院，"掌金银犀玉工巧及彩绘装钿之饰，凡仪物、器仗、权量、舆服，所以供上方给百司者，于是出焉"（《宋史·职官三·工部》）]。这些官职，品级都不大于七、八品，但都是为皇室掌管财务和制造精巧的有钱有闲的机构。自序明确说此书是续《历代名画记》之作，"自会昌元年后历五季，通直本朝熙宁七年（1074年），名士艺人编而次之"。书六卷，卷一《叙论》记画论十六事，大体是继《历代名画记》卷一至卷三的内容：有的记事如《叙诸家文字》，记迄郭若虚时代存在的品评绘画的书籍，可补记宋代书目失载的论画书籍；又如《论曹、吴体法》讲曹、吴特征时说"吴带当风，曹衣出水"，是后来常用的形容曹、吴特征的最早出处；又说"雕塑铸像亦本曹、吴"，"雕塑之像亦有吴装（经拂丹青）"，也是明确地把雕塑特点与绘画特点联系起来的最早提法。《叙制作楷模》《论衣冠异制》《论三家（李成、关仝、范宽）山水》《论黄（筌）徐（熙）体异》等子目，都对唐宋绘画之变和五代北宋画派之差异做了清晰的分辨。总之，这十六事，对了解唐宋绘画雕塑的变化都做了重要的启示。卷二记唐末五代画家。卷三、卷四记北宋画家。先记皇帝、王公、官宦画家，然后分门别类记专业画家，以人物门开头，以上是卷三的内容。卷四记山水门、花鸟门、杂画门三类画家。上面四类专业画家又分了细致的子类：人物门在画古人、佛道之外，分出了"独工传写"类，即所谓的"写真"，也即是肖像画。山水门附有林木松石。花鸟门附有草虫蔬菜。杂画门有马、驼、牛、犬，虎鱼龙水，楼阁舟车等。凡物皆可入画，大约在北宋时期已达高峰。卷五、六讲这个时间段的绘画故事。卷五讲唐五代故事，卷六讲皇朝即宋朝及孟蜀、南唐、辽、高丽、日本故事。

《图画见闻志》的版本问题。大约从南宋末"临安府陈道人书籍铺"开始刻板书画书籍起，就把当时他所能搜辑到的书画书，一本一本刊刻出来了，但没有用丛书的形式把它们编到一起，起一个总名（虽然当时已有这种做法，如《儒学警悟》《百川学海》）。前面讲《历代名画记》时，讲过《图画见闻志》和《历代名画记》相同，也有一个临安府陈道人书籍铺刊行本，这个南宋末年刻本现仅存半部即卷四到卷六，目录、卷一至卷三是抄配。因为书的卷首目录是抄配，所以"临安府陈道人书籍铺刊行"这一行刊记就没有了，幸好王世贞在郧阳刻的《王氏画苑》本《图画见闻志》复刻了这一行，而肯定了这个问题。王氏郧阳刻的《图画见闻志》传世较少，过去仅知北图（北京图书馆，今国家图书馆）、上图（上海图书馆）和傅增湘双鉴楼各藏一部。傅氏收藏解放前散出，被国民党教育部收购，分给北大，现藏北大图书馆。上面讲的那部南宋本和抄配本各半的《图画见闻志》，原是铁琴铜剑楼瞿氏藏书，商务印书馆曾借出复印在《四部丛刊续编》中，容易看到。瞿氏书解放后藏北京图书馆。因为有这个影印本可以看，那么以后《津逮祕书》《学津讨原》等丛书本就不必再看了。

《画继》十卷，是继《图画见闻志》之作，作者邓椿序云："自若虚所止之年，逮乾道三禩（祀）（南宋孝宗，1167年），上而王侯，下而工技，凡二百一十九人，或在或亡，悉数毕见；又列所见人家奇迹，爱而不能忘者，为铭心绝品；及凡绘事可传可载者，哀成此书，分为十卷。"邓椿，四川双流人，也是出自官宦人家。曾祖绾，神宗时佐王安石施新政，曾任龙图阁直学士（从三品），知邓州，哲宗初，徙知滁州。祖洵武，与蔡京父子结党，徽宗时知枢密院，"恩典如宰相"。绾、洵武父子《宋史》皆有传。父邓雍，椿书中说"先君侍郎作提举官"（卷十）（宋制提举是指专管一个机构的首职，与掌一路州县学政的明清提举不同，邓椿未记其父提举什么单位，只能从他的从三品侍郎来考虑他的身份）。邓椿本人仕履，在北宋末曾做过副贰州郡的通判，北宋亡，他从中原逃回四川，其他无考，但他上三世皆朝廷重臣，且值徽宗重视绘画的年代，虽邓椿著书的时间已到了南宋孝宗时，但也还可以推知邓椿以家世旧闻作基础撰写此书，还是应有一定的权威性的。

这十卷书在次第安排上与它上承的《历代名画记》《图画见闻志》不同。从开卷起到卷七都是画家的传记，即是他自序所记的"上而王侯……悉数毕见"。传人的排列不是按时代先后，而是另立两种类别。一种是从卷一到卷五按传人的身份：卷一标题是"圣艺"，实际只是徽宗一人，卷二《侯王贵戚》，卷三《轩冕才艺、岩穴上士》，卷四《缙绅韦布》（韦带布衣指寒庶人士），卷五《道人衲子、世胄子女、宦者附》。另一种是卷六、卷七以画分类，每卷各分四类：卷六是《仙佛鬼神、人物传写、山水林石、花竹翎毛》；卷七是《畜兽虫鱼、屋木舟车、蔬果花草、小景杂画》。卷八《铭心绝品》是各家收藏名画的目录，也即序中所说"所见人家奇迹，爱而不能忘者"。卷九、卷十是《杂说》，邓序中所说"绘事可传可载者"，包括画论、制度、故事等内容。卷九《论远》指徽宗以前的事迹，卷十《论近》记徽宗以后的事迹，末附高丽和日本的画事。从上述次第和内容我们大体可以了解到：（1）靖康之变，邓椿归蜀，时避居四川者多，名画与名画家也多入蜀，故《画继》多论两宋之际的蜀中绘事。（2）绘画史的发展，壁画不被重视了，《圣艺》《侯王贵戚》这两卷和《轩冕才艺、岩穴上士》这一卷的大部分都没有壁画的记录，卷四缙绅部分也没有壁画画家，韦布部分和卷五记壁画的内容也不多。分类画的卷六、卷七更少壁画，但这两卷却可以说明屏风等室内装饰画和小幅挂轴与扇面画的流行。（3）画论内容也不被重视了。不仅内容贫乏，次序也从以前的前面移到卷末了。后面两项也正说明南宋绘画已走向所谓"文人画"，著录画的书籍也就和我们考古的关系越来越少了。再过一个阶段，壁画和装饰画被排挤出绘画的主流，有关制度、风尚的著录在绘画书籍中也被删除了。因此，绘画史的著作也就和考古学科逐渐告别了。

南宋末临安陈道人书籍铺刊刻那批书画书中，有《画继》，这也应是《画继》的最早刻本。这个刻本保存下来一部，原藏清宫，后被溥仪偷出，辗转到长春，"二战"结束后，由伪宫流散出来，后来收藏在辽宁省图书馆。解放后中华书局影印《古逸丛书三编》收入进去，所以现在容易看到。此外，一些汇集书画的丛书大都根据《王氏画苑》，《津逮秘书》和《四库全书》本收有此书，这和《图画见闻志》情况相似，不必重复讲了。今天看此书当然要以影印宋刻本为准。

前面讲了，从考古角度看绘画的书籍，《画继》已经是末流了，但还有两本元朝人续补《画继》的书，作为广见闻也大略介绍一下：

一本是《画继补遗》二卷，元庄肃撰。庄肃是南宋后期上海青浦人，书前有庄肃大德二年（1298年）自序。此书著录于《四库存目》（《总目》卷一一四），作《画纪补遗》，钱大昕《元史艺文志》又作《画继余谱》。此书"断自绍兴，终底德祐"，即自南宋高宗迄于少帝赵㬎〔即自绍兴元年（1131）至1276年，德祐二年三月元兵入临安，携帝㬎北去〕，录宋画家计八十六人，因为补《画继》之遗，所以内容虽主要是南宋画家，但也收有为《画继》所略、所遗的北宋画家。无论北宋、南宋都没有壁画画家的名字了。但了解北宋画院画家和他们的作品，此书是必读之作。另外，宋代除了汴梁、洛阳集中一部分画家和重要画迹之外，以成都为中心的四川和以苏杭为中心的长江下游是两处文化重地，因而也是重要艺术家和重要画迹所在地。幸好有两个当地人注意画事。四川，邓椿《画继》中有所反映。下面还要谈到几种。而苏杭地区的情况就有旧属吴郡的上海人庄肃的这本《画继补遗》，邓书在前，庄书实际也是补《画继》的重要内容，所以书名叫《画继补遗》。

这本书分量不多，流传也很少，元明两代都靠传抄流布，《四库未收书辑刊》著录的是天一阁范家的进呈本，也应是一个抄本。一直到乾隆五十四年（1789年）才有海盐黄锡蕃醉经楼据一明抄本刊印，这个刻本也很罕见，余绍宋《书画书录解题》搜辑书画多年，也只是从陶宗仪《辍耕录》中转述，不仅未见明抄本，也未见乾隆刊本。抗战期间郑振铎在上海不意购得醉经楼刻本一部，之后大家才知道此本曾有刻本。郑卒，书捐北京图书馆。1963年前人民美术出版社编辑《中国美术论著丛刊》收有据此刻本由黄苗子点校1963年排印本，才广为流传，但这也是四十年以前的事了。这个排印本也不一定好找了。

续补《画继》的书的另一种《续画记（继）》一卷，撰者也是元人，叫陈德辉。元末黄岩台州人，陶宗仪《辍耕录》卷十八记"（《画继补遗》）尔后陈德辉著《续画记（继）》一卷，再自高宗建炎初至幼主德祐乙亥（即1127—1275年），能画者一百五十一人，然与《画继补遗》相出入者耳"。陈书再无其他著录，大概没有流传下来。看来绘画的书籍到元代就只重以卷轴画为主的文人画了。

以上将《历代名画记》及其续作大致介绍了一遍。除了这一系列相互联系的书籍外，还有几种可以和上述系列书相辅并行的也顺便说说。

1. 唐朱景玄《唐朝名画录》一卷，原名《画录》，有的著录作《唐画断》。此书《图画见闻志》卷一《叙诸家文字》列在张彦远《历代名画记》之前，和张书相比，既没有什么系统，论述也不深入，但记从唐初到中唐的唐代画家事迹可以补充张书。又，把传世画分为神、妙、能、逸四品始于此书，这个分法为以后绘画书所承继。

此书最早见收于《王氏画苑》，不知是否据宋本复刊，四库所收是"浙江范懋柱家天一阁藏本"，天一阁多嘉靖抄、刻本，如出自嘉靖本，当然比王氏书早，因此，此书的四库本应予注意。

2. 宋黄休复《益州名画录》三卷，前有景德三年（1006年）李畋序："益都多名画，富视他郡，谓唐二帝（玄、僖二宗）播越及诸侯作镇之秋，是时画艺之杰者游从而来，故其标格楷模无处不有。圣朝伐蜀之日，若升堂邑，彼廨宇寺观前辈名画纤悉无圮者。迨淳化甲午岁（五年，994年）盗发二川，焚劫略尽，则墙壁之绘甚乎剥庐，家秘之宝散如决水，今可观者十二三焉……黄氏心郁久之，又能笔之书存录之也，故自李唐乾元初（758年）至皇宋乾德岁（963—968年），其间图画之尤精取其目所击者五十八人，品以四格（逸、神、妙、能），离为三卷。"序文这一段明确告诉我们：（1）这是一部记四川绘画的专书。（2）此书自有起止与记录全国的绘画者不同，起止的时间正是四川绘画的盛世。（3）壁画是此书的重点之一，书的内容也确实如此，这对了解唐后期五代宋初的寺观壁画内容与分布是最好的资料。特别是卷下《有画无名》项下记大圣慈寺等壁画值得注意[1]。（4）品评画家的标准是根据朱景玄对全国绘画的标准，因此可以把当时的四川绘画与全国绘画界联系起来。

此书最早刻本也是《王氏画苑》本，其后有乾隆四十七年（1782年）李调元刻《函海》本。四库所收二卷本是安徽巡抚采进本，分卷与前两本不同，可以对校看看内容有没有差异。

3. 宋刘道醇《五代名画补遗》一卷。刘，陈振孙《直斋书录解题》作大梁人。是补北宋胡峤《梁朝名画录》之作，胡书已佚，此书可备参考，他不是记整个五代的名画，所以只记了二十四个人。书前有嘉祐四年（1059年）陈询直序。此书分七类写画家之传记，与上两书只以品格分不同，它在品格之外还保有以前以画内容分类的做法。七类是人物、山水、走兽、花竹翎毛、屋木、塑作、雕木。值得注意的是后两类，塑作门神品三人，其中二人（杨惠之、王温都装銮汴州安业寺，即大相国寺前身），杨惠之记录较详，是记载杨事迹的重要文献[2]。雕木门神品一人，是一位女伎巧严夫人。

此书现存一部南宋临安陈道人书籍铺刻本，保存经过与《画继》同。其后有《王氏画苑》本和四库本。

4. 宋刘道醇《宋朝名画评》三卷。撰于哲宗时（1086—1100年），所录画家迄于神宗时期即11世纪中后期。原名《圣朝名画评》，现名为南宋以后改，一些抄本还用旧名《圣朝名画评》，大概还保存到清后期，北大图书馆藏道光间的一部《绘事萃编》稿本还使用原来的名字。此书现存刻本以《王氏画苑》本最早；有四库本，根据是天一阁藏本，这个本子可能比王氏本为早，所以四库本应予注意。

关于与我们关系比较近的绘画书就介绍到此了。大家要多知道些，可以看《总目》和民国二十一年（1932年）北平图书馆排印的近人余绍宋的《书画书录解题》，后者可能更详细些，范围更广阔些。

注　释

[1]　《益州名画录》卷下"有画无名"条："大圣慈寺六祖院罗阁汉上峨眉山青城山罗浮山雾中四堵，中和年（881—884年）画，不留姓名，评妙阁中品。三学院旧名东厨院，门两畔画东北二方天王两堵，王蜀先主（901—918年）修改后，移在院内北廊下，亡失姓名，评能格上品。多宝塔下南北二方天王弥勒佛会师子国王菩萨，普贤阁外北方天王，不记画人名姓，评能格中品。圣寿寺东廊下维摩诘堂内画居士方丈花竹芭蕉山水松石风候云气三堵，景福年（892—893年）画，不留姓名，评能格中品。昭觉寺大悲堂内四天王两堵，堂外观音一堵，寺门后两畔东西天王两堵，并中和年画，不知画人名姓，评能格中品。"
[2]　《五代名画补遗》："杨惠之不知何许人，唐开元中与吴道子同师张僧繇笔迹，号为画友，巧艺益著，而道子声光独显，惠之遂都焚笔砚，毅然发忿专肆塑作，能夺僧繇画相，乃与道子争衡。时人语曰：道子画，惠之塑，夺得僧繇神笔路。其为人称叹也如此。"

五 《历代名画记》与考古发现和传世文物

这个题目就是要根据《历代名画记》的记载来考虑如何与考古发现和传世文物（包括绘画）相印证的问题；这种印证不只是为了美术史，更主要的是要多探讨些它们所反映的历史问题和社会意义。当然我们不要忘了《历代名画记》只是张彦远一人的记录，只反映他个人的看法，不一定都很正确，但张毕竟是9世纪前中期的人，而且还是书画鉴赏世家的子弟，所以他的意见至少是9世纪当时一部分人的看法，因此是应予重视的。下面我们从《名画记》卷四传记部分开始，把张书中重点描述的人物、事迹和考古发现与传世文物、绘画做些初步的比较。

卷四即三国以前的画家和画迹。从记录绘画的题材，可知我们重视个体人物和由个体人物所表现的事件（故事）这个传统很早就开始了。前者即画某个人像，如《名画记》记西汉毛延寿画昭君；后者通过一些人物表达一事件，如以前所讲诸葛亮为夷作图的故事，那个故事中画出了各种自然现象、人间事物以及仪仗出行等等。除人物和故事以外的题材，《名画记》还记有个体动物，特别是龙、虎和兽首人身的怪兽，还有云气和山川地形。以上这些题材，从考古发现的绘画材料中看，确实都是主要的内容，从战国两汉的帛画、漆画、墓室壁画，一直到东汉墓室壁画、画像石和三国漆画都是以人像和人物故事为主。此外，从考古发现中也可以看到如卷三《述古之秘画珍图》中的一些内容，如云汉图、星宿图、妖怪图、祥瑞图、古圣贤帝王图和墓主人一生重要事迹图等等（图5）。

卷五两晋，卷六刘宋，卷七前半萧齐。两晋主要是东晋。西晋只

图5 山东嘉祥汉墓画像石神怪(《中国历代艺术·绘画编》〔上〕图37,人民美术出版社,1994年)

列了四个人——卫协和"师于卫协"的张墨、荀勖,还有"竹林七贤"的嵇康。卫协画"七佛图人物不敢点眼睛",另外他还画神仙图,张墨画有"屏风一,维摩诘像"。佛教中维摩诘是和被西晋一些人士看重的隐逸清谈的人物相类似。总之,这时画的佛教人物画,并不是作为宗教信仰供奉而绘制的,一直到东晋前期情况似乎还是如此。《名画记》引东晋蔡谟的话说:"(明)帝画佛于乐贤堂,经历寇乱(指324年王敦之乱)而堂独存,显宗效著作为颂。"明帝是东晋第二个皇帝,在324年王敦乱前画佛于乐贤堂,是把佛作为可敬的圣贤,似乎也不是宗教性的崇拜供奉,所以《名画记》又记他还画有西王母、东王公等神仙的题材。

大约到4世纪中期情况有些变化。有名的顾恺之在哀帝兴宁中(363—365年)为瓦棺寺画维摩诘,他画的维摩诘,《名画记》:"顾生首创维摩诘像有清羸示病之容,隐几忘言之状。"这显然是一幅当时隐士的形象。这个造型我们还可在洛阳宾阳中洞前壁南侧《维摩诘经变》浮雕中看到(图6)[1]。画维摩诘就顾恺之言,他不是为了信仰,而是为佛寺敛钱,所以他作画不忙于点睛。从顾设计《画云台山记》来看,他对天师道的尊奉远过于佛教。云台山在四川阆中北的苍溪县,是天师道张道陵修道之处。这篇画记是描绘张道陵天师和他两个弟子王长、赵升的故事的构图设计,设计分三段,以涧相隔。由东面开始的前段前部先讲山、云、水、天的画法和位置;然后布置紫石夹冈逶迤委曲而上,直抵险绝之峭峰。这样就到了前段的后部。前段后部画天师与王长、赵升众徒,"天师坐其(前述险绝之峭峰)上,合所坐石及庙,宜涧中,桃傍生石间,画天师瘦形而神气远,据涧指桃,回面谓弟子(面向诸弟子,指身旁深涧中桃树上的桃子,意思是说谁跳下去摘桃),弟子中

五　《历代名画记》与考古发现和传世文物　345

图6　龙门石窟宾阳中洞前壁浮雕《维摩诘经变》中的维摩（《龙门石窟の研究》图十八，东方文化研究所研究报告，日本东京座右宝刊行会，1941年）

有二人临下到（倒？）身大怖，流汗失色作；王良（长）穆然坐答问，而超（赵）升神爽精诣，俯眄桃树。又别作王、赵趋（赴也），一人隐西壁倾岩，余见衣裾，一人全见室（空）中，使轻妙泠然"。故事画前后衔接的两个场面，这种画面布局是东汉以来壁画、画像石的画法，也和洛阳北魏孝子棺表现某个孝子故事的情节相同；在佛教艺术中，它与敦煌莫高窟257窟沙弥守戒自焚、鹿王本生相同，而和257窟之前254窟萨埵太子舍身饲虎本生画太子投身、喂虎、起塔等情节混画在一起的外来布局方式不同。也正是佛教故事画布局从外来形式向传统形式转变的一个实例。

天师和众徒故事，可参见《太平广记》卷八"张道陵"条引《神仙传》。《神仙传》传葛洪撰，葛略早于顾恺之，所记与顾画情节不完全相同。"使轻妙泠然"之后进入《画云台山记》的中段，中段设计以云台为中心，东西隔以丹崖，"对天师所壁以成涧"，傍涧的峰头上立紫石，像左阙，西通云台，之西有伏流潜降，云台西北二面绕以山冈。再西"石泉又见"，"伏流潜降"，"云台西北两面可图一冈绕之，上为双碣石，象左右阙。石上作孤游生凤当婆娑，体仪羽秀而详，轩尾翼以眺绝涧。后一段赤岈当使释弁如裂电，对云台西凤所临壁以成涧，涧下有清流，其侧壁外面作一白虎,匍石饮水。后为降势而绝"。中后两段山景以游凤、白虎为重点。山峦间突出珍禽猛兽,源于汉代的装饰画。顾恺之这篇《画云台山记》的设计,恰好给两汉和盛唐以降兴起的纯山水画之间补上了过渡的空白点[2]。和顾(约348—409年)同时的戴逵(卒于396年)对佛教形象就和顾大不相同,逵为佛寺雕造无量寿木像并二菩萨,又铸造铜佛像并二菩萨,这既是雕铸佛像现知道的最早记录,也是佛与菩萨组像的最早记录。尽管如此,逵还著有《释疑论》,与当时佛教大师慧远辩论因果报应之说,可见戴逵对佛也还有所怀疑。

顾恺之是张彦远敬重的绘画大师,谓其作品为上品,指的是人物画。顾的真迹早已佚无,现存三种大约是宋代的摹本——现存不列颠博物馆的《女史箴图》(图7)(晋张华讽贾后的文章,"惠后虐暴多权诈")、故宫藏的《洛神赋图》(图8)(辽宁也有一本)、故宫藏的《列女仁智图》卷(图9)。因为都是摹本,很难保有张彦远所谓"顾恺之之迹……调格逸易,风趋电疾,意存笔先……所以全神气也"的神气。刘宋时的陆探微师于顾,唐人都说陆"笔迹劲利……秀骨清像",即所谓"得其(顾)骨"。上述的三临摹本虽然看不到"神",但似乎还可以了解些"骨"——秀骨清像的形体,所以可以把这三摹本看作顾—陆一派的人物外貌。

这种秀骨清像的外貌,现在可以清楚地从南京西善桥和丹阳胡桥宝山几座宋齐墓的"竹林七贤和荣启期"画像砖和羽人、武士形象画像砖上看到(图10—12)。丹阳胡桥墓据说是齐高帝萧道成之兄萧道生之墓,道生卒于刘宋(420—479年)。荣启期传说是春秋时人,竹林七贤则是魏、西晋时人,以他们作画题,特别是竹林七贤,当始于东晋。据《名画记》所记名画统计,顾恺之是画"七贤"和"荣启期"的最早画家,此后画"七贤"的有史道硕和画"荣启期""竹林像"的陆探微。史是晚于顾的晋末宋初人,陆又师于顾恺之,属于顾秀骨清像一派的画家,因此可以推测开始创作"荣启期"和"七贤"这个组合形象,顾恺之很可能是主要画家之一。这个推测如无大误,南京丹阳这几座宋齐墓砖上的画像和顾恺之有一定的联系,就不是完全猜想的了。

接近"秀骨清像"的形象还可以从北魏平城(今大同)一带发现

五 《历代名画记》与考古发现和传世文物 347

图7 《女史箴图》局部（《中国绘画全集》〔1〕图二五，文物出版社，1997年）

图8 《洛神赋图》局部（《中国绘画全集》〔1〕图四一）

图9 《列女仁智图》局部(《中国绘画全集》〔1〕图三〇)

图10 江苏南京西善桥南朝墓"竹林七贤和荣启期"砖画局部(《六朝艺术》图一六二、一六三,文物出版社,1981年)

五　《历代名画记》与考古发现和传世文物　　349

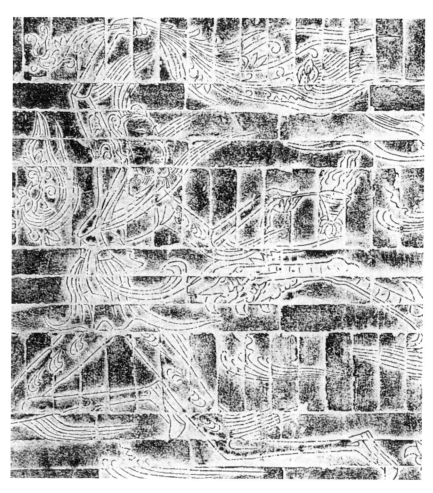

图11　江苏丹阳南朝墓羽人砖画(《六朝艺术》图二一四)

图12 江苏丹阳南朝墓武士砖画（《六朝艺术》图二〇三）

的较早的漆画中看到。大同近年出了几件漆画，其中最有名的是延兴四年至太和八年（474—484年）司马金龙夫妇墓出土的漆画屏风（图13），其上的题材主要是列女，这个时间正是南朝宋末齐初（479年宋亡，齐始）。迁洛以后，北魏的画风未变，洛阳过去出土过几件线刻石棺，线刻人物还有些秀骨清像的味道，其中有传正光五年（524年）元谧墓所出孝子棺（图14）。由此可以推测，这种顾—陆的画风，在北方可以延续到6世纪的二三十年代，也就是南朝梁武帝的中期。梁武帝在位时间是502—549年。

卷七后半是萧梁，卷八南朝陈和北朝到隋。这一段《名画记》重点记录的是梁张僧繇和北齐的杨子华。实际上这两个人是改变画风的代表人物。彦远引唐高宗时人李嗣真所撰的《画评》（《旧唐书·方伎传》有《李嗣真传》，李卒于万岁通天年，696—697年，著有《画品》一卷）说："张公（僧繇）骨气奇伟，师模宏远，岂唯六法精备，实亦万类皆妙，千变万化，诡状殊形，经诸目，运诸掌，得之心，应之手，意者天降圣人为后生则……请与顾、陆同居上品。"这个评论，未能把张的特点即他是如何发展了以前的说清楚，不如开元时张怀瓘《画断》所说明确："象人之妙，张得其肉，陆得其骨，顾得其神。"彦远进一步强调"肉"的问题："夫象人风骨，张亚于顾陆也，张得其肉。"由此可知，张僧繇改变画风的关键是"得其肉"，即变顾陆的清秀为丰壮。《名画记》记张僧繇的绘画，"时诸王在外，（梁）武帝思之，遣僧繇乘传写貌，对之如面也"，知道张画人像是写实的，可使武帝对之如面。写实的人物"得其肉"，说明与前此"秀骨清像"不同。梁武是南朝的盛世，庾信554年出使西魏，557年宇文觉亡西魏建北周，留使不还，信因念故国，为文《哀江南赋》说"五十年中江表无事"，这是说整个梁的享国之年（502—557年）。庾怀念故国所记年数有些夸张，其实在梁武帝中期之前，大约从547年梁武接受侯景之降以前，梁就明显地步入衰弱，再加上梁武建梁的初期需要恢复安定的一段时期，所以《梁书·本纪》说梁武帝"治定功成，远安迩肃，加以天祥地瑞，无绝岁时……环财重宝，千夫百族莫不充牣（牣，满也）王府……三四十年斯为盛矣。自魏晋以降，未或有焉"，这段评论还是接近事实

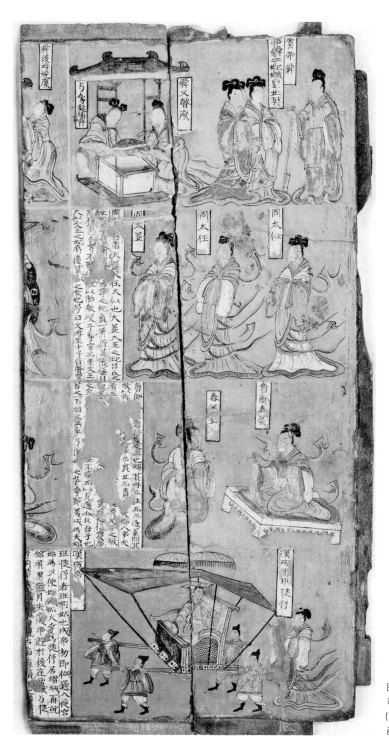

图13 山西大同北魏司马金龙墓屏风漆画（《中国历代艺术·绘画编》〔上〕图67）

图14 传北魏元谧墓出土孝子棺石刻"丁兰事木母"(《中国画像石全集8·石刻画像》图六三,河南美术出版社,2000年)

的。有三四十年休养生息恢复发展,人物的真实形象,特别是上层人物逐渐丰满,因而才能出现张僧繇"得其肉"的画风并得以流行。在实物中的反映,以江苏常州戚家村南朝晚期画像砖墓的仕女形象(《文物》1999年第3期)为最好的参考资料(图15)。

新的画风出现,不可能在短时期内完全代替或排除旧的风格。邓县画像砖墓与襄阳贾家冲画像砖墓(《江汉考古》1986年第1期)是两座时代接近的画像砖墓(图16:1、2)。前者表现的人物主要还是旧式,而后者已多新式了。这可能是前者地理位置靠北、后者偏南的缘故。另一处也反映了这个问题,四川成都西郊万佛堂出土的梁代造像接近新式,这由于成都样式多受建康影响之故;而它北边绵阳地区平

图15 江苏常州戚家村南朝晚期墓仕女画像砖(《常州南郊戚家村画像砖墓》图一六、图版壹:3,《文物》1999年第3期)

图16 1.河南邓县画像砖"孝子郭巨"(《邓县彩色画象砖墓》图一五,文物出版社,1958年)

图16 2.湖北襄阳贾家冲画像砖"孝子郭巨"(参见《襄阳贾家冲画像砖墓》图九拓本,《江汉考古》1986年第1期)

图17 洛阳北魏永宁寺遗址出土残塑头部（《北魏洛阳永宁寺》中国大百科全书出版社，1996年）左：彩版一五：3；右：彩版一七：3

阳阙上的梁代礼佛浮雕形象就多存旧式。

　　同样情况，在北朝也有反映。516年北魏胡太后修建洛阳永宁寺，其塔址出土的塑像人物已是新式（图17），而前述比它还晚些的洛阳所出孝子棺上的线雕人物却仍存旧式（图18）。可能和孝子棺时间差不多的孝昌二年（526年）横野将军甄官主簿宁懋石椁上的线雕人物却又出现丰壮的新式形象（图19）。上述北魏遗物的复杂情况，大约和制造的主人职位有关。掌握实权的胡太后采用新形式可以理解，宁懋官职不大，为什么能用新式？这就要考虑他的职务了。甄官主簿，甄官是属皇室少府的一个单位，掌将作（皇室工程，特别是陵墓工程），主簿又是这个部门里主管簿书的官，看来，宁懋是由于他的职务关系，他的石椁线雕才得到了新样式的人物形象的样本。

　　张僧繇的新样式在北方传布，从文献记载和考古发现看，都首先在东方出现，稍后的北齐更为显著，都城邺和北都太原附近发现的东魏、北齐的墓地壁画中的人物都是张氏新样式，已经发表的较早的有

图18 洛阳北魏孝子棺石刻"孝子郭巨"(《中国画像石全集8·石刻画像》图五四)

图19 洛阳出土北魏宁懋石室石刻画像(《中国历代艺术·绘画编》〔上〕图106)

图20 敦煌莫高窟第285窟西魏壁画中的供养人和纪年铭记（1923年陈万里先生摄，陈万里《西陲壁画集》，良友图书印刷公司，1928年）

磁县东魏武定八年（550年）高湛的幼妻茹茹公主墓，较晚的有太原娄睿墓（北齐武平元年，570年），后者最为佳例。而西方西魏北周的壁画如敦煌莫高窟285窟中西魏大统四到五年（538—539年）前后的壁画（图20）和宁夏固原北周天和四年（569年）李贤墓壁画就多有旧的因素了。《名画记》也同样强调东方，他对北魏以后的北朝西部只提出了一位北周画家冯提伽，还说他"人物非所长"。"人物非所长"大概就是未脱旧式的说法。对东方的北齐则大加赞扬，不仅表扬且引唐初画家阎立本的评语，对北齐的杨子华大为赞叹："自像人以来，曲尽其妙，简易标美，多不可减，少不可逾，其唯子华乎。"唐朝人认为杨子华是接受张僧繇的影响的，所以《名画记》说："中古可齐上古顾陆是也，下古可齐中古僧繇子华是也。"顾陆并提是说他们接近，或者可说是一个体系，僧繇子华并提当然也是这个意思。但陆并不完全同与顾，那么僧繇子华之间有什么区别？我想应当注意阎立本说杨"简易标美"和《名画记》"杨则鞍马人物为胜"这两句话。"简易标美"应理解为不繁复，重点突出。"鞍马人物为胜"这是北方画家的特长，

图21 山西太原北齐娄睿墓壁画鞍马（《北齐东安王娄睿墓》彩版三八，文物出版社，2006年）

南方上层人物除武人是不大使用马的。

下面想从文献实物两方面来考虑一下杨子华作画这个问题。《名画记》记杨子华"（北齐）世祖（即武成帝高湛，561—565年在位）重之，使居禁中，天下号为画圣，非有诏不得与外人画"。上述太原娄睿墓壁画鞍马人物丰壮生动，布局简洁（图21）。娄睿是高湛母之兄子（高欢娄后的内侄），是高湛时的重臣，他的墓很可能由杨子华画壁，至少也属于当时最为看重的杨派作品，因此把它看作杨的画风，看来是可以的。娄睿整个墓的壁画布局和个体形象的造型，其特征如与上述洛阳527年的宁懋石椁繁复的线画相比，确实可以相当阎立本"简易标美"的评论。因此我们以宁懋石椁想象张僧繇，以娄睿墓壁画想象杨子华，似乎是可以的。

《名画记》"张得其肉"这句话，似乎还可以从另外一个角度来思考，即当时人物画有了进一步的提高，即要求外貌的酷似写实，特别是对"真"即对肖像画。除了前引张僧繇为诸王画肖像画外，《名画记》还记"传于代"的张僧繇的肖像画有《羊鸦仁跃马图》《朱异像》和《梁武帝像》。羊是降梁的魏将，在青齐战役中立了大功，朱曾任梁武帝的侍中、中领军，是梁武帝的宠臣（二人《梁书》皆有传）。绘画当时人物不能随意，要抓住每个人的特征，还要细致描绘出姿态，以

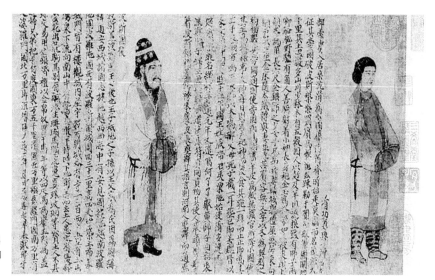

图22 《职贡图》局部
(《中国绘画全集》〔3〕
图二四)

上述三例言,有文,有武,有跃马的动态,有帝王的威严,这些又都是除了酷似的容貌之外的要求。张僧繇的肖像画应该说是这阶段人物画有了较普遍提高的情况下出现的突出作品。在这种情况下,有的画家绘制了容貌服饰各异的外国使节。《名画记》著录了约和张僧繇同时的梁武帝第七子萧绎(元帝)和另外一位画家江僧宝都画有《职贡图》。南京博物院藏有一件传宋摹的《职贡图》残卷(图22),残卷存十二位人物和十三段完整和不完整的题记,人像和题记的内容都与文献记录梁时入贡的境外使者相符合,因此可以推测它的原始祖本是梁时所绘,至于它的原始祖本是否是上述的萧绎、江僧宝的作品那就不好确定了。这残卷上的十二人像构图简单朴拙,但描绘精致,面貌服饰各异,特别是面貌的描绘各具特点,似乎多少可以反映梁时人物画注意了各个人物有所区别的这个特征。

卷九唐朝上,记唐初至玄宗时。重点记画人物方面的有唐初二阎和开元间的吴道子及其弟子们。此外还记录了不少开元时兴起的杂画画家,重点有大小李(思训、昭道父子)的山水树石,薛稷的花鸟,韩幹的鞍马等。

阎立德、阎立本传其父隋阎毗之业。《名画记》引二阎同时(唐太

图23 《步辇图》局部（《中国绘画全集》〔1〕图一三一）

宗时）人裴孝源（专业画家）云"阎师张"，又引高宗时的李嗣真说二阎生在"北朝子华长逝"之后，"象人之妙，（二阎）号为中兴"，可认为他们上承张杨风格。传世有三幅传立本作品的宋摹本。(1)《步辇图》，现藏故宫（图23）。(2)《历代帝王图》，藏波士顿美术馆（图24）。(3)《凌烟阁功臣像》（图25），这功臣像是贞观十七年（643年）奉敕绘，北宋元祐五年（1090年）据摹本上石的，多拓本传世，原石只残存四个人，原石分藏陕西省博物馆和陕西省麟游县文化馆。上述这两种临摹本和一种据摹本上石的，它们的特征并不太一致。以《历代帝王图》的人物造型最为丰壮，其次是《凌烟阁功臣像》《步辇图》中的主要人物唐太宗、禄东赞，二人尚称体态丰壮，其他宫女侍从则多存旧式。这种丰壮、清秀新旧两式杂陈的情况，也反映到唐高宗时

图24 《历代帝王图》局部（《中国历代艺术·绘画编》〔上〕图116）（左）

图25 《凌烟阁功臣像》局部石刻拓本（右）

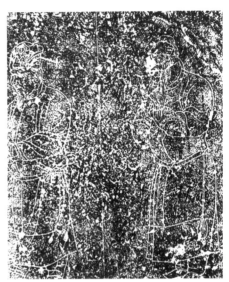

期的壁画上。如西安显庆三年（658年）突厥降唐酋长安国公执失思力（尚九江公主）之子常乐府果毅（六品）执失奉节墓（图26）和西安上元二年（675年）银青光禄大夫守司刑太常伯（三品）李爽（则天时相李昭德父）墓的壁画（图27）。到了8世纪，西安附近主要墓室壁画如乾陵陪葬墓懿德、永泰（706年）、章怀（706—711年）墓壁画才逐渐全部摆脱清秀风格（图28、29）。这时，也就到了从712年开始的盛唐玄宗时代了。

　　玄宗时代的代表人物是吴道子。可以代表唐代绘画艺术的吴道子出现在玄宗时期，有点和张僧繇出现在梁武帝时期相似，都是出现在一个较长的安定时期之后。梁武帝，上面说了有三四十年的安定，玄宗从即位到安禄山造反（712—755年），其间四十三年。梁武是在解决了皇室内部的变乱后禅代萧齐的，因而出现了所谓魏晋以来所罕见的安定，唐玄宗也是出现在唐代上层变乱之后，唐代上层变乱从武则天的清洗，经中宗韦后和玄宗平息太平公主之乱，比梁武帝之初的变乱时间还长。

　　吴道子，《名画记》引与吴同时的张怀瓘的评论"吴生之画，下笔有神，是张僧繇后身也"。张彦远也说他"师于张僧繇"，"宜为画

图26 陕西西安唐执失奉节墓壁画舞伎(《隋唐文化》250页图5,学林出版社,1990年)(左)

图27 陕西西安唐李爽墓壁画女侍(《隋唐文化》86页图11)(右)

图28 陕西唐永泰公主墓壁画女侍(《中国历代艺术·绘画编》〔上〕图151)

图29 陕西唐章怀太子墓壁画观鸟捕蝉（《中国历代艺术·绘画编》〔上〕图145）

圣，神假天造，英灵不穷"，又说"顾、陆、张、吴为正经"，把吴与顾、陆、张同列，犹如书籍中最重要的典籍——经书。这当然和吴受到玄宗的重视很有关系。《名画记》："玄宗召入禁中……授内教（坊）博士，非有诏不得画。"为什么受到玄宗重视，主要是由于他传承张僧繇这一派的丰壮写实画风，实际也是直接沿袭唐初二阎的人物画。

吴的画即使是摹本也没有流传下来。所谓盛唐人物不仅是丰壮写实的形象，而且也强调了动作生动，这大约奠定于吴道子时期。传说属于吴的作品，一件是流传到国外的《送子天王图》卷（图30），现藏日本大阪市美术馆，画的是净饭王夫妇抱初生的释迦去神庙，庙的力士形象的神鬼慌忙拜伏于地的图像。图中净饭王夫妇安谧的神态与神鬼张皇失措的表情，刻画极为生动。值得注意的是，被尊敬的

图30 《送子天王图》（《中国绘画史图录》〔上〕图一六〔4〕，题为"释迦降生图卷"，上海人民美术出版社，1984年）

婴儿（释迦）并没有被突出，神鬼们的失态，完全显现了他们从精神上就被降服的情景，这种充分表现内心活动的画面，被认为是在绘画艺术技巧的发展上颇有新意。在形象服饰等方面，这幅《送子天王图》已是一件完全东方化的佛教画。另一件是道教画《朝元仙仗图》卷（图31），现在美国，私人收藏。此图传属吴派的五代时武宗元所绘。此图还有一件摹本，为徐悲鸿收藏，因为佚去了画名，徐名之为《八十七神仙图》（图32），现藏徐悲鸿纪念馆。该图原是八十九位神仙去朝拜玄元，即唐皇室认为其远祖的老君的图卷。杜甫曾看到吴道子于天宝八载（749年）画朝玄元的壁画，《名画记》引杜诗句"五圣联龙衮，千官列雁行。画手看前辈，吴生独擅场"。前两句与图卷内容相符合（五圣是指玄宗追谥其前的五位大圣皇帝，《旧唐书》卷九记这五位谥号：高祖神尧大圣皇帝、太宗文武大圣皇帝、高宗天皇大圣皇帝、中宗孝和大圣皇帝、睿宗玄贞大圣皇帝），后两句说明当时对吴画的看重。以上这两幅吴派的图卷很有可能是源于吴的壁画，也许都是与吴壁画的白描小样有关。吴当时创作了许多壁画，有人统计吴曾作壁画三百余堵，《名画记》列举了三十多堵，两京和浙西甘露寺都有他的作品，他既画佛寺画，也画道观画。在佛寺除了画佛菩萨帝释梵王神鬼之外，还画了不少经变，特别是维摩本行变和西方变（阿弥陀经变），金刚经变画了多幅（荐福寺维摩本行，兴唐寺西方变和金刚经变，安国寺维摩本行、西方变和金刚经变），大都在敕建的大寺。敦煌壁画的粉本多是直接或间接出自唐两京，不能不使我

五　《历代名画记》与考古发现和传世文物　365

图31　《朝元仙仗图》局部（《中国人物画经典·北宋卷》56页局部，文物出版社，2005年）

图32　《八十七神仙图》局部（《北京文物精粹大系·绘画卷》图版1，北京出版社，2002年）

们注意到莫高窟的一些经变画在盛唐壁画中的发展变化，与吴道子的新创意的某种联系。《名画记》记吴画"气韵雄壮几不容于缣素，笔迹磊落遂恣意于墙壁"。又记吴自认为他的"笔力"为他人所不及。笔力主要表现在线条，特别在大幅度壁画上，郭若虚《图画见闻志》说"吴带当风"，大概就抓住了吴的雄劲快速的线条这个特点。宋人说吴画成熟作品上的线条是莼菜条，莼菜两头尖，据说这样的线条有立体感。宋人这说法可供参考，因为我们连可靠的吴画的摹本都看不到，实在无法论证了。

盛唐完成的丰壮写实画风也出现在这时的鞍马人物上。鞍马人物的代表画家这时有韩幹。传世作品中，有两件传说是他的作品。一件画的是玄宗御马《照夜白》（图33），藏美国大都会艺术博物馆。一件是藏台北"故宫"的《牧马图》（图34）。两图里马的形象确实都如《名画记》所记，特点在肥壮。这两幅图流传有自，前者有南唐李煜题签"韩幹画照夜白"并押字和北宋米芾题名、南宋贾似道藏印，值得注意的还有"彦远"两字早期的题名，不知是否是《名画记》作者的张彦远。后者有南唐御府藏印、宋赵佶题签"韩幹真迹"丁亥御笔押字和"睿思东阁""御书"等北宋内府诸印。因为有南唐宫廷题签和藏印，传它是韩幹的作品有一定的可能性。况且它本身又确实是上品，只可惜都不在大陆，《照夜白》更流落到美国，在国内只能看看照片了。《名画记》说："玄宗好大马御厩至四十万，遂有沛艾（高大貌）大马，命王毛仲为监牧使，燕公张说作《驷牧颂》：'天下一统，西域大宛岁有来献，诏于北地（指西北宁夏回族自治区即汉北地郡，不一定对，还是以指长安以北为妥，因为唐时养马地域广大，遍布渭河以北。这个问题下面还要谈到）。置群牧，筋骨行步，久而方全……号木槽马。圣人舒身安神如据床榻，是知异于古马也。'"盛唐以来壁画上的鞍马大都丰壮平稳，如敦煌莫高窟156窟盛唐张议潮夫妇出行图中之群马的肥壮形象，可以据此想象玄宗喜爱的大马（图35）。可以直接想象玄宗大马的图像应是张萱《虢国夫人游春图》摹本上的形象。

盛唐妇女流行丰满形象，大约也是出于玄宗的喜好。《名画记》："杨宁、杨升、张萱，以上三人，并善画人物。宁以开元十一年（723

五 《历代名画记》与考古发现和传世文物 367

图33 《照夜白》(《中国历代艺术·绘画编》〔上〕图125)

图34 《牧马图》(《中国历代艺术·绘画编》〔上〕图124)

图35 敦煌莫高窟第156窟壁画《张议潮出行图群骑》(《隋唐文化》282页)

年)为史馆画直。萱好画妇女婴儿,有……《按羯鼓图》《虢国妇(夫)人出游图》传于代。"《按羯鼓图》画玄宗击羯鼓,虢国夫人系天宝七载(748年)时封杨贵妃姊的封号。因此一般推测张萱也是开元时的史馆画直——宫廷画家。现存张萱两件宋摹本:一即上述《虢国夫人出游图》,今名《虢国夫人游春图》(图36),现藏故宫。另一即藏美国波士顿美术博物馆的《捣练图》(图37)。前者贵妇人骑马着男装。女着男装,富平献陵陪葬墓李凤墓(高宗上元二年,675年)壁画中就出现了,玄宗时最为流行。后者还绘有小儿形象。丰满的妇女形象,在莫高窟壁画中以天宝年间所绘130窟乐庭瓌夫人供养像最为佳例(图38)。莫高窟壁画中较多的婴儿和童子的图像也是出现在盛唐壁画中。莫高窟盛唐末期大历十一年(776年)148窟对称布置的骑狮、象,随从简单的文殊、普贤,也是这时出现的新式样。这种新式样的文殊、普贤,大约和尹琳的新创意有关,《名画记》记:"尹琳善佛事神鬼寺壁,高宗时得名。笔迹快利。今京师慈恩寺塔下南面师利、普贤极妙。"这种极妙的形象,《名画记》又记"慈恩寺塔内东西间,尹琳画,西面菩萨骑狮子,东面骑象",所以把148窟的文殊、普贤和尹琳联系起来也不是随意拉关系。类似的情况,还有一件更值得注意的推测,即148窟是涅槃窟,后壁前建涅槃台,上塑涅槃像和举哀的信徒,这是莫高窟的一组新题材〔前此涅槃像即圣历元年(698年)332

五 《历代名画记》与考古发现和传世文物 369

图36 《虢国夫人游春图》局部(《中国绘画全集》〔2〕图一二一)

图37 《捣练图》局部(《中国绘画全集》〔2〕图一二三)

图38 敦煌莫高窟第130窟壁画乐庭瓌夫人供养像（摹本，《敦煌——纪念敦煌藏经洞发现一百周年》81页）

窟，该窟形象极简单〕。而《名画记》记与吴道子同时的杨惠之正在长安千福寺东塔院塑造"涅槃鬼神"。涅槃是指佛涅槃形象，鬼神则是指举哀的各种相貌的信徒，因此148窟的涅槃群像（涅槃像与举哀的信徒）也可能与杨惠之的粉本有关，这个推测如有可能，说它是值得注意的一件大事，也许不算过分。

花鸟画的代表人物是薛稷。薛稷受知于睿宗。稷是世家子，道衡曾孙，元超从子，魏徵的外孙。《名画记》记他"工书画……尤善花鸟……画鹤知名，屏风六扇鹤样自稷始也"。新疆吐鲁番哈拉和卓、阿斯塔那两地的盛唐晚期墓中都出土花鸟画的屏风画，而内地现知唐墓绘出花鸟则出现在西安大中元年（847年）义昌军监军使高克从墓中，时间已是晚唐了。至于薛稷画出名的鹤样题材的屏风，现知最早的也迟到晚唐，即发现在西安会昌四年（844年）桂管监军使梁元翰墓中。西安这两座画花鸟墓葬的墓主人都是监军使。监军使玄宗以后皆用宦官充任，威权重，他们墓中壁画的内容应是当时盛行的题材。唐室重道家，鹤是道家的象征之一，所以以鹤为画题开始较早，流传也悠久，唐亡不歇，五代宋时仍是常见的题材；北传到契丹统治地区，一直到辽晚期河北宣化的辽墓中还流行画鹤（图39）。

卷十唐朝下，除唐初窦师纶一条，都是玄宗以后以迄德宗贞元时的画家，其中最迟事迹是宪宗元和间（806—820年）事。这一卷可以和考古与传世文物联系较多的是牛马、花鸟等杂画和妇婴、菩萨绘画，特别是后者。现大体按照年代先后顺序，分三项做些介绍。

1. 马牛

先讲韦偃《放牧图》（图40）。杜甫有《题壁上韦偃画马歌》，记韦为杜甫在壁上画马事[3]。杜生卒年是712—770年，韦比杜年龄略小，可知韦也是8世纪人。故宫收藏他的《放牧图》是北宋李公麟等摹本，有李篆书题签。这是一幅长4.3米的长卷，画了各种姿态的马一千二百八十多匹，还杂有圉人、驭马等人物一百四十多。全幅构图疏密相间，用笔流畅，为了表现马匹数量之多，所以马的个体都较小，这大概就是《名画记》所记偃"善小马"；张记"传于代"的作品有

图39 河北宣化辽墓壁画仙鹤（《宣化辽墓壁画》图版50，文物出版社，2001年）

《小马放牧图》可能就是这类。这样大规模的放牧场面，应是反映9世纪以前唐代跨兰渭秦原四州和河西地区置监养马衰败时期以前的状况。《新唐书·兵志》等书上记高宗时马多达七十万六千匹，武后时潜耗大半，开元十三年（725年）恢复到四十三万匹。韦鶠画放牧的时间大约在距开元不远的时期[4]。

故宫藏有韩滉的《五牛图》（图41），有元赵孟頫三篇题记主张是韩的真迹。韩是8世纪人（723—787年），两《唐书》有传。《新唐书·韩滉传》说"滉虽宰相（休）子，性节俭……自始仕至将相，乘五马，无不终枥下……画与宗人幹相垺……以（画）非急务，故自晦，不传于人"。滉和张彦远曾祖延赏同事，曾为延赏和李晟解怨，韩张两家有历世通谊之好，故得知滉底细，所以《名画记》说："滉……工杂画，颇得形似，牛羊最佳。"《五牛图》确实造型准确、生动，姿态各异，这大约和滉在南方任地方官时，关心民间疾苦、重耕牛，并有"禁屠

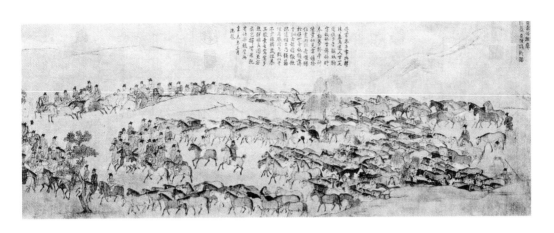

图40 《放牧图》即《临韦偃牧放图》局部（《中国绘画全集》〔2〕图九〇）

牛"之命等注意农事有关。此图和前述韩幹《照夜白》都是麻纸着色的作品，在麻纸作画效果简练古朴，与绢本不同，值得注意。

2. 妇婴、菩萨

有名于德宗贞元间（8、9世纪之际）的周昉，《名画记》记周昉画人物："初效张萱画，后则小异，颇极风姿……衣裳劲简，彩色柔丽，菩萨端严，妙创水月之体。"朱景玄《画断》说他"穷丹青之妙……画子女为古今之冠"（《太平广记》卷二一三引，即《唐朝名画录》，《新唐书·艺文志》作《画断》）。《名画记》指出他异于张萱的是，周昉既能画一般妇女，又能画菩萨，画一般妇女更比张萱"颇极风姿"。妇女的图像如传世《纨扇仕女图》（图42，故宫藏）、《簪花仕女图》（图43，辽宁省博物馆藏），都不着背景，人物各具姿态，用笔劲简，设色柔丽。周昉的作品当时即流行两京，《名画记》记学周昉画者较多，所以张彦远举佛教人物画的模范，把他与曹（仲达）、张（僧繇）、吴（道子）列到一起，并说是"斯万古不易矣"。张彦远把周昉捧到与张、吴并列，我想这和周在佛教人物画中，把菩萨这个以前未臻完善的形象的空白填补上了，而且还创意了一种为世人赞赏的新的观音形象，是有很大关系的。

五代南唐画家周文矩是周派的代表人物，他的《宫中图》（图44）画宫女童子多达八十人，分十多组，每组都有各自的中心，不仅人物动态不同，组的分布也有特点。它除了用白描画法外，似可作了解周

昉仕女画的补充材料。周昉的另一特点是在宗教绘画方面的贡献,他在许多寺院画力士、天王、行僧,朱景玄说"皆殊妙也"。《名画记》说曹、张、吴、周画"璎珞天衣,创意各异",我们从敦煌莫高窟晚唐五代壁画各种题材的菩萨形象与晚唐以前的菩萨形象比较中,似乎可以看到前者日趋繁复的情况。《名画记》记周昉"妙创水月之体",朱景玄也记此事:"今上都有观自在菩萨,时人云水月。"水月观音以四川绵阳圣水寺有"唐中和五年(885年)敬造"题记的3号水月观音龛为最早,其较详构图,我们可以从敦煌藏经洞出来的供奉《水月观音图》(图45)了解(此幅现在伦敦不列颠博物馆),观音背衬圆月,垂一足,坐于莲池岸边的丛竹山石间,姿态虽潇洒,但表情却极端严。这种新颖构图的观音形象,在周昉创作之后就流行起来,国内现存最早的遗迹是和上述供奉水月观音图大约同时即莫高窟五代宋初曹氏统治敦煌时期所绘的壁画,其位置多在洞窟前壁窟门的上方,后移到窟内侧壁,其后又见于榆林窟西夏时代的壁画。元时莫高窟出现了悬塑的水月观音窟(3窟)。悬塑的水月观音辽宋时期在寺院就流行了,蓟县独乐寺观音阁十一面观音塑像背之后的水月观音悬塑有可能

图41 《五牛图》(《中国美术全集·绘画编》〔2〕图版二五,人民美术出版社,1984年)

图42 《纨扇仕女图》局部(《中国绘画全集》〔1〕图一四七)

图43 《簪花仕女图》局部(《中国绘画全集》〔2〕图三二)

是在辽代原物的遗迹上重新装銮的,正定龙兴寺大悲阁的悬塑大约也是如此,但比蓟县独乐寺的原存旧迹为多。上述这些实例大体的形象与布局无大变化,有的越晚越有点复杂起来,如明代正统八年(1443年)完成的北京法海寺大殿后壁的绘画,除了善财童子之外又多了韦驮、龙女和金犼等。周昉对观音的新创意,可见它影响之大且长远了。

图44 《宫中图》局部（《中国人物画经典·五代卷》33页）

五 《历代名画记》与考古发现和传世文物 377

图45 《水月观音图》
(《西域美术》〔2〕《敦
煌绘画》Ⅱ图版52-1,
日本讲谈社,1982年)

图46 新疆吐鲁番阿斯塔那墓群出土花鸟纹锦
(《丝绸之路——汉唐织物》图44，文物出版社，1973年)

3. 这个时期出现了大批花鸟画家

边鸾有名于德宗贞元间（785—805年）。《名画记》说他"花鸟冠于代"，还著录了他的学生。也就在这个时期，西安出现了前述的两座画花鸟屏风的监军使墓，朱景玄《名画录》还说边鸾是画折枝花的第一人。折枝花不是一簇一簇的花卉，而是单枝花。《名画记》记他在宝应寺画有折枝牡丹。其实这种折枝花在吐鲁番阿斯塔那出有大历十三年（778年）文书的墓中发现的花鸟纹锦中就织造出来了（图46）。也许绘画中这种花卉，是画家借鉴了织物纹样而画出来的。

最后再讲讲前面提到的窦师纶的事迹。《名画记》记录这一条较为特殊，它是记唐初窦师纶（《续高僧传·慧主传》："武德之始，陵阳公临益州"）设计植物图案的事："窦师纶，字希言，纳言陈国公抗之子。初为太宗秦王府咨议，相国录事参军。封陵阳公，性巧绝。草创之际乘舆皆阙，敕兼益州大行台检校修造。凡创瑞锦宫绫，章彩奇丽，蜀人至今谓之陵阳公样……高祖、太宗时（7世纪前期）内库瑞锦对雉、斗羊、翔凤、游麟之状，创自师纶，至今传之。"这段记载又见《新唐书·艺文志》。所记唐初内库瑞锦四种纹样可分两类：一是禽或兽相对，一是单禽、兽。从现存隋至唐初纹饰看，大约都处于团窠之中。前一类团窠作连珠圈，这是受到波斯或中亚两河流域粟特纹饰的影响，确实多见于织物。后一类团窠改作莲瓣圈，已是东方的样式了，不仅见于织物，也见于金属器。这位陵阳公，《续高僧传·慧主传》记他从益州返京后，就从慧主受了菩萨戒。受了菩萨戒大约就不会对创作纹饰有兴趣了。看来，这些纹样是在益州织造的。这和益州织造业之盛有关。在益州织造可以，但其纹样不一定是在益州创造的，因为《北齐书·祖珽传》已记有祖珽一群赌友，所出赌资中就有"山东大文绫并连珠孔雀罗等百余匹……"，可见自古就以产丝织出名的山东，在6世纪中期就已织出连珠禽鸟的纹样了。在敦煌莫高窟出现这类连珠纹纹样最盛的时期应是7世纪初炀帝时开凿的洞窟塑像中，所以说这种纹饰，特别是前一种，开始仿效中亚纹样的地点应是太行山以东的地区。

注 释

[1] 龙门宾阳中洞前（东）壁南侧最上层浮雕"维摩诘经变"中的维摩形象已被凿毁。此水野清一、长广敏雄《龙门石窟の研究》（1941年）图18所录白描线图系据未毁前的图片、拓本资料摹绘。图中的维摩正作"清羸示病之容"。

[2] 《历代名画记》录《画云台山记》之后，附双行注文："已上并（顾）长康所著因载于篇，自古相传脱错，未得妙本勘校。"注文已见郾阳《王氏画苑》本，疑源于宋书棚刻本，是否彦远原注殊不敢定。上引天师与两徒故事，《太平广记·张道陵》条引《神仙传》记录较详，可以参阅，其略云："陵将诸弟子，登云台绝岩之上，下有一桃树，如人臂，傍生石壁，下临不测之渊，桃大有实，陵谓诸弟子曰：有人能得此桃实，当告以道要。于是伏而窥之者三百余人，股战流汗，无敢久临视之者，莫不却退而还，谢不能得。（赵）升一人乃曰：神之所护何险之有……乃从上自掷，投树上，足不蹉跌，取桃实满怀……陵乃以手引升……升忽然来还……陵乃临谷上……而吾今欲自试投下，当应得大桃也。众人皆谏，唯升与王长默然。陵遂投空，不落桃上，失陵所在……（众人）莫不惊叹悲涕，唯升长二人，良久乃相谓曰：师则父也，自投于不测之崖，吾何以自安。乃俱投身而下，正堕陵前……乃授二人道毕……后陵与升长

三人皆白日冲天而去。"

[3]《分门集注杜工部诗》卷一六《题壁上韦偃画马歌》:"韦侯别我有所适,知我怜君画无敌,戏拈秃笔扫骅骝,欻见骐驎出东壁,一匹龁草一匹嘶,坐看千里当霜蹄,时危安得真致此,与人同生亦同死。"

[4]《新唐书》卷五〇《兵志》:"马者兵之用也,监牧所以蕃马也……唐之初起,得突厥马二千匹,又得隋马三千于赤岸泽,徙之陇右,监牧之制始于此……初,用太仆少卿张万岁领群牧,自贞观至麟德四十年间,马七十万六千,置八坊岐、豳、泾、宁间,地广千里……八坊之马为四十八监,而马多地窄不能容,又析八监列布河西丰旷之野……自(张)万岁失职,马政颇废……开元初,国马益耗……(王)毛仲既领闲厩,马稍稍复,始二十四万,至十三年乃四十三万……安禄山以内外闲厩都使兼知楼烦监,阴选胜甲马归范阳,故其兵力倾天下而卒反……吐蕃乘隙陷陇右,苑牧畜马皆没矣……元和十一年(816年)伐蔡……(时)监牧使与坊皆废,故地存者一归闲厩……"